유아문학교육

정현숙 저

태영출판사

머리말

어디서든 책 읽는 사람은 행복해 보인다. 그 대상이 어른이든 아이든지 간에…….

우리는 대부분이 한때 문학책을 끼고 교정을 거닐며 친구들과 함께 책 속의 주인공이나 그 안에 담긴 내용에 대해 두런두런 이야기를 나누기도 하고, 때론 강한 논쟁을 벌이기도 했던 기억을 지니고 있다. 그런데 요즈음 대학에서 학생들을 가르치다 보면 문학에 대해 그다지 좋은 추억을 가지고 있지 못한 듯하다. 학생들은 과거의 문학 수업에 대해 지루하고 따분했던 기억을 떠올리곤 한다. 그러나 그보다 과거 어렸을 적 기억을 더듬어 보면서 '잠자는 공주', '백설 공주', '떡 하나 주면 안 잡아먹지' 등과 같은 동화를 들었거나 읽었었던 일을 기억하고는 그 때의 감동을 기억한다. 그 감동을 가지고 문학적 경험을 준다면 유아교사로서 유아의 전인적 발달을 도울 수 있는 매우 뜻 깊은 일이 될 것이다.

영유아의 입장에서 보면 하루 일과 중 문학을 경험하는 시간이 가장 즐겁고 행복을 느낄 수 있는 시간이라 할 수 있다. 유아들이 문학적 경험을 할 때 가장 중요하게 다루어야 하는 부분이 문학 경험 및 활동을 통해 즐거움을 느끼고 경험해야 한다는 점이다. 유아교사는 유아로 하여금 즐거움 속에서 문학 경험을 할 수 있도록 하기 위해 좋은 그림책을 선정하여 동화를 읽고 들려줄 뿐 아니라 다양한 매체를 이용하여 유아문학 작품을 경험하는 기회를 갖도록 해 주어야 한다.

본 서는 영유아문학교육을 담당해야 할 유아교사는 무엇보다 긍정적인 문학적 경험을 가지고 있어야 한다는 출발점에서 시작한다. 제1부는 유아문학교육의 이론을 중심으로 살펴보았다. 특히 이론편에서는 유아문학교육의 목표 및 내용과 함께 올해부터 시행되는 3~5세 누리과정의 각 영역과 유아문학과의 관계를 설명하였다. 그리고 유아문학의 종류와 그림책의 가치, 좋은 그림책을 선정하는 방법 등을 다루었다. 제2부에서는 유아교육현장에서 실제 활용할 수 있는 유아문학교육의 계획 및 운영을 위한 방법을 제시하였다. 그와 함께 유아들에게 다양한 문학 작품을 경험하게 하기 위하여 동화나 동시 활동을 위한 전달매체 및 활용 방법을, 특별히 예비유아교사들이 쉽게 활용할 수 있도록 가능한 자세하게 다루려고 노력했다.

본 서를 통해 유아교육을 전공하는 예비유아교사는 물론 유아교육 관련 학문을 전공하는 학생들과 유아교육현장 유아교사들에게 도움이 되길 기대한다. 책의 자료수집과 내용정리에 힘써 준 기쁜어린이집 조경희 원장님과 내용첨가 후 원고와 사진 정리하느라 애써 준 송주빈, 이소율, 이소원, 김지연 학생과 힘들 때마다 격려와 위로를 아끼지 않은 사랑하는 지연이와 규성이에게도 감사를 전한다. 출간까지 오랜 시간 동안 기다려 주신 태영출판사 사장님과 직원 여러분께도 감사드린다.

2014. 1

저자

차 례

제 1 부 유아문학교육의 이론

제 2 부

유아문학교육의 실제

제 1 부

유아문학교육의 이론

제1장

유아문학교육의 기초

1. 문학이란?
2. 유아문학교육의 개념 및 가치

유아문학이란 무엇인가에 대한 개념을 명확하게 정의 내린다는 것은 문학을 정의 내리는 것만큼이나 어렵다. 유아문학이 무엇인가에 대한 이해를 위해서 일반적인 문학에 대한 개념을 알아보는 것이 필요하다. 먼저 일반 문학에 대한 개념을 알아보고 이어서 아동문학과 유아문학의 개념을 살펴보기로 한다.

1. 문학이란?

문학이란 사람과 사람, 사람과 자연의 관계 속에서 희로애락을 경험하며 살아가는 생활이야기며 삶의 이야기를 언어로 표현한 것이다. 문학은 특정한 주제를 가진 이야기나 시 그리고 희곡 등을 총칭하는 것이다. 즉, 문학이란 사람의 삶을 언어로 세밀하게 구성하는 것으로서 언어에 의해 연결되고 구성되며 더욱 세련되게 다듬어져 나아가는 하나의 예술을 의미한다.

문학의 개념에 대해 Hunt는 "문학이란 상상적 감정과 취미를 통해 사상이 담겨진 표현이며, 모든 사람에게 공감과 흥미를 줄 수 있는 형식적 문장이다(임원재, 2002 재인용)"라고 하였다. 조원혜(2003)는 "문학이란 작가가 자신의 체험을 바탕으로 창조적인 상상력을 통해 인간과 세계의 총체적인 모습을 아름다운 언어로 표현하는 예술이다"라고 하였다. 이렇듯 문학이 사람의 삶의 과정과 매우 밀접하게 관련되어 있음을 알 수 있다. 그러나 글로 표현된 모든 것을 문학이라고 보진 않는다. 문학으로 일컬을 때엔 몇 가지 특성을 지니고 있을 때 문학이라 규정짓는다. 김욱동(1996)은 문학에 대한 관점을 7가지로 설명하였다.

첫째는 '문자로 쓰인 것'은 모두 문학이라고 보는 입장이다. 과거 동양에서는 학문이라는 의미로, 서양에서는 문자로 표현된 모든 것이라는 의미로 쓰였다. 즉 시, 소설, 희곡, 수필, 평론, 전기, 편지, 자연 과학, 역사, 철학, 경전 등 문자로 표현된 모든 것을 일컫는 말로 쓰여졌다. 이런 관점에서의 문학에는 문자로 표현된 모든 인쇄물을 포함하게 된다. 그러나 대본없이 현장에서 즉흥적으로 이루어지는 일반적인 범주에 속해 있는 마당극이나 탈춤 등은 문학의 범주에 들어올 수 없다는 제한점이 있다.

둘째는 문학을 '위대한 저술'로 보는 입장이다. 이러한 저술들에는 종교, 철학, 역사, 과학책 등 그 분야가 매우 넓다. 인류에게 도움을 주는 책이라고 생각하는 이 입장은 고전이라고 불리는 것이 대부분 위대한 저술에 속하기 때문에 문학을 정의 내리는데 매우 제한점이 많다.

셋째는 '작가의 상상력에서 생겨난 작품'을 문학으로 보는 입장이다. 작가의 상상력이 만들어 낸 허구성과 창조성이 강조되면서, 역사적 서술이나 철학적 저술은 상상력의 산물이 아니라는 전제를 가지고 있다. 이 기준에 따른다면 사람의 상상력이 포함되지 않은 것이 없으므로 문학과 역사나 철학 등을 엄밀하게 구별하기 어려운 한계점이 있다.

넷째는 문학을 '아름다운 글'이라고 보는 입장이다. 글의 아름다운 형식이나 아름다운 문체로 문학인지 아닌지를 구별한다. 그러나 이러한 기준은 다분히 주관적 판단에 의한 것이므로 동일한 작품이라 할지라도 보는 사람의 관점에 따라 다를 수 있다는 문제를 지닌다.

다섯 번째는 문학을 '문학 장르에 속해 있는 것'으로 보는 입장이다. 이 입장은 최근의 포스트모더니즘의 영향으로 인해 장르의 확산이나 장르 해체, 탈 장르 등이 거론되고 있는 상황에서 매우 제한점을 지닌다고 할 수 있다.

여섯 번째는 '문학어를 사용한 글'을 문학이라고 보는 입장이다. 이는 문학어와 일상어를 구부한다. 그러나 언어라는 것이 문화나 시대의 변화에 따라 변하고 문학어와 일상어의 구분이 명확히 이루어지기 어렵다는 데서 그 한계를 보인다.

마지막으로 문학을 '이데올로기'로 보는 입장인데, 이 입장의 사람들은 문학을 흔히 계급투쟁의 표현이나 혁명의 수단으로 보려고 하는 특징을 가지고 있다. 그러나 문학작품 중에는 매우 많은 작품들이 이데올로기를 포함하지 않으며 이데올로기로부터 자유로운 작품들도 훌륭한 문학 작품으로 간주되는 경우가 많다. 이렇게 문학에 대한 다양한 관점이 있지만 어떤 하나의 관점을 만족한다고 문학이라고 정의 내리기는 쉽지 않다. 문학으로 일컬을 때엔 다음과 같은 몇 가지 특성을 지니고 있을 때 문학이라 규정짓는다.

문학에 있어 가장 중요한 것은 문학만이 가지고 있는 고유한 특성이 있다는 점인데, 이는 문학을 문학답게 보는 근본 요소로서 학자들은 이를 '문학성'이라고 한다(이대균 외, 2006). 문학의 매우 중요한 특성은 감동이다. 문학은 인간의 삶과 매우 밀접하게 관련되어 있는 것으로 문학작품을 통하여 많은 사람들은 타인의 삶 과정을 간접적으로 경험하면서 그들이 겪게 되는 사랑, 꿈, 슬픔, 기쁨 등을 공감하면서 감동으로 느낀다. 이러한 감동은 어떤 사실을 인식하는 지적인 이해가 아니라 감성적인 것에서 비롯되는 것으로 기쁨이나 행복감 그리고 고통이나 공포와 경이와 스릴과 같은 느낌으로 온다.

문학의 두 번째 특성은 창조적 상상이다. 우리는 문학을 통해 작가가 상상 속에서 만들어 낸 주인공이 되어 보기도 하고 처음으로 경험하는 외계의 세계를 경험해 보기도 한다. 같은 내용의 그림책을 읽더라도 사람들은 각자의 상상 정도에 따라 그 작품을 다양하게 경험하는 것이다. 이는 작가의 상상에 의한 세계를 창조하며 독자의 상상이 더해져서 다양하며 생생한 가공의 세계를 생산해 내는 것이다. 문학은 인간을 대상으로 작가의 창조적 상상력에 의해 언어를 매개로 만들어지는 감동의 세계라고 할 수 있다.

문학은 인간사회에 즐거움을 주는데 의미를 두고 재미와 감동을 추구하는 인간의 본능을 충족시켜 줄 수 있는 매개물이며(임원재, 2002), 동시에 문학을 통해 교육이 가능하다. 석용원(1986)은 언어를 통해 형상화된 문학은 우리의 눈이나 손으로 직접 얻은 것이 아니라 사고력과 상상력을 통해서 간접적으로 아름다움과 감동을 전하게 된다고 하였다. 이렇게 문학은 아름다움의 체험을 통해서 아동은 삶을 긍정적으로 받아들이고 사랑과 기쁨을 배우고 아름다운 세계를 발견하여 건강하고 행복하게 살아갈 수 있게 하는데 도움을 준다고 볼 수 있다.

2. 유아문학교육의 개념 및 가치

1) 아동문학의 개념

아동문학의 본질은 문학에 있다. 아동문학은 어린이를 즐겁게 하거나 가르치기 위해 글로 쓴 작품과 거기에 딸린 삽화를 통틀어 일컫는 말이다. 아동문학이 어린이를 대상으로 하는 문학이라고 일반 문학의 범주를 벗어나는 것을 의미하지는 않는다. 즉 아동문학도 일반 문학과 같은 맥락을 가지고 있으므로 일반 문학의 형식과 같은 기준을 따라야 한다. 석용원(1986)은 아동문학을 작가가 아동이나 동심의 세계로 돌아가고 싶어하는 어른에게 읽힐 것을 목적으로 창조한 시, 동화, 소설, 희곡들을 총칭한 것이라고 하였다. 서더랜드와 아부스넛(Sutherland & Arbuthnot, 1991)은 '아동이 읽고 즐기는 책이며 동시에 아동을 위해 쓰여진 책으로 문학적이고 예술적인 수준을 만족시켜 주는 책'이라 정의하고 있다. 아동용 사전(Children's dictionary, 1996)에 따르면 문학은 가치 있거나 흥미 있게 쓰여진 작품들(Written works)로 소설, 시나리오, 짧은 이야기, 수필, 시 등을 포함하는 것'이라 정의하고 있다.

이재철(1983)은 "아동문학이란 동요, 동시, 동화, 아동소설, 아동극 등의 장르를 총칭한 것"이라고 하였다. 좀 더 구체적으로 살펴보면, 아동문학은 주로 인간 최초의 성장기를 위해 쓰여진 문학으로 다양한 교육성을 내포하며, 어린이가 이해할 수 있는 언어를 사용하여 어린이의 심정, 생활 그리고 그들의 성장 · 발달에 도움이 되는 내용과 정신적인 요소를 내포하고 있다. 형식면에서도 언어와 문장의 사용에 세심한 주의를 기울여 표현된 것이 아동문학이라 하였다. 즉, 아동을 이해하고 아동을 사랑하는 성인들이 아동을 위하여 창작한 문학이 아동문학이다.

아동문학은 그의 주체가 아동과 동심에 두어야 하며, 일반문학과 마찬가지로 문학성과 예술성을 지니고 있어야 하는 것 외에도 서더랜드와 아부스넛(1991)의 주장처럼 문학작품의 대상인 아동에게 즐거움을 주어야 한다는 점에서 흥미성이 요구되기도 한다.

심성경 외(2003)는 아동문학이 지니는 기본적인 특성을 다음과 같이 정리하였다.

첫째, 아동문학의 대상은 아동과 동심이다.
둘째, 아동문학은 아동에게 즐거움을 주어야 한다.
셋째, 아동문학은 문학의 보편성을 전제로 한다.
넷째, 아동문학은 예술성을 겸비해야 한다.
다섯째, 아동문학은 교육적 효용 가치가 있어야 한다.

이처럼 아동문학은 그 주체가 아동과 동심에 두어야 한다는 점에서 일반문학과 구별되는 특성을 갖는다. 아동을 대상으로 하는 문학은 독자인 아동이 이해하고 공감할 수 있고, 아동의 정서, 아동의 성장과 발달에 맞게 쓰여져야 한다. 그러나 한편으로는 아동문학도 일반문학과 동등하게 문학성과 예술성을 갖추어야 한다. 아동문학도 주제와 구성, 주인공, 문체 등 문학적 요소를 갖추어야 하며, 또한 독자들에게 예술적 인식을 줄 수 있도록 예술성을 구비해야만 한다. 예술적 인식이란 개별적 · 구체적 · 특수적인 사물의 모양, 움직임, 관계 등을 정확하게 포착하여 거기서 일반적 · 보편적 · 전형적인 상태를 암시적으로 나타냄으로써 독자가 예술작품을 통해 감동을 받는 것을 의미한다.

2) 유아문학의 개념

유아문학(Young Childern's Literature)이라는 용어는 그 개념이 학자들에 따라서 견해 차이가 있으므로 한 마디로 명확하게 정의 내리는 것이 쉽지는 않다. 유아문학을 일컫는 말로는 유아를 위한 문학(Literature for young chidern), 유아문학, 유년동화 등이 비슷한 의미로 함께 혼용하여 사용되고 있다. 이상금 외(2003)는 이러한 유아문학은 아동문학 속에서 '유아기의 특수성을 고려하여 유아들을 대상으로 한 문학'이라고 정의하였다. 여기서 유아기란 일반적으로 0세에서 8세에 해당하는 유아 및 초등 저학년까지를 일컫는다. 흔히 유아교육에 대한 개념이 3세에서 6세까지로 보고 초등학교 입학 이전에 주어지는 교육을 유아교육으로 생각되어 왔으나, 오늘날에는 그 대상 범위가 확대되어 출생에서 8세까지의 아동을 대상으로 한 교육(Morrison, 1980), 또는 캐츠(Kats)와 스포덱(Spodek)은 출생부터 초등학교 저학년 교육까지로 보고 있다. 이러한 점들을 감안해 볼 때 유아기란 출생에서 초등학교 저학년까지, 즉 0세에서 8세까지의 기간을 의미한다고 볼 수 있다.

그러나 우리나라에서의 유아기란 학제에 기초하여 볼 때 초등학교 입학의 법정 연령인 만 6세 이전의 유아가 이에 해당한다고 볼 수 있다. 즉 출생에서부터 초등학교 입학 직전 연령인 만 5세까지가 유아기에 해당된다고 보는 것이다. 따라서 학문적 측면에서 볼 때 유아기는 출생으로부터 만 8세까지로 초등학교 저학년까지로 정의되지만 우리나라의 경우 교육기관에서 유아교육이 이루어지고 있는 연령은 초등학교 입학하기 전까지의 연령이므로 유아기를 만 5세까지로 보는 것이 타당하다고 본다. 이에 본 서에서의 유아기란 출생으로부터 초등학교 입학 전의 만 5세까지로 규정하고자 한다.

이 시기 유아들의 일반적 특성은 다음과 같다.

첫째, 유아들은 문자 해독 능력이 없기 때문에 문학을 이해하고 표현하기 위해서 언어에만 의존하지는 않는다. 그림, 몸짓, 분장 등 다양한 문학적 표상 활동을 적극적으로 활용한다. 유아의 발달 특성을 고려하는 유아문학에서는 글과 그림뿐만 아니라 원작의 의도를 잘 반영하는 다양한 문학 교수 매체도 의사 전달의 중요한 역할을 한다.

둘째, 유아들은 꿈과 실재를 구별하지 못하며 모든 물체가 살아 움직일 수 있다고 생각하는 물활론(物活論)적 사고를 갖는다. 따라서 유아의 발달 특성을 고려하는 유아문학은 꿈과 실재의 조화를 이루도록 배려함으로써 유아들의 상상력과 함께 현실 감각 능력을 길러 줄 수 있도록 한다.

셋째, 유아들은 의식주에 대한 기본 욕구 뿐만 아니라 사랑, 이해, 소속 성취, 심미감에 대한 발달 욕구를 가지고 있다. 따라서 유아문학은 이러한 유아들의 욕구를 잘 반영해야 한다. 진정한 유아문학은 유아의 발달 특성을 고려하면서 동시에 문학적 예술성을 지니고 있어야 한다.

이러한 정의에 의하면 유아문학이란 유아기의 아동이나 동심을 지닌 성인에게 읽힐 것을 목적으로 창작된 문학을 일컫는다. 여기에는 유아기의 아동을 위한 동요, 동시, 동화, 아동소설, 아동극 등이 포함된다. 오늘날에는 판타지 소설이나 SF서사물들, 아동용 영화나 드라마 그리고 애니메이션과 게임 등의 시나리오도 아동문학 범주에 넣고 있다.

앞에서도 간단히 언급한 바와 같이 유아문학은 아동문학과 함께 타문학과 마찬가지로 문학적, 교육적, 예술적 특성을 지녀야 할 뿐만 아니라 독자층의 발달 특성을 고려한 질적으로 우수한 문학을 의미한다. 또한 도서의 내용과 질이 우수하여 아동뿐만 아니라 문학을 사랑하는 모든 연령층의 대상에게 매력적으로 다가

오는 작품이어야 한다. 유아교육현장에서는 유아문학교육을 위해 대체적으로 0세에서 초등학교 입학 전의 어린이를 위한 문학 작품을 선택하여 활용하는 것이 일반적이다.

아동문학이 유아기, 소년, 소녀기에 있는 아동들을 주대상으로 하여 성인이 창작한 문학이라고 할 때, 유아기의 특수성을 고려하여 유아들을 대상으로 한 문학을 유아문학이라 정의할 수 있다. 따라서 유아문학의 개념을 정의하고자 하는 것은 아동문학으로부터의 분리를 의미하는 것이 아니라 오히려 유아기의 특수성을 고려한 작자와 독자 및 소재, 그리고 성격 등을 명확히 하기 위해서이다. 유아를 대상으로 한 우수한 작품은 독창성과 아이디어에 비중을 두며, 상상력이 풍부한 언어, 아름다운 문어와 신선하고 재미있고 의미가 있는 예술양식을 사용하고 있다. 이러한 책들은 영원한 가치가 있는 것이다.

이 상의 내용을 정리하여 유아문학을 정의해 보면, 유아문학이란 아동문학의 개념 속에 포함될 수 있으며, 그 대상에 있어서 출생부터 8세까지의 유아를 대상(단, 본서에서는 우리나라의 학제를 기준으로 만 5세까지로 봄)으로 유아의 발달적 특성을 고려한 내용 · 형식을 갖추어 만들어진 문학, 즉 동요, 동시, 동화 등의 문학 장르를 뜻하는 것이라 할 수 있다.

3) 유아문학의 교육적 가치

유아에게 문학교육은 어떤 가치를 부여하는가? 유아에게 있어 문학교육을 한다는 것은 무엇을 의미하는가? 유아는 유아교육기관에서 유아문학교육을 경험하기 이 전부터 부모나 주변 사람들로부터 문학적 경험을 하는 것은 어쩌면 자연스러운 현상일 것이다. 우리가 어려서부터 가정이나 학교로부터 자의든 타의든 접해 온 수많은 문학 작품들은 아직까지 감동을 주며, 생활 속에서도 다른 활력으로 역할을 담당하고 있음을 느낀다. 유아들의 경우도 어려서부터 형식적으로든 비형식적으로 하게 되는 문학적 경험들은 그들의 인생 여정에 분명히 영향을 미칠 것이다. 특히 유아교육기관에서 경험하는 유아문학교육은 유아의 상상력, 창의력, 사회성, 도덕성, 인지 그리고 언어 발달을 증진시키기 때문에 유아교육의 목표이기도 한 유아의 전인적 발달과 대단히 밀접한 연관성을 보인다. 그러므로 유아에게 보다 유익하고 교육적 가치로의 접근을 위해 유아문학교육의 교육적 가치를 살펴보면 다음과 같다.

첫째, 유아는 문학작품을 경험하면서 즐거움과 기쁨을 느낀다. 유아가 문학을 통하여 경험하게 되는 즐거움과 기쁨은 두 가지 측면에서 교육적 의미가 있다. 하나는 이러한 즐거움과 기쁨을 통하여 경험하는 카타르시스는 유아에게 정서적 안정감을 가져다 준다는 것이다. 유아는 생활 속에서 받는 스트레스를 문학을 통해 해소해 나감으로써 정서적 발달에 기여하게 된다. 유아들은 이야기를 통해 자신의 경험을 재구성하기도 하고, 자신이 직접 체험하지는 못했지만 많은 사람들이 경험한 것을 간접적으로 경험하기도 하며, 경이로운 세계 속에서 벌어지는 특이한 경험을 하기도 한다. 이야기 속으로 푹 빠져들수록 유아들은 주인공의 체험과 자신의 체험을 동일시하여 주인공과 함께 웃음, 슬픔, 아픔 등을 공감하게 된다. 이러한 공감을 통해 유아들은 정서적으로 순화되는 과정을 겪는다. 특히 유아를 대상으로 하는 이야기에는 환상의 요소가 많다. 유아들은 이러한 요소를 통하여 현실의 세계에서 경험할 수 없는 것들을 꿈과 이상의 세계에서 경험하게 된다. 「피터팬」에 나오는 영원히 어린 나이로 살 수 있는 나라, 「괴물들이 사는 나라」의 이야기에 나오는 장난기 많은 아동들을 닮은 괴물들이 사는 나라, 「피노키오」 이야기에서 나무인형이 사람이 되어 말하는 꿈과 같은 이야기가 무궁무진하다. 이러한 환상적 이야기는 유아들의 상상력을 길러 주고 공포감을 극복하게 하며, 무기력해지거나 자신감을 상실하게 될 때 위로해 주고 희망을 준다. 또 다른 하나는 유아로 하여금 책을 읽는 즐거움을 알게 함으로써 독서에 대한 동기를 불러일으킨다. 성인들의 경우와 마찬가지로 유아들의 흥미를 끄는 매력적인 책들은 유아들에게 순수한 즐거움을 가져다 준다. 책을 읽는 것이 즐겁다는 사실을 경험한 유아는 책을 좋아하게 되고, 책에 몰입하게 되어 계속적으로 책을 읽으려고 한다. 책은 재미에 의해 즐기도록 해야 한다. 유아들은 물론 초·중·고등학생들에게도 책을 읽는 것이 강조되고 있는 요즈음, 유아에게 책을 억지로 읽히게 되면 책에 대한 부정적 인식과 함께 책을 멀리 하게 되는 요인이 될 수 있다. 유아기 때부터 자연스럽고 즐거운 문학의 경험을 하게 해주는 것은 유아들이 성장해 나가면서 이후 학교에 입학한 후에도 책을 즐기는 성향을 길러 줄 수 있다는 점에서 매우 중요한 일이다. 이와 더불어 교사와 안정된 분위기 속에서 책장을 한 장 한 장 넘기면서 읽어 내려가는 경험은 책 속의 내용을 파악하는 것 이상으로 감상의 태도를 함양시켜 준다. 교사와 함께 책을 감상할 때 책을 다루는 방법을 자연스럽게 알게 되고 책을 소중하게 생각하는 마음을 갖게 된다. 즉, 글을 모르는 유아들이라도 그림에는 민감한 반응을 보인다. 교사는 이러한 반응에 적절히 대처해 줌으로써 책이나 미술을 감상하는 태도를 함양시킬 수 있다. 따라서 즐거움은 그 어떤 교육적인 가치보다 우선적으로 고려되어야 할 것이다.

둘째, 언어 발달을 증진시킬 수 있다. 유아들에게는 이야기의 전체 맥락을 통해서 자연스럽게 읽고·쓰기를 습득하는 것이 발달에 적합하다고 한다. 이 방법은 의미가 있고 재미가 있는 이야기를 접할 기회를 유아에게 많이 제공할 것을 강조한다. 언어적 표현 능력이 풍부하지 못한 유아에게 이러한 활동적 표상 유형은 의사소통의 좋은 수단이 되며, 언어 발달의 기초가 된다(Hickman, 1981). 피터슨(Peterson, 1990)은 유아들이 이야기를 잘 이해하고 표현하도록 하기 위해 극화 활동을 적극 장려하였다. 흥미로운 이야기를 들려준 후 극화활동을 했을 경우 유아들은 이야기를 잘 회상할 수 있었을 뿐만 아니라, 이야기를 새로운 형태로 창작할 줄도 알게 되었다고 한다.

또한 유아는 자신이 들은 이야기를 말로 다시 재현해 보거나 글로 표상해 봄으로써 이야기 지식을 발달시켜 나간다. 유아들은 이야기의 등장인물이 사용하는 몸짓, 표정, 행동 등을 표상해 봄으로써 인물의 역할이나 이야기 줄거리를 잘 이해하게 된다. 유아들은 활동적 표현 양식 중 음성의 변화를 사용하기도 한다. 애플비(1978)는 유아들이 문학적 반응을 할 때 '말하는 음성(Speaking voice)' 대신 극적인 '이야기 음성(Story voice)'을 사용한다고 하였다.

유아는 어린 시절부터 책, 테이프, 비디오, 텔레비전, 연극 등의 여러 가지 방법으로 이야기를 들으며 자라나게 된다. 유아는 이러한 다양한 경험을 하면서 말하기, 듣기, 읽기, 쓰기 등의 언어적 능력을 발달시킬 뿐 아니라 이야기 이해 능력 및 이야기 꾸미기 능력의 발달을 해나간다. 유아는 자신이 좋아하는 그림책이나 이야기책을 반복적으로 듣거나 읽어 주기를 원하는데 이 과정은 유아로 하여금 글씨를 통문자로 익히거나 이야기 줄거리에서 반복적으로 나오는 어휘나 문장들을 일상생활 속에서 사용해 보는 과정에서 말하고, 듣고, 이야기를 이해하고 꾸미는 능력을 발달하도록 돕는다.

셋째, 유아의 인지적 발달을 돕는다. 퍼라스키(Pulaski, 1974)도 극화 활동은 새로운 생각을 더 잘 하게 하고 교재를 다양한 방법으로 창안할 수 있게 한다고 하였다. 벤슨(Benson, 1990)은 4~5세 혼합 연령 집단의 유아에게 극화 활동을 하도록 한 결과 4세의 어린 유아들이 5세 유아들에 비해 언어보다 동작의 사용 빈도가 높았다고 한다. 유아들은 분장을 함으로써 자신이 인식한 역할을 쉽게 표상하였고, 다른 동료들에게 자신의 역할을 자연스럽게 알릴 수 있었다. 동시에 유아들은 또래 친구들이 치장한 분장을 보면서 타인의 역할을 잘 인식할 수 있게 되는데, 이러한 분장의 경험은 등장인물의 역할 인식에 대한 이야기 지식을 발달시켜 준다(고문숙 외, 1999). 유아들은 문학적 경험을 통하여 사물에 대한 개념을 새롭게 알아가기도 하고 이미 알고 있거나 잘못 알고 있던 개념을 확고하게 하거나 새롭게 수정하는 기회를 갖는다. 또한 다양한 사고 과정 속에서 관찰, 비교, 분류,

조직, 적용하는 기술을 개발해 나가기도 한다. 여러 가지 이야기 속의 상황에서 논리적 추론 능력과 비판적 사고 능력을 기르며, 문제해결능력을 신장시켜 나가는 데 도움을 준다.

넷째, 유아의 사회성 발달 및 도덕성 발달을 돕는다. 동화나 이야기책 내용의 많은 부분이 유아의 일상생활 및 주변 상황과 관련되어 있다. 따라서 다양한 문학적 경험은 유아로 하여금 자연스럽게 자신이 속해 있는 가족, 이웃, 사회의 전반에 걸친 상황에 접하게 됨으로써 여러 사람들이 살아가는 법을 배울 수 있게 해 준다. 책 속에는 다양한 인종, 계층, 직업, 연령을 갖고 있는 사람들이 등장한다. 이들은 다른 사람과 각기 다른 방식으로 살아간다. 각양각색으로 사는 방법을 갖고 있는 개성 있는 주인공들은 여러 가지의 문제에 직면하게 된다. 대부분의 주인공들은 문제를 접했을 때 무기력하게 대처하기보다는 최대한의 지혜를 동원해서 직면한 문제를 해결함으로써 위기를 극복한다. 동화를 읽는 동안 유아들은 지구촌의 많은 사람들이 사는 방법을 알게 되며, 문제해결을 위한 다양한 삶의 지혜를 배우게 된다.

뿐만 아니라 여러 가지 형태의 문학적 경험은 도덕성 발달에도 도움을 준다. 유아들에게 설명적인 방법으로 도덕과 윤리를 가르치는 방법은 비효과적이다. 그런데 유아들이 접하는 대부분의 전래동화는 인간의 삶에 반영될 수 있는 도덕적 · 윤리적 교훈을 강조하는 내용이 매우 많다. 특히 옛 이야기는 정의의 편에서서 문제를 해결하는 경우가 대부분이다. 유아들은 재미있는 이야기를 읽는 동안 주인공의 행위를 통해서 선과 정의에 대해 생각해 볼 기회를 갖게 된다.

다섯째, 타영역으로의 전이 능력을 기른다. 동화 속에 등장하는 인물에 흥미를 갖게 된 유아는 그 인물을 다양한 방법으로 표상해 봄으로써 인물의 특징, 역할, 사건의 변화를 보다 잘 이해하게 된다. 또, 동화의 내용을 표상 양식의 특성에 맞도록 변환하거나 재구성하면서 다양한 의사소통의 방법을 알게 된다. 이러한 변환과 재구성의 과정은 다양한 방식으로 유아들에게 자신의 욕구를 표출하는 방법을 알려주고, 일상생활의 한 분야에서 다른 분야로의 전이 능력, 즉 응용력, 적응력, 창의성 등을 발달시켜 준다. 매력적인 이야기 속의 주인공을 표상하기 위해 음성, 표정, 동작을 사용할 뿐만 아니라 역할에 맞는 적절한 분장을 하기 위해 미술이나 작업을 수행하여 흥미가 고조될 수 있도록 하기도 한다. 상상력이 풍부한 유아들은 원래의 이야기에서 더 확대시켜 새로운 성격의 주인공을 창조해 내기도 한다.

문학은 우리로 하여금 존재하지 않는 것을 실재 있는 것처럼 여기게 하고 그 상황에 따르게 하는 힘을 가지고 있다. 이 힘에 의해 문학교육은 문학 작품을 바르게 이해하고 감상하는 능력을 길러 풍부하고 다양한 문학적 체험을 하게 하여 이를 통해서 미적 감각과 인간에 대한 통찰력을 길러 바람직한 인간을 형성하게 한다. 따라서 유아를 위한 문학교육은 문학 이론의 학습에 목적을 두기보다 유아로 하여금 문학을 즐기며, 문학 작품의 감상을 통해 주변 환경에 대해 인식하도록 돕고, 그들을 둘러싼 인간관계 등을 알게 함으로써 환경과의 상호작용 속에서 상상력, 문제해결 능력, 창의력을 길러줄 뿐만 아니라 바람직한 인성을 길러 줄 수 있다.

제2장

유아의 발달특성과 문학

1. 유아의 기본적 욕구와 문학
2. 영유아기 발달의 특징과 유아문학

1. 유아의 기본적 욕구와 문학

인본주의 심리학자 매슬로우(Maslow, 1970)는 모든 사람들의 욕구는 위계적으로 배열되어 있기 때문에 아래 단계의 욕구가 충족되어야만 윗 단계의 동기가 발생한다고 하였다. 그는 그 욕구들을 충족시키기 위해서 동기가 유발되며, 궁극적으로 자아실현에 도달한다는 욕구위이론(hierarchy of need theory)을 제시하였다. 유아도 이러한 욕구를 충족하기를 원하는데 이는 실생활에서 음식, 부모의 사랑과 보호, 주변사람들과 친구들에 의해서도 충족되기도 하지만 문학적 경험을 통해서도 간접적으로 충족될 수 있다. 이를 구체적으로 살펴보면 다음과 같다.

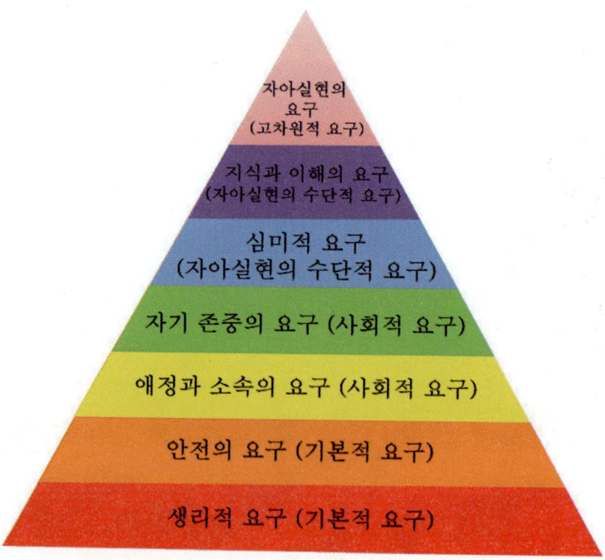

[그림 2-1] 매슬로우의 욕구위계 이론

1) 생리적 욕구

생리적 욕구는 인간의 가장 기본적인 욕구로 배고픔, 목마름, 갈증, 수면, 배변 등과 같은 욕구가 포함되어 있다. 즉, 의식주를 얻고자 하는 욕구라고 할 수 있다. 이러한 생리적 욕구는 인간의 행동을 좌우하는 가장 강렬한 힘을 가지고 있으며, 비교적 짧은 시간 내에 반복적으로 충족시키지 않으면 안 된다. 감각기관, 지능, 습관 등과 같은 것도 이 욕구충족을 위하여 이용되고, 다른 욕구는 일시적이나마 보류된다고 본다.

응가대장 동이 차보금 글 | 박미애 그림 | 삼성출판사 | 2003. 06. 15

〈줄거리〉

동이와 토끼 토토, 얼룩말 루루는 기차를 타고 바다로 여행을 떠났습니다. 그런데, 기차 안에서 응가가 나올 것 같았어요. 서둘러 화장실에 갔지만, 기차는 너무 흔들려서 볼 일을 볼 수 없었어요. 바다에서 놀다가도 응가가 나올 것 같았어요. 소나무 숲으로 갔지만, 그곳은 너무 무서웠어요. 응가를 못하니 배가 아파서 제대로 놀 수가 없었어요. 밤이 되었지만 배가 너무 아파 잠을 잘 수 없었던 동이는 결국 몰래 풀숲으로 들어가 볼일을 보았답니다.

예) 개구리의 낮잠(미야니시 타츠야 저, 한수연 역, 시공주니어, 2002. 03. 20), 배고파 아~ (신유진 저, 삼성출판사, 2010. 06. 15)

2) 안전에 대한 욕구

생리적 욕구가 충족되고 나면 안전의 욕구로 발전된다. 안전에 대한 욕구는 확실성, 예측성, 질서, 안전을 보장하고 싶어하는 욕구로서 이 욕구 속에는 신체적인 안전뿐 아니라 물질적, 정서적, 지적 안전 등이 포함되어 있다. 그리고 안전의 욕구는 어머니와 아버지의 품안으로부터 점차 일상적인 생활환경, 가족 등으로부터 오는 평온과 안락을 주는 모든 것으로 확대된다. 물질적 · 경제적 안전에 대한 욕구는 인간 행동의 큰 동인이 되는 동시에 이야기를 진행시키는 강력한 동기와 흥미를 유지하게 한다. 옛날 이야기나 동화 속에 표현되어 있는 먹음직한 음식, 화려한 옷, 좋은 궁전 등에 대한 묘사는 물질적 보상을 통한 안전을 상징하는 것이다. 안전의 욕구는 인간의 불안과 안전에 대한 갈망을 다룬 옛날 이야기나, 전설, 영웅전 등을 읽음으로써 충족될 수 있다.

또한 인간의 욕구에는 물질적 안전의 수준을 넘어서 정서적 안정의 욕구가 있다. 정서적인 안정감은 유아들이 올바른 인간으로 성장해 나가는데 매우 중요한 요소로써 인지적 발달은 물론 그들 자신에 대한 긍정적인 감정을 갖게 하고 타인과의 올바른 관계를 맺도록 하는 데에 필수적인 요소이다.

유아들은 문학작품을 통하여 정서적인 안정감을 가질 수 있다. 유아들에게 있어 정서적 안정감은 단순히 정서적 발달 뿐만 아니라 지적 발달 및 사회성 발달에 기초가 되는 부분으로서 충분히 발달시켜 주어야 한다. 정서적 안정감은 생리적인 단순한 요구보다는 한 단계 높은 수준의 요구라고 할 수 있다. 이는 가족이나 주변 사람들과의 사랑과 용기, 기쁨이 담긴 내적이고 정신적인 것이다. 유아는 이러한 경험을 통해 유아 자신이 이상적인 삶을 살아가는 기초를 마련해 나가도록 도와 준다. 따라서 유아는 가족 간의 사랑과 우애가 담긴 이야기 속에서 평온과 기쁨을 얻을 수 있게 된다. 안전의 요구는 '나 자신'으로부터 시작하여 점차 다른 사람의 요구도 고려하고 그것을 중히 여길 수 있게 된다(이상금 외, 2001).

유아들은 가정이나 기관에서 경험하는 문학작품을 통하여 정서적 안정감을 가질 수 있다. 유아의 연령에 따른 문학작품 중 가족이나 친구, 이웃 간의 사랑과 우애를 다루는 이야기 속에서 유아들은 따뜻함과 기쁨, 평온한 느낌을 갖게 된다. 따라서 가족들이 어려움을 극복하는 과정에서 겪게 되는 좌절과 갈등 속에서 사랑과 정을 나누는 경험들은 유아들에게 용기와 새 힘을 얻을 수 있다. 가정이나 유아교육기관에서 부모나 교사가 유아들과 친밀한 분위기 속에서 이러한 요구를 만족시켜 줄 수 있는 유아문학 속의 이야기와 현실의 경험들은 유아의 안정적인 성장 · 발달에 도움을 준다.

앗, 위험해!, 최윤정 저 / 삼성출판사 / 2003. 07. 01

〈줄거리〉

아이들이 쉽게 하는 행동이지만 해서는 안 되는 행동들 '앗, 위험해!' 일상생활에서 아이들이 할 법한 위험한 행동들이 나와 있으며 그 행동들을 하면 안 된다고 말해 주는 내용이다. 위험한 행동들로부터 아이들을 지키는 아이들에게 지침서 같은 내용이다. 아이들은 책을 읽으며 자신이 했던 행동들이 해서는 안 된다는 것을 반성하게 된다.

예) 안돼, 낯선 사람이야.(김리라 글, 김효진 그림, 문학동네, 2012. 06. 20), 안돼, 위험해(책고래 글, 레오나 페레즈 그림, 블루래빗, 2012. 02. 28).

3) 소속감과 사랑에 대한 욕구

모든 인간은 어떤 집단이든 소속되어 있을 때 안정감을 갖는다. 이 욕구는 다른 사람과 따뜻한 관계를 맺으며, 자신이 속한 집단에서 필요한 존재로 소속되고 싶은 욕구이다. 모든 인간은 나로부터 출발하여 가족이나 또래집단 나아가 유치원(어린이집), 사회, 국가 등에 속한다는 개념을 발달시키게 된다. 가족과 또래집단, 그 밖의 다른 인간관계로부터 획득한 안정감은 동시에 소속의 욕구도 만족시켜 준다. 반면 인간은 어떤 집단이나 그룹에 속해 있지 않다고 느낄 때 불안함을 갖는다. 유아들도 마찬가지로 자신이 가족이나 또래집단에 속해 있지 않다고 느끼게 되면 거절감으로 인해 매우 불안해하여 정서적인 문제를 일으키게 된다. 또한 사랑과 애정의 욕구는 본능적인 것으로 모든 사람들은 사랑하고 또한 사랑받기를 원한다. 특히 유아기 동안에 받은 사랑과 애정은 성격 형성에 절대적인 영향을 미친다. 이러한 요구가 결핍된 경우 유아들은 다른 대상을 통하여 결핍을 해결하려고 하는데, 자신이 좋아하는 물건에 지나친 애착을 갖거나 자신과 동일시하려는 경향으로 나타난다. 유아들은 가정에서 부모들의 사랑을 받고 자라면서 그것을 기초로 하여 다른 사람을 사랑하는 방법을 배워나간다. 어릴적 가족이나 친구들로부터 사랑과 보호 대신에 학대와 고립을 경험한 유아들의 경우 문제 청소년으로 성장하게 되며, 이는 곧 성인으로까지 이어져 사회생활을 해 나가는데 있어 어려움을 겪게 되는 결과를 가져오기도 한다(이상금 · 장영희, 2001). 이렇듯 모든 유아들은 그들이 어떤 집단에 소속되기를 희망하며, 소속된 집단구성원들로부터 인정받고 사랑받고 싶어한다. 유아의 가족 속에서의 “우리 아빠, 엄마”, “내 동생” 등으로 나타나는 소속감은 점차 ‘나의 친구’, ‘우리 선생님’ 등으로 소속의 범위가 확대되며 여러 복합 집단의 성원으로서의 인정받고 사랑받는 자신을 느끼게 된다.

유아의 이러한 욕구는 실제적인 경험을 통해서 하는 것이 가장 중요하다. 하지만 문학 경험을 통해, 즉 유아 자신이 소속되고자 하는 부류의 사람들에게 사랑을 받고자 애쓰는 이야기를 경험해 봄으로써 그 욕구를 충족시킬 수도 있다. 이와 관련된 동화나 이야기를 읽음으로써 사회생활을 하는데 필요한 기본 개념을 형성하게 된다. 또한 민주주의에 대한 올바른 개념, 즉 집단 속에서의 각 개인의 의미가 점차 확대되고 새로워지는 세계 속에서의 자신을 이해할 수 있는 작품들도 필요하다. 사회가 점차 복잡해지고 인구가 증가하게 됨에 따라 보다 많은 의사교환과 인간관계를 갖게 되는데, 문학작품을 통하여 확대되어 가는 유아들의 세계를 보여주고 그러한 과정에서 겪게 되는 갈등을 극복할 수 있도록 도와 준다.

유아들은 쉽게 이야기에 동화된다. 사랑을 받고자 하는 유아들은 사랑과 애정을 보여주는 이야기에 깊은 감동과 흥미를 느끼게 되며, 그러한 경험을 통하여 더 성장하게 된다. 예를 들면, ≪미운 아기오리≫는 사랑의 욕구나 가족에의 소속의 욕구를 나타내고 있다. 또한 ≪엄마 아빠 사랑해요≫(박명희, 1996), ≪무지개 물고기≫(마루쿠스 피터스, 1994), ≪신데렐라≫, ≪허클베리핀의 모험≫ 등은 가족이나 동료 간의 사랑과 어디에 속한다는 것이 어떤 의미인지를 알게 해 주는 동화이다.

엄마, 나 시랑해? 바버라 엠 주세 저/ 바버라 라발리 그림/ 중앙출판사

〈줄거리〉

북극에 사는 아이가 엄마에게 "나를 얼마만큼, 언제까지, 어떻게 사랑해?"라고 묻는다. 또한 "엄마가 싫어하는 행동을 하면? 그래도 사랑해?"라고 묻는다. 아이의 물음에 "엄마는

너를 사랑한단다. 언제까지나 영원히, 너는 나의 사랑스러운 아기니까."라고 결말짓는 가슴 따뜻한 이야기이다.

예) 우리 아빠가 최고야(앤서니 브라운, 최윤정 역, 킨더랜드, 2007. 02. 15), 치킨 마스크(우쓰기 미호 저, 장지현 역, 책읽는 곰, 2008. 03. 03).

4) 자아존중의 욕구

인간은 집단에 속하려는 그의 욕구가 어느 정도 만족되기 시작하면 어떤 집단의 단순한 구성원 이상의 것이 되기를 원한다. 따라서 인간은 더 나아가 집단구성원들로부터 인정받고 칭찬받기를 원한다. 이러한 욕구는 어떤 것을 시도하여 성취해 내려는 욕구를 만들어 내기도 한다. 유아들도 자기 자신을 존중하고자 하는 욕구뿐 아니라 자신의 주변 사람들로부터 칭찬받고 인정받기를 매우 갈망한다. 이러한 욕구가 유아들에게 적절하게 충족되어질 때 긍정적인 자아 개념을 지니게 되며 자신을 긍정적으로 인식할 수 있게 된다. 그러나 유아가 이 욕구를 성취하지 못할 때는 다른 유아가 자신보다 더 훌륭하고, 자신은 열등하다고 생각함으로써 잘못된 자아개념을 가질 수 있다. 이는 내적으로는 자기 존중감과 자율성을 성취하려는 내적 존경욕구이며, 외적으로는 타인으로부터 주의를 받고, 인정을 받으며, 집단 내에서 어떤 지위를 확보하려는 욕구이다. 그러므로 유아의 발달단계에 맞는 문학작품을 통하여 각 개인의 특성 및 개인적 성장 · 발달에 따른 성취 욕구를 만족시켜 주는 것이 바람직하다. 성취의 요구가 아름답게 묘사된 작품들에는 리오니(Lionni, 1963)의 ≪까만 물고기 스위미(Swimmy)≫가 있다. 작고 까만 물고기 스위미는 다른 물고기와 만나 지혜와 노력으로 함께 배우고 커 가는 이야기를 담은 작품이다. 유아들은 문학 작품에 나오는 인물들과 자신을 동일시하면서 자신감과 자신의 어려움을 극복하고 성취함으로써 안정감을 느낀다. 그러므로 어린 시절의 이야기들을 담고 있으며 많은 어려움을 이기고 끊임없이 자신의 길을 헤쳐 나가는 용감한 모습을 담고 있는 위인전 등을 경험하게 해 줌으로써 성취 욕구를 해결할 수 있다.

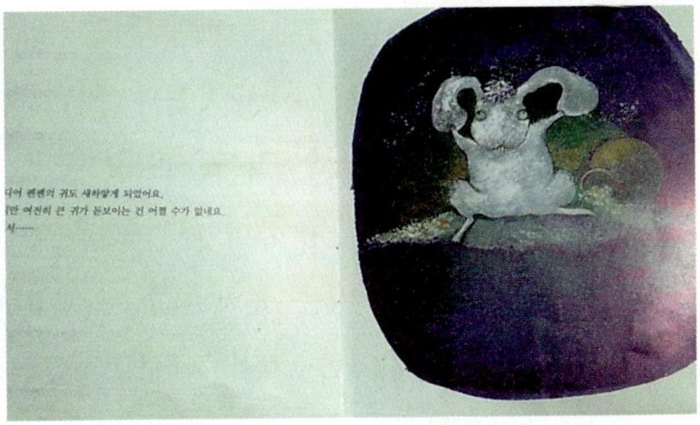

조금 다를 뿐이야, 오오사와 치카 글/ 오오사와 치카 그림/ 푸른날개

〈줄거리〉

펜펜은 놀이터에서 친구(론론)와 놀고 있는데 론론이 "네 귀는 왜 그렇게 크고 긴거야?" 라고 묻는다. 처음으로 친구와 다름을 인식한 펜펜은 당황해하며 집에 가서 부모님께 묻는다. 부모님은 특별하게 생겼다는 것은 기쁜 일이라며 오히려 펜펜의 귀가 멋있다고 한다. 하지만 친구에게 인정받고 칭찬받고 싶은 마음에 펜펜은 밀가루로 하얗게 변장한다. 그 다음 날, 친구는 펜펜의 달라진 모습을 보고 이상하다며 펜펜의 귀가 멋지고 부러워서 한 말이었다고 한다. 펜펜은 그 말을 듣고 변장한 것을 벗자 친구는 "지금 이대로가 최고야."라는 펜펜의 모습을 인정해 주는 말을 한다. 이 말을 들은 펜펜은 자신감을 더욱 얻는다.

예) 사랑스러운 꼬마 괴물(오딜 엘만-위르푸왈 글, 디디에 발리세빅 그림), 난 내가 될래요! (세라 셰리든 글, 마거릿 체임벌린 그림), 늑대는 아무데도 없어요(엄혜원 글 · 그림, 문영식 역).

5) 지식과 이해의 욕구

인간의 호기심은 성장의 근원인 동시에 욕구이다. 지식과 이해의 욕구는 유아들에게 왕성하게 일어나는 호기심과 관련이 있다. 유아들은 다른 사람들을 이해하고자 하며 자기들을 둘러싸고 있는 환경을 이해하고 다른 사람들과 어려운 문제를 해결해 나갈 수 있는지 끊임없이 배우고자 한다(이상금 · 장영희, 2003). 유아의 호기심을 자극하는 것과 자극에 대한 반응 방법은 연령에 따라 흥미의 발달 경향과 함께 변화해 간다(심성경 외, 2006). 생리적으로 만족스럽고 가족들의 사랑과 지지 속에 안전함과 소속감을 느끼는 동시에 자신에게 긍정적이고 자긍심을 가지고 있는 유아라면 그의 호기심은 매우 왕성하게 일어나며 탐구 활동으로 이어진다. 유아들은 자기 자신의 탐구만으로는 얻지 못하는 궁금하고 의문 나는 것들을 문학책을 통하여 객관적인 지식을 얻고 이로 인해 호기심을 충족해 나간다. 유아들로 하여금 문학 경험을 통하여 탐구 과정에서 겪을 수 있는 실패감을 극복해 가며 그들이 가지고 있는 문제들을 해결해 감으로써 지적 호기심을 충족시킬 수 있도록 격려해 주어야 한다. 지적 호기심의 충족 과정은 유아들이 가지고 있을 수 있는 불필요한 공포나 불안을 해소하는데 도움을 주기도 한다. 이렇게 유아들의 알고 싶어하는 욕구를 충족시켜 주기 위해 탐구 활동을 할 수 있도록 하기 위해 지식을 전달하는 지식정보책을 소개해 줄 수 있다.

올챙이는 어떻게 개구리가 될까?
데이비드 스튜어트 글/ 캐롤린 프랭클린 그림/파랑새 출판사

〈줄거리〉

올챙이가 어떻게 개구리가 되는지 하나의 과정만 설명한 것이 아니라, 목차를 나누어서 아이들이 흥미를 가질만한 질문들을 토대로 구성된 자연탐구 동화이다. 목차는 '개구리는 어떤 동물인가요?' 에서부터 시작해 '실험관찰'까지 있는데, 동화책을 읽고 끝나는 것이 아니라 실제적으로 실험해 볼 수 있는 방법도 나와 있어 아이들에게 재미와 실험에 대한 욕구를 증진시켜 주는 좋은 책이다.

예) 우리아이 처음 배우는 인체백과(해바라기, 김은경, 토피, 2011.10. 31), 고마워, 태양!(차보금 글, 한미애 그림, 끼리끼리 출판사).

6) 심미적 욕구

인간에게는 안전과 성취를 추구하는 요구 외에도 아름다움에 대한 추구와 미를 즐기고자 하는 요구가 있다. 즉 인간은 누구나 아름다움을 추구하는 욕구가 있는데 인간이 아름다움을 추구하는데 미적 감각은 눈으로 보여질 수 있는 것이 아니다. 유아들은 환상적 이야기나 감성을 풍부히 하는 그림이나 글을 통해 아름다움을 느끼게 된다. 인간은 끊임없이 어떠한 형태로든 심미적인 만족을 추구하며 그것은 유아기에서부터 성인에 이르기까지 지속된다. 이러한 심미적인 만족도와 능력은 그의 내적인 능력을 어떠한 것으로, 어떠한 방법으로 추구했느냐에 따라 달라진다. 문학과 관련하여 볼 때 부모와 교사들은 다음의 두 가지 책임을 지고 있다. 첫 번째는 유아들에게 적절한 문학 작품들을 제시해 주는 것과, 두 번째는 예술적인 아름다움을 지닌 작품들을 제시해 주는 일이다(이상금 · 장영희, 2003). 요즘은 심미적인 요구를 만족시켜 주는 책들이 많이 나오고 있다. 즉 아름다운 동시가 있고, 유아들의 흥미와 관심을 끌 만큼 매력적인 내용과 그림이 있고, 다양한 재료를 가지고 제작한 비닐 동화책이나 헝겊으로 만든 동화책들은 유아의 미와 질서에 대한 요구를 충족시켜 주는 다양한 경험을 제공해 주는데 큰 역할을 하고 있다.

색깔의 여왕, 유타바우어 글 · 그림/ 문학동네 어린이 출판사

〈줄거리〉

색깔의 여왕이 처음에 빨강을 부르고 노랑을 부른다. 빨강과 노랑이 합쳐지니 따뜻한 주황이 되고, 파랑과 합쳐지니 회색이 된다. 여왕이 울자 다시 빨강, 노랑, 파랑이 나오면서 색의 축제가 열리는 내용이다. 색상들의 다양한 선과 면의 형태로 구성되어 있어 바라보는 눈을 즐겁게 한다.

예) 비 오는 날이 제일 신나! (여문글 저 | 맑은북스 | 2011), 그건 내 조끼야 (나가에 요시오 저, 우에노 노리코 그림, 비룡소 출판사).

이상에서 살펴본 바와 같이 유아들은 많은 욕구를 가지고 있으며 끊임없이 만족을 추구한다. 그리고 이 욕구는 그들의 활동이 왕성할 때 더욱더 강렬하고 그들의 활동이 성인들의 잘못된 행동으로 위축될 때 시들해진다. 물론 이러한 요구들을 모두 만족시켜 준다는 것은 상당히 어려운 과제이며, 오히려 그 요구를 추구하기 위한 끊임없는 노력을 하도록 격려하고 보살펴 주는 것이 보다 중요하다고 볼 수 있다. 따라서 유아들을 위한 성인들의 노력은 끊임없이 보다 나은 것들을 제공하기 위하여 경주되어야 한다.

2. 영유아기 발달의 특징과 유아문학

발달이란 인간의 전 생애에 걸쳐 이루어지는 양적 · 질적 측면의 변화를 일컫는다. 발달은 유전과 환경과의 상호작용에 의해 형성되는 점진적인 성장으로 낮은 단계에서 더 복잡한 단계로 나아간다. 어릴 때의 경험이 풍부하면 학습의 가능성 역시 풍부해지지만 그렇지 못할 경우 발달상 손상을 가져올 수 있다. 따라서 영유아의 강력한 양육자인 교사와 부모는 영유아 자녀에게 적절한 자극을 경험할 수 있도록 적극적으로 도와야 한다.

영유아의 신체 · 운동 발달은 성격 · 정서 · 인지 등의 여러 발달 영역의 기초가 되는 것으로 모든 발달의 출발점이라 할 수 있다. 영유아의 사회성 발달의 경우 성인이 되었을 때 사회적인 관계와 사회적 행동의 기초가 되는 것으로 한 개인의 행복한 삶의 가장 중요한 구성 요소이다(조순옥 외, 2002). 또한 영유아는 직접 또는 간접 경험을 통해서 인간의 다양한 정서에 대한 이해 및 표현 능력을 향상시키고 감정을 이입하면서 정서를 적절하게 조절하는 능력을 발달시켜 나간다. 영유아의 언어 능력이나 다양한 기억 및 지각 능력과 같은 인지 능력의 발달 또한 그들의 학습에 있어 매우 중요한 역할을 한다.

특별히 영유아기는 다른 성장기와 구별되는 특징이 있다. 영유아들의 발달은 개인에 따라 다르고, 연령과 각 영역별로도 독특한 차이가 있다. 이러한 특성은 효과적인 유아교육을 이루기 위해 유아의 문학을 위한 교육 상황에서 반드시 고려되어야 한다.

첫째, 영유아는 자기중심적 사고를 지니고 있다. 영유아는 자신의 입장과 생각이 다른 관점이 존재한다는 사실을 알지 못하기 때문에 세상의 모든 사물에 대해 다른 사람의 입장을 생각하지 못하고 오직 자신의 입장에서만 본다. 따라서 영유아에게 다른 사람의 입장을 생각하고 배려하는 등의 문학작품들을 경험해 봄으로써 탈중심화를 도울 수 있다.

둘째, 영유아는 성인들에 비해 짧은 주의집중력의 특성을 지니고 있다. 특히 연령이 적을수록 주의집중력이 더욱 짧으므로 문학책을 소개할 때 글이 많은 것보다는 그림 중심의 것을 준비하고 연령이 높아갈수록 점차 글이 많은 것으로 선택하는 것이 바람직하다.

셋째, 영유아는 부모나 교사 주변 등 환경적 영향에 의해 변화하기 쉬운 속성을 지니고 있는데, 이를 가소성이라고 한다. 따라서 유아교사나 부모들은 주변 환경의 영향을 쉽게 받을 수 있는 영유아기의 특성을 고려하여 사회적 · 정서석 · 인지적 · 언어적 발달을 돕기 위한 문학적 환경을 마련해 줌으로써 영유아의 바람작한 발달을 도울 수 있다고 본다.

1) 영아기(0~2세)의 문학 경험

영아기(0~2세)의 문학 경험에 대해 '벌써?' 라고 하는 다소 부정적 시각을 가질 수 있다. 그러나 영아기의 아이들에게도 그들의 발달 특성에 따른 적절한 문학 경험을 할 수 있는 기회를 마련해 줌으로써 책보는 것이 즐거울 수 있다는 생각을 심어 줄 수 있다. 이러한 경험은 이들로 하여금 책에 대한 거부감을 줄이고 호기심과 흥미를 충족할 수 있는 대상으로 여기게 해 준다. 영아기의 특징을 살펴보고, 그들의 발달 특징에 따른 바람직한 문학 경험을 설명하면 다음과 같다.

(1) 발달 특징

이 시기의 영아는 여러 발달영역에서 급속한 성장 · 발달이 이루어지는 시기이다.

- 출생 후 2~3개월이 지나면 삼원색(빨강, 노랑, 파랑)의 구분이 가능하고 4~5개월이 지나면 기본색의 분류가 가능하다.
- 영아는 빨간색과 파란색을 가장 좋아하고 파스텔 색보다는 원색을 좋아한다.
- 출생 후 1년 정도가 되면 형태를 지각하는 시각적 능력을 갖는다.
- 형태지각능력은 전체보다 부분, 정지 모습보다 움직이는 물체, 흑백보다 컬러, 직선보다 곡선, 다른 사물에 비해 얼굴, 얼굴 가운데서도 흑백 대조를 이루는 눈을 가장 선호한다.
- 사물간의 차이점을 인식하기 위해 모양, 질감, 색을 활용한다.
- 작은 소리에도 예민하게 반응하고 소리의 고저도 식별이 가능해진다.
- 단어에 대한 이해를 하기 시작하며 모국어에 있는 장단 · 고저에 민감해진다.
- 급격한 어휘수의 증가와 더불어 본격적인 언어발달이 시작된다.
- 생후 12~18개월이 되면 의성어를 흉내낼 수 있고 운율이 있는 노래를 들려주

면 일부분을 따라 할 수 있고 또 그를 즐긴다.

- 사물의 이름, 동물의 이름, 색깔 명칭, 신체 명칭 등을 안다.
- 간단한 모양을 구분한다.
- 그림책 보기를 좋아하며 선호하는 책이 있다.
- 호기심이 왕성하여 질문을 많이 한다. 또한 질문을 이해하고 질문을 통해 개념, 정보를 획득한다.
- 성인의 관심과 주의를 끌고 싶어한다.
- 타인의 정서를 이해한다.

Schickedanz(2002)가 언급한 것에 따르면, 이 시기의 발달 특성에 따른 문학 경험은 영아의 문학경험 중 책 다루기 행동, 그림보기와 인식하기, 그림과 이야기 이해 등의 특징이 주로 나타난다(이영자, 2002, 재인용).

① 영아의 책 다루기 행동발달

책 다루기는 영아가 책을 신체적으로 조작하는 것과 관련된 행동을 의미한다. 예를 들어 아주 어린 영아는 책의 그림이 단순하고 밝은 색으로 되어 있고, 대조되는 색이 포함되었을 때 그림에 시선을 준다. 혼자 책장을 넘기는 영아의 경우 이러한 행동이 책의 크기와 책장의 재질 유형(예: 종이로 된 것과 두꺼운 하드보드지로 된 것) 뿐만 아니라 영아의 연령과 운동기술의 발달과 연결된다. 특정 책 다루기 행동들을 열거하면 다음과 같다.

- 책을 손으로 잡지 않고 시선만 그림에 준다(2~4개월).
- 책을 손에 잡고 입으로 가져가 빨고, 씹으며, 책을 흔들고, 구기고, 휘두른다(5~10개월).
- 하드보드지로 된 책을 양손으로 쥐고 책장을 열고 닫아보면서 탐색한다(6~8개월).

- 종이로 된 책을 주면 의도적으로 책장을 찢는다(7~15개월).
- 성인이 책의 장을 다른 책장에서 분리시켜 주면 그 책장을 왼쪽으로 넘겨서 누르는 식으로 책장 넘기기를 돕는다(7~8개월).
- 성인에게 책을 읽어 달라고 준다. 한 번 읽어 주면 책을 받아 쥐고 다시 책을 돌려주면서 또 읽어 달라고 요청한다(8~10개월).
- 책을 보기 위하여 오랜 시간(10분 또는 그 이상) 동안 성인의 무릎이나 마루에 앉아 있는다(8~10개월).
- 책을 신체적으로 다루는 행동이 감소하고 책에 시각적으로 주의집중을 하는 행동이 증가한다(8~12개월).
- 책을 다루는 어려움 때문에 책장을 찢는 경우가 있으나, 의도적으로 책장을 찢는 일은 없다(12~14개월).
- 서툴게 책장을 넘긴다. 책장을 분리하는 것을 어려워하나 꾸준히 노력하여 넘긴다(8~12개월).
- 책장을 잘 넘긴다(11~15개월).
- 한 손에 책장 여럿을 함께 쥐고 책장을 빨리 넘긴다(14~15개월).
- 거꾸로 놓인 책을 돌려서 똑바로 놓거나 그림을 바로 보려는 듯 고개를 돌린다(11~15개월).
- 그림이 거꾸로 되어 있으면 똑바로 하려고 책을 이리저리 돌린다. 예를 들어 책에 광대가 머리를 댄 채 거꾸로 서 있고 마주 보는 쪽의 그림은 모두 바로 되어 있을 때, 책을 한 번 회전시키면 한쪽 그림은 바로 되지만 다른 쪽 그림이 거꾸로 된다. 이때 영아는 책을 회전시키기를 계속한다. 매번의 시도가 모든 그림을 똑바로 놓으려는 의도에서 행해지는 것이다. 이러한 문제는 해결될 수 없어 영아는 결국 좌절하고 그 책에 흥미를 잃게 된다(16~20개월).
- 책이 잘못 놓여진 것과 어떤 사물을 거꾸로 하려는 의도에서 책의 특정 페이지의 그림을 거꾸로 보이게 하는 것(나뭇가지에 매달린 곰과 같이)과의 차이를

인식한다. 책을 회전시키지 않거나 회전시키더라도 곧 멈추고 좌절하지 않는다(24개월).

② 그림 바라보기와 인식하기 발달

아주 어린 영아가 책에 있는 그림에 어떻게 주의를 기울이며, 어떻게 그림을 인식하고 이해하는가를 보여주는 행동들을 열거하면 다음과 같다.

- 영아는 눈을 크게 뜨고 생각하는 표정으로 몇 분 동안 그림을 뚫어지게 바라본다(2~4개월).
- 책을 입에 가져가 빨고 깨무느라 그림을 바라보는 것은 눈에 띄지 않는다(4~6개월 또는 7개월).
- 손과 입으로 조작하는 행동이 점점 수그러진다. 그리고 그림을 뚫어지게 쳐다보는 행동이 다시 나타난다(8~10개월).
- 어른이 재미있는 소리를 내거나 색다른 방법으로 읽어 주는 친근한 장면의 그림을 보면 웃거나 미소짓는다(8~12개월).
- 그림을 인식할 때 웃거나 미소짓는다(8~12개월).
- 각각의 그림을 지적한다(8~12개월).
- 그림을 가리키면서 발성을 한다(10~12개월).
- "어디에……?" 형식으로 물으면 친근한 물체의 그림을 정확히 지적한다(11~14개월).
- 그려진 사물의 이름을 말한다. 발음은 정확하지 않으나 부모나 양육자는 영아가 말하려고 하는 것이 무엇인지 알 수 있다(10~14개월).
- 책의 그림을 보고 적절한 때에 동물 소리나 다른 소리(예: 칙칙 폭폭)를 낸다(10~13개월).
- 그림을 가리키며 이름 붙이기가 필요하면 "이게 뭐야?"라고 묻거나, 다른 방법으로("이것?" 또는 의문 억양으로) 묻는다(13~20개월).

③ 그림과 이야기 이해 발달

책에 사물과 사건이 그림으로 제시되거나 묘사되어 있을 때 영아는 단순한 인식을 넘어서 그에 대한 이해를 반영하는 행동이 나타난다. 이러한 행동들을 열거하면 다음과 같다.

- 책 속의 사물과 행동을 실제 세계와 연결짓는다(예: 책에서 곰인형 그림을 본 후 곰인형을 가지러 간다)(10~14개월).
- 책의 내용을 중시하여 책을 선택하고 그 내용에 대하여 이해한 것을 보여 준다(예: 고무오리를 가지고 논 후 오리 그림이 그려진 책을 집는다. 영아 자신의 생활에서 일어난 중요한 사건과 관련된 책을 선정한다)(10~15개월).
- 책의 특정 페이지를 선호하여 그 책을 찾거나, 그 책을 손에 들고 반복해서 그 페이지를 펼치고 있어 자신이 특별히 이해하고 좋아하는 페이지가 있음을 나타낸다(11~14개월).
- 책에서 읽은 대로 행동을 한다(예: 책에서 읽은 대로 고양이에게 우유를 먹이겠다고 한다)(12~23개월).
- 책 내용 전반에 대한 연상을 한다(예: 기차에 대한 책을 끄집어 내거나, 책 두 권을 꺼내어 유사한 그림 또는 사진이 내용에 포함되어 있음을 어른에게 보여 준다)(16~20개월).
- 책에 묘사된 성격이나 상황들에 대한 감정 이입을 한다(예: 책 속의 아이가 슬프다는 내용을 들은 후 우는 흉내를 낸다)(16~20개월).
- 이야기의 주인공이나 사건에 대하여 듣거나 읽은 내용을 이해하였음을 나타낸다. 또한 책 속의 사건과 자신의 경험을 관계 짓는다(20~26개월).

(2) 바람직한 문학 환경

앞에서 살펴본 0~2세 영아의 발달 특성에 따른 바람직한 문학적 환경을 살펴보면 다음과 같다.

- 시각 · 청각 · 촉각 등 감각적 경험을 할 수 있는 딱딱한 종이책, 헝겊책, 비닐책 등 여러 종류의 책을 제공해 준다.
- 소리에 관심을 나타내므로 운율이나 리듬 또는 노래가 들어있는 책을 준비해 주는 것도 좋다.
- 언어적 상호작용이 많이 일어날 수 있는 환경을 위해 인형이나 그림, 사진, 그림책 등을 다양하게 준비해 준다.
- 그림책을 같이 보면서 읽어 주고 읽는 과정에서 질문과 그림을 같이 찾는 등의 행동을 함께 함으로써 책에 흥미를 느끼도록 해 준다.
- 그림책의 글자는 간단하고 색깔은 명암이 선명하며 넘기기 쉬운 것으로 준비해 준다.
- 책의 모양이 단순하고, 입으로 물거나 던져도 망가지지 않는 견고한 것으로 준비해 준다.
- 누르면 소리가 나거나 다양한 촉감을 느낄 수 있는 다양한 감각적 경험을 할 수 있는 책이 좋다.
- 책에는 그림과 글자가 있다는 것을 인식하게 한다.
- 의성어, 의태어가 많이 사용되고 단어나 문장이 반복되는 책이 좋다.
- 부모가 평소 독서하는 모습을 자주 보여 준다.
- 아기에게도 책을 많이 읽어 주어 어휘력과 읽기능력을 발달시키는데 도움을 준다.
- 책을 읽어 줄 때는 목소리를 조절하고 흉내내어 아기의 흥미를 유발하도록 한다.

다음은 0~2세 유아들에게 소개해 줄 수 있는 동화의 예이다.

2) 3~4세 유아의 문학 경험

3~4세 유아들은 모든 영역에서 활발하고 왕성한 발달을 보이기 시작한다. 특히 3~4세 어린이들은 호기심이 강하여 대근육 운동이나 모험 놀이를 즐기는 동시에 어휘의 수가 급격히 늘어나면서 말하기를 좋아한다. 또한 사회성이 발달하여 자기 자신은 물론 타인에 대한 관심도 늘어나는 시기이다. 따라서 이 시기의 발달 특성에 적절한 문학 경험을 할 수 있도록 환경을 제공해 주는 것이 무엇보다 중요하다. 3~4세 유아들의 발달 특성에 따른 바람직한 문학 경험을 위한 환경 구성을 살펴보면 다음과 같다.

(1) 3~4세 유아의 발달 특징

- 3~4세 유아의 경우 3~4개의 단어로 문장을 구성한다.
- 글 없는 책을 보고 이야기를 꾸며 말한다.
- 이야기책에 나오는 사건들을 관련시켜 생각할 수 있다.
- 눈으로 보이지 않는 가상적인 상황이나 사물을 떠올리게 되는 상상력이 활발한 시기이다.
- 상상력의 발달로 인해 말하는 동물이나 마법과 같은 세계를 매우 현실적으로 여긴다.
- 상상력이 발달함에 따라 상상놀이와 사회극 놀이를 즐긴다.
- 주변 세계에 대한 호기심이 많아지고 자신의 주변을 열심히 탐색한다.
- 1~2세 때보다 주의집중력이 길어지지만, 특정 자극이나 호기심에 따라 다소 선택적이다.
- 시간에 대한 개념은 별로 없지만 '전에(before)', '지금(now)', '후에(after)'의 의미를 안다.
- 매우 활동적인 동시에 주의 집중 시간이 짧다. 그러나 선택적인 주의집중력을 갖게 된다.
- 자아개념이 생기기 시작한다.
- 성 개념을 습득하기 시작한다.
- 언어 발달이 급증하면서 어휘가 기하급수적으로 늘며, 의미를 과잉일반화하기도 한다.
- 완전한 문장으로 이야기하며 문법에 맞는 문장을 사용한다.
- 주변의 글자에 관심을 보이기 시작한다.
- 같은 단어의 반복과 음률이 있는 이야기 내용을 좋아한다.

- 다른 사람의 역할을 흉내내고 과장된 행동을 한다.
- 말로 자기 경험을 나눌 수 있고, 타인의 단순한 요청에 잘 따른다.
- 두려움, 애정, 환희 등 강한 정서적 표현을 한다.

(2) 바람직한 문학 환경

위에서 살펴본 3~4세 유아의 발달 특성에 따른 바람직한 문학적 경험을 살펴보면 다음과 같다.

- 상상놀이, 동화책보기, 다양한 예술적 경험 등을 통해 유아가 다양한 감정을 경험하고 정서를 이해할 수 있는 기회를 자주 제공한다.
- 교사는 유아로 하여금 자신의 정서나 감정을 정확하게 인식하고 이를 적절한 방법으로 표현하도록 동화를 읽고 그 느낌이나 감동을 이야기나누기나 그림, 신체표현, 동극 등을 통하여 표현할 수 있는 기회를 준다.
- 이 시기의 발달 특성에 맞는 단순하면서 단어, 구, 문장이 반복되며 예측할 수 있거나 환상적 요소나 모험적 내용이 포함되어 있는 책을 준비하여 준다.
- 정보전달과 개념습득을 도울 수 있고 초보적인 수세기와 글자를 이해하는데 도움을 줄 수 있는 책을 제공해 주도록 한다.
- 긍정적 자아 개념을 형성하고 친구 관계를 잘 형성하는데 도움이 되거나 선악이 분명하고 권선징악의 주제를 다루는 책 등을 선정해 준다.
- 교사는 그림동화, 막대동화, 융판동화, 테이블동화와 같은 다양한 종류의 동화를 제공하여 다양한 매체를 통한 경험을 할 수 있도록 해 준다.
- 동화 외에도 생활주제와 관련된 동요, 동시를 담고 있는 카세트테이프와 CD도 함께 준비하여 준다.

이 시기의 발달 특성에 따른 문학 경험은 Schickedanz(2002)가 언급한 바에 따르면 영아의 문학 경험 중 이야기책 읽기 행동 발달 특징이 주로 나타난다(이영자, 2002, 재인용). 영아기부터 이 시기에 이르기까지 책을 다루면서 어떠한 언어적 상호작용 행동이 나타나며, 이야기책 읽기 행동이 어떻게 발달하고 책에 있는 문자에 대한 지식이 어떻게 증가하는가를 제시하면 다음과 같다.

- 책의 그림을 지적하면서 소리를 낸다(7~10개월).
- 친근한 책 속에 제시된 사물의 그림을 보며 그 이름을 말한다(11~14개월).
- 책읽기 옹알이를 사용한다(책읽기 옹알이는 대화라기보다는 읽기와 같은 소리 형태이다)(13

~14개월).

- 성인이 읽어 주기를 잠시 멈출 때 이야기 내용의 다음 단어를 성인이 읽기 전에 말하고 예상 가능한 글일 경우 어른과 함께 읽는다(15~28개월).
- 인형이나 봉제 동물, 그리고 자신에게 읽어 주는 척한다(17~25개월).
- 책 속의 내용을 알고 있음을 보여 준다. 예를 들어 페이지의 그림을 보고 바로 그 페이지에 있는 단어나 구절을 말한다(예: 「잘 자요, 달님」 책의 어떤 페이지를 보고는 "쉬"라고 말한다)(17개월).
- 이야기 읽기 상황 이외의 상황에서 이야기의 내용 일부를 암송한다. 예를 들어 그네를 타면서 이야기의 일부를 들려준다(21개월).
- 이야기를 읽어 주는 어른이 잠시 멈추는 사이에 좋아하는 이야기의 전체 구절을 암송하여 말한다(24~30개월).
- 어른에게 책을 읽어 줄 것을 요청하며, 친근한 몇 가지 책은 아주 정확히 암송할 수 있다(28~34개월).
- 친근한 책에 나오는 단어를 어른이 잘못 읽으면 지적하고 바르게 지시한다(25~27개월).
- 손가락이나 손을 인쇄 글자를 따라 움직이며 무엇이라고 쓰여 있는지를 언어로 말한다. 이 때의 언어적 표출은 책의 내용 그대로이거나, 내용이 그대로 전달되도록 바꾸어 말하기 형태이다(32개월).
- 스스로 친근한 책을 소리 내어 읽으며, 그 책이 예상 가능할 경우 책의 내용을 정확히 읽는다(30~36개월).

3) 5~6세 유아의 문학 경험

5~6세 유아들은 대부분 의존적이며 자기중심성이 강하다. 또한 언어 발달이 광범위하게 이루어지는 시기이므로 다양한 책을 읽는 것을 좋아하고 관심이 많다.

3~4세 유아들보다 더욱 호기심이 많아지는 시기이므로 다양한 종류의 문학적 경험을 할 수 있도록 돕는 것이 중요하다. 이렇듯 5~6세 유아들은 언어 발달이나 인지 · 사회 · 정서 발달이 급속히 이루어지는 시기이므로 이들에게 문학적 경험은 전인 발달에 매우 중요한 영향을 미칠 수 있다. 이 시기 유아들의 발달 특성에 따른 바람직한 문학 경험을 위한 환경 구성을 살펴보면 다음과 같다.

(1) 5~6세 유아의 발달 특징

- 5000~8000단어의 어휘를 가진다.
- 대화를 주고받고 방해를 덜 한다.
- 이타적인 행동이 증가하기 시작한다.
- 친구들과 가상놀이를 한다.
- 간단한 문장이 반복되는 '쉬운 책'을 외워서 읽을 수 있다.
- 책을 읽는 방법이나 읽는 방향, 페이지, 제목 등을 안다.
- 쓰는 것에 흥미를 가져 자발적으로 쓰려고 하며 모르는 글자를 묻는다.
- 여러 가지 도구를 사용하여 쓴다.
- 물체를 분해하고 조립하고 인형 옷을 입히고 벗길 수 있다.
- 감정 이입이 가능해져 따뜻하게 감정을 이입하여 다른 아이를 기쁘게 한다.
- 분노의 표현이 신체적 표현에서 차츰 언어적 표현으로 발달한다.
- 또래들이 중요해지기 시작하며, 어울려 놀기를 즐긴다.
- 말로 자기 경험을 나눈다.
- 현재 일어난 상황에 대해 행동의 동기를 고려하지 않고 결과에 초점을 두어 도덕적 판단을 한다.
- 전 인습적 수준, 타율적 도덕성, 벌을 받지 않으려고 규칙에 복종하고 의도보다는 결과에 따라 옳고 그름을 판단한다.
- 꿈과 실재적 사건을 어느 정도 구분할 수 있다.

(2) 바람직한 문학 환경

- 교사는 그림으로 책의 내용을 이해할 수 있는 단순하고 반복적인 어구가 포함되어 있는 책으로부터 아는 글자를 읽고, 궁금한 것을 책에서 찾아볼 수 있는 정보책까지 다양한 종류와 다양한 수준의 책을 구성하여 준다.
- 교사는 생활주제와 관련된 수수께끼 카드, 화보, 손인형, 손가락 인형, 인형극 틀 등의 교구를 제공하여 유아의 감정을 표현할 수 있는 기회를 제공한다.
- 교사는 그림책에서 그림으로 책 내용을 이해하는 수준에서부터 자주 보는 그림책에서 아는 글자를 읽고 궁금한 것에 대해 찾아보는 수준에 이르기까지 유아의 그림책 읽기 활동이 이루어지도록 돕는다.
- 교사는 생활주제와 관련된 동화 CD-ROM, 컴퓨터, 그림동화, 테이블동화, 자석동화, 퍼즐동화, 큐브동화와 같은 다양한 종류의 동화를 제공하여 유아가 다양한 매체를 이용하여 문학을 경험할 수 있게 해 준다.
- 교사는 유아가 읽은 이야기 내용을 극놀이로 표현할 수 있게 역할놀이 영역에 기본 의상이나 도구 등을 준비하여 준다.
- 그림책을 읽은 후 상상놀이나 다양한 예술적 경험 및 표현, 즉 극놀이나 동극, 동시나 동화짓기 등의 경험을 통하여 타인과 나누고 협력하고 문제해결을 할 수 있도록 공동작업의 기회를 제공한다.

제3장

유아문학교육의 목표 및 내용

1. 유아문학교육의 목표
2. 유아문학교육의 내용

1. 유아문학교육의 목표

유아문학교육은 유아로 하여금 보다 적극적으로 문학 작품들이 내포하고 있는 다양한 작품 세계들을 경험하면서 문학을 즐기는데 그 목적이 있다. 그와 더불어 문학 작품에 대한 지식을 넓히고, 더 나아가 다양한 인간 세계를 이해하면서 이에 대해 감상하도록 돕는다. 또한 인간 세계 및 작품 세계에 대하여 비판적 사고를 하며 이를 내면화하여 자신의 삶에 구체적으로 반영할 수 있도록 해 준다. 이러한 과정을 통하여 유아들에게 주변 환경에 대해 인식하도록 돕고, 그들을 둘러싼 인간관계 등을 알게 함으로써 환경과의 상호작용 속에서 상상력, 문제해결 능력, 창의력을 길러줄 뿐만 아니라 바람직한 인간으로 성장하도록 하는 것이다. 곧 문화적 사고 또는 문학적 소양을 개발하는 것이다. 윌리암슨(Willianmson, 1981)은 3세에서부터 7세에 이르는 유아의 문학 경험을 위한 프로그램의 목표를 다음과 같이 서술하였다.

- 유아들이 일찍부터 문학을 어느 정도 알고 즐길 수 있도록 하여 문학이 그들 안에 함께 하고 있음을 느끼도록 도와 준다.
- 유아들이 이야기가 무엇을 의미하는지를 알도록 개념을 개발시켜 주는 기회가 필요하다. 이것은 스토리의 기본 줄거리를 인식하고 주제를 회상하게 하는 미래의 문학 연구를 위해서 도움이 된다.
- 유아들은 문학 속에서 의미를 끌어 내오고 또 문학 속에 의미를 부여하는 것을 배워야 한다. 문학은 새로운 세계를 탐색하는 방법을 제공한다. 이것은 유아의 뇌 성장을 위한 원료가 된다.

- 유아들이 말의 힘이나 신비함을 알고 감상할 수 있도록 도와주어야 한다. 이것은 유아의 언어 발달에 공헌할 뿐 아니라 미래에 유아들이 작가들의 예술적인 언어의 사용과 그들의 의미를 표현하고 의미의 질을 높이는 방법들에 관해서 연구할 때 도움이 된다.
- 유아들이 문학 작품 속에 나오는 주인공의 생활과 경험을 유아 자신의 생활과 경험에서 동일화시킬 수 있는 많은 기회를 주어야 한다.

강문희 외(1997)는 아동문학교육의 목표를 문학 작품에 대한 태도, 문학 작품의 이해와 감상, 문화적 상상력 및 창조력, 문학 작품에 대한 평가와 반영으로 설명하였다.

1) 문학 작품에 대한 태도

- 문학 작품 속에서 즐거움을 느낀다.
- 문학 작품을 즐겨 읽는다.
- 독서의 양을 증진시킨다.
- 지속적인 독서 습관을 갖는다.
- 독서하고자 하는 문학 작품의 수준을 높인다.
- 문학 작품의 중요성을 안다.

2) 문학 작품의 이해와 감상

- 문학 작품의 내용을 이해하고 감상한다.
- 문학 작품의 배경을 이해하고 감상하며 묘사한다.
- 문학 작품 속의 어휘, 문장, 구어, 문어 등의 문체를 이해하고 감상한다.
- 등장인물의 특성을 알고 묘사한다.

- 동화, 동시, 동극의 특성을 이해하고 감상한다.
- 문학 작품 속의 다양한 세계에 대해 간접 체험을 한다.
- 다른 종교, 인종, 사회 경제적 배경을 가진 다양한 유형의 사람들을 이해한다.
- 다양한 문화를 이해한다.
- 문학 작품 속에서 정서적 순화를 경험한다.

3) 문학적 상상력 및 창조력

- 다양한 세계, 아름다운 세계, 만들고 싶은 새로운 세계를 창조하는데 모체가 되는 상상력을 키운다.
- 문학 작품을 이해하고 감상한 것을 글짓기, 연출, 미술 활동 등 다른 창조적인 활동으로 표현한다.

4) 문학 작품에 대한 평가와 반영

- 문학 작품 속의 주인공과 등장인물들의 삶에 대한 태도를 평가한다.
- 정의에 대한 바른 판단 기준을 가진다.
- 등장인물들의 바람직한 삶의 태도를 내면화한다.
- 등장인물의 바람직한 삶의 태도와 가치를 자신의 삶에 반영한다.
- 자신이 좋아하는 문학 작품을 다른 사람과 공유한다.

서정숙 외(2005)는 유아문학교육의 목표는 문학적 능력을 증진시키는 것이고, 이를 위한 교육내용은 이해와 감상, 비평과 창작이라고 하였다. 이대균 외(2006)는 유아문학교육의 구체적인 목표를 다음과 같이 기술하였다. 첫째, 즐거운 마음으로 문학적 경험을 한다. 둘째, 문학적 경험에 관심을 가진다. 셋째, 다양한 문화적 경험을 통하여 미적 감수성과 미적 의식을 기른다. 넷째, 언어적 표현에 관심을 갖고 자신의 느낌과 생각을 표현한다. 다섯째, 문학적 경험을 통하여 상상력과 창조력을 기른다. 여섯째, 문학 감상을 통하여 인간 삶의 간접 경험을 한다. 그는 이상의 목표를 크게 다시 네 가지로 구분하여 유아문학교육의 목표를 문학적 감수성, 문학에 대한 태도, 문학적 경험의 감상과 이해, 문학적 경험의 내면화라고 하였다.

이상에서 살펴보았듯이 유아문학 목표에 대해 다양하게 언급하고 있으나 내용은 다소 공통적임을 알 수 있다. 위의 내용을 정리하면 유아문학교육의 목표는 문학적 감수성 및 태도를 길러주고, 문학 작품의 이해와 감상을 통하여 유아의 상상력과 창조력을 기르며, 문학 작품의 평가 및 올바른 판단력(비평)을 기르는 것 등이라고 할 수 있다.

2. 유아문학교육의 내용

유아문학교육은 유아로 하여금 문학을 즐기며, 문학 작품의 감상을 통해 주변 환경에 대해 인식하도록 돕고, 그들을 둘러싼 인간관계 등을 알게 함으로써 환경과의 상호작용 속에서 상상력, 문제해결 능력, 창의력을 길러줄 뿐만 아니라 바람직한 인간을 형성하도록 하는데 가치가 있다. 그렇다면 유아문학교육에서는 무엇을 가르쳐야 하는가? 유아문학교육은 유아에게 문학이라는 대상의 교육내용을 가르치거나 경험시키는 것으로, 교육 목표와 내용, 이를 실행할 수 있는 교수 방법이 있어야 한다. 유아문학교육의 목표가 유아의 문학적 능력을 증진시키는 것이라면 내용은 이를 달성할 수 있는 내용으로 구성되어야 한다.

유아문학교육의 내용으로 강문희, 이혜상(1997)은 문학 감상, 문학의 구성 이해, 등장인물의 이해, 문학 양식의 이해, 문학에 대한 평가 및 반응의 5개 영역을 제안하면서 내용을 다음과 같이 서술하고 있다.

1) 문학 감상

① 다양한 장르(동화, 동시, 동요, 동극 등)의 문학 작품 듣기
② 다양한 내용 및 주제의 문학 작품 듣기와 읽기
③ 세계 여러 나라 또는 여러 문화권의 문학 작품 듣기와 읽기
④ 다양한 시대의 문학 작품 듣기와 읽기(전래동화, 전래동요, 창작동화, 창작동요 등)

2) 문학의 구성 이해

① 문학 작품의 줄거리
② 사건의 전개 과정
③ 사건의 원인과 결과
④ 사건의 절정의 의미
⑤ 작가(그림책일 경우 삽화가 포함)

3) 등장인물의 이해 영역

① 등장인물 또는 주인공의 특성, 태도, 가치, 행동, 동기
② 가장 좋아하는(싫어하는) 인물 선택과 그 이유
③ 등장인물의 묘사, 등장인물의 변화에 대한 묘사

4) 문학 양식의 이해

① 동화, 동시, 동극의 차이
② 사실과 허구 파악
③ 문학 작품 속의 특징 있는 단어나 어휘, 문장 이해

5) 문학에 대한 평가 및 반응

① 문학 작품에 대한 자신의 생각이나 느낌을 말하기나 쓰기로 표현
② 문학 작품에 대한 자신의 생각이나 느낌을 창의적인 방법으로 표현(신체표현, 미술, 드라마 등)

이대균 외(2006)는 문학적 감수성, 문학에 대한 태도, 문학적 경험의 감상과 이해, 문학적 경험의 내면화 등을 목표로 제시하였다.

1) 문학적 감수성

① 다양한 문학적 경험을 통하여 미적 감수성을 불러일으킨다.
② 미적 감각을 키운다.
③ 감정을 표현할 기회를 준다.
④ 동정심을 가질 수 있는 경험을 한다.

2) 문학에 대한 태도

① 즐거운 마음으로 문학적 경험을 한다.

② 문학 자료에 관심을 가진다.
③ 책을 자주 접한다.
④ 책을 소중하게 다룬다.

3) 문학적 경험의 감상과 이해

① 언어적 표현에 관심을 갖고 자신의 느낌과 생각을 표현한다.
② 문학적 경험을 통하여 상상력과 창조력을 기른다.

4) 문학적 경험의 내면화

① 문학 작품을 평가한다.
② 문학 감상을 통하여 인간 삶의 간접경험을 한다.

3. 누리과정에서의 문학교육 내용

현재 2013년부터 시행되고 있는 3~5세 누리과정에서 유아문학교육의 내용은 과거의 교육과정에서 그래왔던 것처럼 문학으로서 독립적인 내용을 가지고 있지 않다. 다만 의사소통 영역과 예술경험 영역에서 부분적으로 다루어질 뿐이다. 물론 유아교육과정의 운영 시 다른 영역과 통합적으로 운영해야 하지만 의사소통 영역은 언어의 기본 형태인 구어와 문어를 활용하여 나와 다른 사람의 느낌이나 생각, 경험을 상황과 상대방에 알맞게 소통할 수 있는 능력을 기르는 영역이다(교육

과학기술부, 보건복지부, 육아정책연구소, 2012). 예술경험 영역도 유아가 친근한 주변 환경에서 발생하는 소리, 음악, 움직임 춤, 모양과 색 등의 미술 요소에서 아름다움을 느끼고, 또래와 교사, 부모, 지역사회의 주민이나 작가가 표현한 예술 작품을 가까이 접하면서, 이를 탐색하고 창의적으로 표현하는 것을 즐기며 감상하기 위한 영역이다(교육과학기술부, 보건복지부, 육아정책연구소, 2012). 이렇게 의사소통 영역과 예술경험 영역은 유아 문학을 경험하고 문학적 태도와 비평 능력을 길러 주는 유아문학교육의 내용과 동일한 것으로 볼 수 없다.

이를 구체적으로 보면 〈표 3-1〉, [그림 3-1], 〈표 3-2〉, [그림 3-2]와 같다.

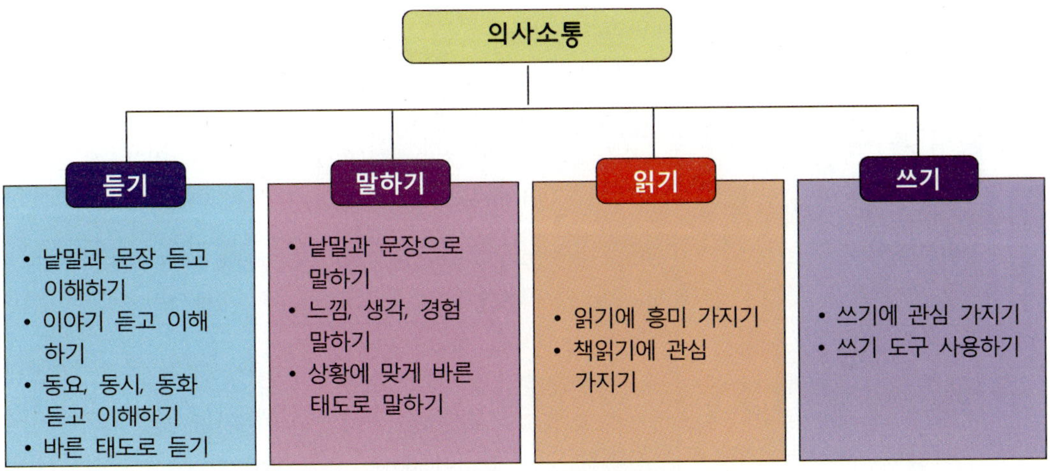

[그림 3-1] 의사소통 영역 내용체계

먼저, 의사소통 영역은 '듣기', '말하기', '읽기', '쓰기'의 네 가지 내용 범주로 구성되어 있다. 이들 네 가지는 말과 글의 사용에 중점을 두고 서로 연관지어서 경험하도록 한다. 의사소통 영역은 '듣고 말하며, 읽고 쓰기'라는 방법을 통해서 유아가 전달하고자 하는 의미를 구성하고, 상황에 맞게 표현하며, 타인이 보낸 의미를 잘 해석하여 이해하는 능력을 기르는 내용이 포함되어 있다.

의사소통 영역의 내용범주와 내용에 대한 연령별 세부내용을 전체적으로 제시하면 〈표 3-1〉과 같다.

표 3-1 의사소통 영역의 연령별 세부내용

<table>
<tr><th rowspan="2">내용
범주</th><th rowspan="2">내용</th><th colspan="3">3~5세 연령별 누리 과정</th><th rowspan="2">5세 누리과정
('11. 9. 5)</th></tr>
<tr><th>3세</th><th>4세</th><th>5세</th></tr>
<tr><td rowspan="7">듣기</td><td rowspan="2">낱말과 문장 듣고 이해하기</td><td colspan="2">낱말의 발음에 관심을 가지고 듣는다.</td><td>낱말의 발음에 관심을 가지고 비슷한 발음을 듣고 구별한다.</td><td>낱말의 발음에 관심을 가지고 비슷한 발음을 듣고 구별한다.</td></tr>
<tr><td colspan="2">일상생활과 관련된 낱말과 문장을 듣고 뜻을 이해한다.</td><td>다양한 낱말과 문장을 듣고 뜻을 이해한다.</td><td>일상생활과 관련된 낱말과 문장을 듣고 뜻을 이해한다.</td></tr>
<tr><td rowspan="2">이야기 듣고 이해하기</td><td>다른 사람의 이야기를 관심 있게 듣는다.</td><td colspan="2">다른 사람의 이야기를 듣고 이해한다.</td><td>다른 사람의 이야기를 듣고 이해한다.</td></tr>
<tr><td></td><td colspan="2">이야기를 듣고 궁금한 것에 대해 질문한다.</td><td>이야기를 듣고 궁금한 것에 대해 질문한다.</td></tr>
<tr><td rowspan="2">동요, 동시, 동화 듣고 이해하기</td><td>동요, 동시, 동화를 다양한 방법으로 듣고 즐긴다.</td><td>동요, 동시, 동화를 다양한 방법으로 듣고 즐긴다.</td><td>동요, 동시, 동화를 다양한 방법으로 듣고 이해한다.</td><td>동요, 동시, 동화를 다양한 방법으로 듣고 즐긴다.</td></tr>
<tr><td></td><td colspan="2">전래 동요, 동시, 동화를 듣고 우리말의 재미를 느낀다.</td><td>전래 동요, 동시, 동화를 듣고 우리말의 재미를 느낀다.</td></tr>
<tr><td>바른 태도로 듣기</td><td>말하는 사람을 바라보며 듣는다.</td><td>다른 사람의 이야기를 주의 깊게 듣는다.</td><td>다른 사람의 이야기를 끝까지 주의 깊게 듣는다.</td><td>다른 사람의 이야기를 끝까지 주의 깊게 듣는다.</td></tr>
<tr><td>말하기</td><td>낱말과 문장으로 말하기</td><td>친숙한 낱말을 발음해 본다.</td><td>친숙한 낱말을 정확하게 발음해 본다.</td><td>정확한 발음으로 말한다.</td><td>정확한 발음으로 말한다.</td></tr>
</table>

<table>
<tr><th rowspan="2">내용 범주</th><th rowspan="2">내용</th><th colspan="3">3~5세 연령별 누리 과정</th><th rowspan="2">5세 누리과정
('11. 9. 5)</th></tr>
<tr><th>3세</th><th>4세</th><th>5세</th></tr>
<tr><td rowspan="8"></td><td rowspan="2"></td><td>새로운 낱말에 관심을 가진다.</td><td>다양한 낱말을 사용하여 말한다.</td><td>다양한 낱말을 사용하여 상황에 맞게 말한다.</td><td>다양한 단어를 사용하여 상황에 맞게 말한다.</td></tr>
<tr><td colspan="2">일상생활에서 일어나는 일들을 간단한 문장으로 말한다.</td><td>일상생활에서 일어나는 일들을 다양한 문장으로 말한다.</td><td>일상생활에서 일어나는 일들을 다양한 형태의 문장으로 말한다.</td></tr>
<tr><td rowspan="3">느낌, 생각, 경험 말하기</td><td>자신의 느낌, 생각, 경험을 말해 본다.</td><td>자신의 느낌, 생각, 경험을 말한다.</td><td>자신의 느낌, 생각, 경험을 적절한 낱말과 문장으로 말한다.</td><td>자신의 느낌, 생각, 경험을 적절한 단어와 문장으로 말한다.</td></tr>
<tr><td></td><td colspan="2">주제를 정하여 함께 이야기를 나눈다.</td><td>주제를 정하여 함께 이야기를 나눈다.</td></tr>
<tr><td></td><td>이야기를 지어 말한다.</td><td>이야기 지어 말하기를 즐긴다.</td><td>이야기 지어 말하기를 즐긴다.</td></tr>
<tr><td rowspan="3">상황에 맞게 바른 태도로 말하기</td><td></td><td colspan="2">듣는 사람의 생각과 느낌을 고려하여 말한다.</td><td>듣는 사람의 생각과 느낌을 고려하여 말한다.</td></tr>
<tr><td>상대방을 바라보며 말한다.</td><td>차례를 지켜 말한다.</td><td>때와 장소, 대상에 알맞게 말한다.</td><td>때와 장소, 대상에 알맞게 말한다.</td></tr>
<tr><td colspan="3">바르고 고운 말을 사용한다.</td><td>바르고 고운 말을 사용한다.</td></tr>
<tr><td>읽기</td><td>읽기에 흥미 가지기</td><td colspan="2">주변에서 친숙한 글자를 찾아본다.</td><td>수변에서 친숙한 글자를 찾아 읽어 본다.</td><td>읽어 주는 글의 내용에 관심을 가진다.</td></tr>
</table>

내용 범주	내용	3~5세 연령별 누리 과정			5세 누리과정 ('11. 9. 5)
		3세	4세	5세	
		읽어 주는 글의 내용에 관심을 가진다.		읽어 주는 글의 내용에 관심을 가지고 읽어 본다.	주변에서 친숙한 글자를 찾아 읽어 본다.
	책 읽기에 관심 가지기	책에 흥미를 가진다.	책 보는 것을 즐기고 소중하게 다룬다.		책 보는 것을 즐기고 소중하게 다룬다.
		책의 그림을 단서로 내용을 추측해 본다.	책의 그림을 단서로 내용을 이해한다.		
			궁금한 것을 책에서 찾아본다.		궁금한 것을 책에서 찾아본다.
쓰기	쓰기에 관심 가지기	말을 글로 나타내는 것에 관심을 보인다.	말이나 생각을 글로 나타낼 수 있음을 안다.		말이나 생각을 글로 옮길 수 있음을 안다.
		자기 이름의 글자에 관심을 가진다.	자신의 이름을 써 본다.	자신의 이름과 주변의 친숙한 글자를 써 본다.	자신의 이름과 주변의 친숙한 글자를 써 본다.
			자신의 느낌, 생각, 경험을 글자와 비슷한 형태로 표현한다.	자신의 느낌, 생각, 경험을 글자와 비슷한 형태나 글자로 표현한다.	자신의 느낌, 생각, 경험을 글자와 비슷한 형태나 글자로 표현한다.
	쓰기 도구 사용하기				여러 가지 쓰기 도구에 관심을 가진다.
			쓰기 도구에 관심을 가지고 사용해 본다.	쓰기 도구의 바른 사용법을 알고 사용한다.	쓰기 도구의 바른 사용법을 알고 사용한다.

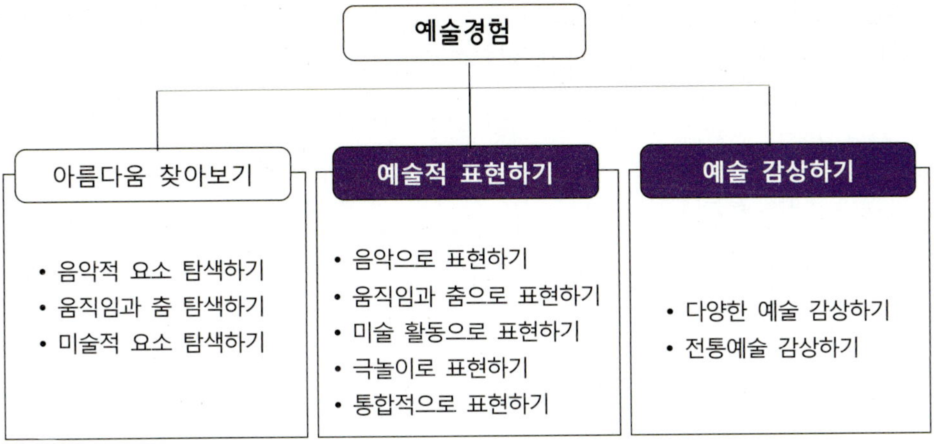

[그림 3-2] 예술경험 영역 내용체계

예술경험 영역의 내용범주와 내용에 대한 연령별 세부내용을 전체적으로 제시하면 〈표 3-2〉와 같다.

표 3-2 예술경험 영역의 연령별 세부내용

<table>
<tr><th rowspan="2">내용범주</th><th rowspan="2">내용</th><th colspan="3">3~5세 연령별 누리 과정</th><th rowspan="2">5세 누리과정 ('11. 9. 5)</th></tr>
<tr><th>3세</th><th>4세</th><th>5세</th></tr>
<tr><td rowspan="4">아름다움 찾아보기</td><td>음악적 요소 탐색하기</td><td colspan="2">다양한 소리, 음악의 셈여림, 빠르기, 리듬 등에 관심을 갖는다.</td><td>다양한 소리, 악기 등으로 음악의 셈여림, 빠르기 리듬 등을 탐색한다.</td><td>다양한 소리, 악기 등으로 강약, 속도, 리듬 등을 탐색한다.</td></tr>
<tr><td>움직임과 춤 요소 탐색하기</td><td colspan="2">움직임과 춤의 모양, 힘, 빠르기 등에 관심을 갖는다.</td><td>움직임과 춤의 모양, 힘, 세기, 빠르기, 흐름 등을 탐색한다.</td><td>움직임과 춤의 모양, 힘, 세기, 빠르기, 흐름 등을 탐색한다.</td></tr>
<tr><td rowspan="2">미술적 요소 탐색하기</td><td colspan="2" rowspan="2">자연과 사물의 색, 모양, 질감 등에 관심을 갖는다.</td><td rowspan="2">자연과 사물에서 색, 모양, 질감, 공간 등을 탐색한다.</td><td>자연과 사물에서 색, 질감, 모양, 공간 등을 탐색한다.</td></tr>
<tr><td>여러 가지 재료와 도구를 자유롭게 탐색한다.</td></tr>
</table>

내용 범주	내용	3~5세 연령별 누리 과정			5세 누리과정 ('11. 9. 5)
		3세	4세	5세	
예술적 표현 하기	음악으로 표현하기	간단한 노래를 듣고 따라 부른다.	노래로 자신의 생각과 느낌을 표현한다.		노래로 자신의 생각과 느낌을 표현한다.
		전래동요를 즐겨 부른다.			전래동요를 즐겨 부른다.
		리듬악기로 간단한 리듬을 표현해 본다.	리듬악기를 연주해 본다.		리듬악기를 연주해 본다.
		간단한 리듬과 노래를 즉흥적으로 자유롭게 표현한다.		리듬과 노래 등을 즉흥적으로 만들어 본다.	리듬과 노래 등을 즉흥적으로 만들어 본다.
	움직임과 춤으로 표현하기	신체를 이용하여 주변의 움직임을 자유롭게 표현한다.		신체를 이용하여 주변의 움직임을 다양하게 표현하며 즐긴다.	신체를 이용하여 주변의 움직임을 다양하게 표현한다.
		움직임과 춤으로 자신의 생각과 느낌을 표현한다.			춤으로 자신의 생각과 느낌을 표현한다.
		도구를 활용하여 다양한 움직임으로 표현한다.		다양한 도구를 활용하여 창의적으로 움직인다.	다양한 도구를 활용하여 창의적으로 움직인다.
	미술 활동으로 표현하기	다양한 미술활동을 경험해 본다.	다양한 미술활동으로 자신의 생각과 느낌을 표현한다.		다양한 미술활동으로 자신의 생각과 느낌을 표현한다.
			협동적인 미술활동에 참여한다.	협동적인 미술활동에 참여하여 즐긴다.	협동적인 미술활동에 참여하여 즐긴다.

<table>
<tr><th rowspan="2">내용 범주</th><th rowspan="2">내용</th><th colspan="3">3~5세 연령별 누리 과정</th><th rowspan="2">5세 누리과정 ('11. 9. 5)</th></tr>
<tr><th>3세</th><th>4세</th><th>5세</th></tr>
<tr><td rowspan="5">예술적 표현 하기</td><td></td><td>미술활동에 필요한 재료와 도구에 관심을 가지고 사용한다.</td><td colspan="2">미술활동에 필요한 재료와 도구를 다양하게 사용한다.</td><td>미술활동에 필요한 재료와 도구를 다양하게 사용한다.</td></tr>
<tr><td rowspan="2">극놀이로 표현하기</td><td>일상생활의 경험을 극놀이로 표현한다.</td><td>일상생활의 경험이나 간단한 이야기를 극놀이로 표현한다.</td><td>경험이나 이야기를 극놀이로 표현한다.</td><td>경험이나 이야기를 극놀이로 표현한다.</td></tr>
<tr><td></td><td colspan="2">소품, 배경, 의상 등을 사용하여 협동적으로 극놀이를 한다.</td><td>소품, 배경, 의상 등을 사용하여 협동적으로 극놀이를 한다.</td></tr>
<tr><td rowspan="2">통합적으로 표현하기</td><td></td><td colspan="2">음악, 움직임과 춤, 미술, 극놀이 등을 통합하여 표현한다.</td><td>음악, 움직임, 미술, 극놀이를 통합하여 표현한다.</td></tr>
<tr><td colspan="2">예술 활동에 참여하여 표현과정을 즐긴다.</td><td>예술 활동에 참여하여 창의적으로 표현하는 과정을 즐긴다.</td><td>예술 활동에 참여하여 창의적인 표현과정을 즐긴다.</td></tr>
<tr><td rowspan="4">예술 감상 하기</td><td rowspan="3">다양한 예술 감상하기</td><td>다양한 음악, 춤, 미술작품, 극놀이 등을 듣거나 본다.</td><td colspan="2">다양한 음악, 춤, 미술작품, 극놀이 등을 듣거나 보고 즐긴다.</td><td>다양한 음악, 춤, 미술작품, 극놀이 등을 듣거나 보고 즐긴다.</td></tr>
<tr><td colspan="3" rowspan="2">나와 다른 사람의 예술 표현을 소중히 여긴다.</td><td>나와 다른 사람의 예술 표현을 소중히 여긴다.</td></tr>
<tr><td>다른 문화의 예술작품에 관심을 가진다.</td></tr>
<tr><td>전통예술 감상하기</td><td colspan="2">우리나라의 전통예술에 관심을 갖는다.</td><td>우리나라의 전통예술에 관심을 갖고 친숙해진다.</td><td>우리나라의 전통예술에 관심을 갖고 친숙해진다.</td></tr>
</table>

이상에서 살펴본 바와 같이 의사소통 영역의 교육 내용이 듣기, 말하기, 읽기, 쓰기로 구성되어 있다. 의사소통 영역의 목표는 일상생활에서 말과 글의 의미 있는 경험을 통해서 자신의 느낌과 생각, 경험을 타인에게 표현하는 것을 즐기며, 타인이 말과 글로 전달하는 의미를 바르게 이해하는 능력과 태도를 기르는 것이다. 문학적 활동은 특히 의사소통 영역의 듣기, 읽기의 목표를 달성하기 위해 활용할 수 있는 가장 효과적인 방법이다.

의사소통 영역 이외에 예술경험 영역의 내용에서도 문학교육에 직접적으로 관련된 내용을 찾아볼 수 있는데 "예술적 표현하기"에서의 '극놀이로 표현하기'와 '통합적으로 표현하기', "예술 감상하기"에서의 '다양한 예술 감상하기' 중 '……극놀이 등을 듣거나 보고 즐긴다'가 그것이다. 3~5세 연령별 누리과정에서는 문학 작품에 대한 이해와 감상을 통한 즐기기에 비중을 두고 있으면서 문학적 표현과 창작도 포함되어 있다. 그러나 문학 작품을 통해 등장인물에 대한 삶의 태도를 평가한다거나 이들의 삶의 태도를 내면화하여 자신의 삶에 반영하게 하기 위한 내용은 다루어지고 있지 않음을 볼 수 있다.

유아의 문학적 경험은 그것이 갖고 있는 교육적 가치가 커서 여러 다른 교육 내용을 위해 다양하게 활용되어 왔다. 이러한 과정에서 교육현장의 많은 유아교사들에 의해 종종 유아문학교육이 유아언어교육이나 유아사회교육 등의 다른 교육 내용과 혼동되어 가르치기도 한다.

먼저, 유아문학교육을 유아언어교육과 동일시되는 경향이 있는데 이는 두 영역 모두 언어를 매개로 한다는 점 때문이다. 그러나 누리과정에서 의사소통 영역은 표현 그대로, 나와 다른 사람과의 소통할 수 있는 능력을 기르고, 언어 사용을 즐기도록 하는 영역으로 일상생활에서 필요한 의사소통 능력과 바른 언어 사용 습관을 기르는 것이다(교육과학기술부, 보건복지부, 육아정책연구소, 2012). 일상생활에서의 실용적인 의사소통을 일차적인 목표로 하고 있는 유아언어교육은 유아문학을 경험하고 문학적 성향과 태도, 능력을 길러 주는 유아문학교육과 동일한 것이 될 수는 없다(서정숙 외, 2006).

그리고 유아문학은 유아의 가치 교육, 태도 교육을 위해 활용될 수 있는데, 이런 경우 유아문학교육은 유아사회교육의 내용에서 다루어지고 있는 도덕 교육, 철학 교육, 가치 교육 등으로 활용되어질 가능성도 갖고 있다. 그러나 유아문학은 유아를 위한 도덕 교육, 철학 교육 또는 사회 교육을 위한 자료로 활용될 수도 있고, 유아문학 중에는 이런 교육 내용에서 중요시하는 것들을 포함하는 작품들도 많이 있는 것이 사실이지만, 그렇다고 해서 이런 교육 내용이 유아문학교육을 대신할 수 있는 것은 아니다.

유아의 문학적 경험과 문학교육은 감상과 이해 및 즐기는 경험뿐 아니라 표현과 창작의 경험과 문학 작품 속의 등장인물이나 사건에 대한 평가 및 내면화 과정 등이 통합적으로 제공함으로써 이루어져야 할 것이며, 전체 교육과정과의 통합적 맥락 속에서 이루어져야 한다. 즉, 전체 교육과정과 연관지어 유아들의 요구와 흥미를 충분히 반영하여 문학 활동이 이루어져야 할 것이며, 이야기하기, 듣기, 읽기, 쓰기, 그리기, 동극하기 등의 다양한 활동을 통해 통합적으로 전개되어야 한다.

이상에서 살펴본 내용을 근거하여 유아교육의 목표, 내용, 그리고 누리과정의 내용을 정리하여 보면 다음과 같다.

표 3-3 유아문학교육의 목표, 내용 및 누리과정

목표	교육내용	누리과정
감수성	• 미적 감수성을 기르기 위한 다양한 경험 • 감정표현 할 기회 제공 • 공감 및 동정심을 갖는 경험 제공	〈예술경험〉 • 감상하기-아름다움 느끼기(자연과 다양한 음악, 춤, 조형물, 극놀이 등을 감상) • 자연생활에서 아름다움 찾아보기 • 소리, 움직임

목표	교육내용	누리과정
문학에 대한 태도	• 즐거운 문학적 경험 • 문학자료(동화, 동시 등)에 대한 관심을 가짐 • 책을 자주 접하고 소중하게 다룸	〈의사소통〉 • 읽기–책읽기에 관심가지기(책보는 것을 즐기고, 소중히 다룸), 궁금한 것들을 책에서 찾아보기
문학적 경험의 감상과 이해	• 문학 속의 특징적인 언어적 표현(특징 있는 단어, 어휘, 문장 이해)에 관심을 가짐 • 문학작품에 대한 자신의 생각이나 느낌을 표현 • 문학적 경험을 통하여 상상력과 창조력을 기름	〈의사소통〉 • 듣기–동요, 동시, 동화를 다양한 방법으로 듣고 즐긴다.(3세, 4세) –동요, 동시, 동화를 다양한 방법으로 듣고 이해한다.(5세) • 말하기–전래동요, 동시, 동화를 듣고 우리말의 재미를 느낀다. 〈예술경험〉 • 소품, 배경, 의상 등을 사용하여 협동적으로 극놀이를 한다. • 음악, 움직임과 춤, 미술, 극놀이 등을 통합하여 표현한다.
문학 경험의 평가와 반영 (내면화)	• 문학 작품 속의 등장인물들의 삶의 태도를 평가 • 이들의 바람직한 삶의 태도를 내면화하여 자신의 삶에 반영 • 문학작품을 다른 사람과 공유함	〈사회관계 영역〉 • 사회관계영역의 대부분 내용을 문학작품을 통해 접근함으로써 작품속의 등장인물들의 삶의 태도를 평가해 볼 수 있다. 또한 이들의 바람직한 태도를 내면화 하는 과정을 통해 자신의 삶에 반영할 수 있는 기회를 갖는다.

제 4 장

유아문학과 누리과정

1. 신체운동 · 건강 영역과 유아문학
2. 의사소통 영역과 유아문학
3. 사회관계 영역과 유아문학
4. 예술경험 영역과 유아문학
5. 자연탐구 영역과 유아문학
6. 문학을 통한 유아교육과정의 통합적 접근

앞 장에서 살펴본 바와 같이 현재 유아교육과정에는 유아문학교육을 독립적으로 분리하여 운영하도록 계획되어 있지 않다. 물론 독립되어 있는 교육영역이라 할지라도 유아의 발달 특성상 통합적으로 운영되어야 한다. 그렇다고 해서 유아문학을 다른 영역의 교육, 즉 언어, 사회, 과학, 예술, 도덕교육 등을 위한 하나의 수단으로 사용해서는 안 될 것이다. 실제로 유아문학은 유아교육과정의 전 영역과 매우 밀접하게 연관되어 있다. 유아교사는 다양한 종류의 문학 작품 가운데서 유아를 위한 교육내용을 찾아낼 수 있어야 한다. 뿐만 아니라 유아가 기본적으로 동화, 동시, 동극 등 문학 작품을 즐긴다는 점을 고려하여 문학적 접근을 통한 통합교육을 실천하도록 노력해야 한다. 따라서 2013년부터 시행되는 3~5세 누리과정의 내용을 중심으로 유아문학의 교육적 요소를 연관지어 살펴보도록 한다.

1. 신체운동 · 건강 영역과 유아문학

유아는 스스로 몸의 움직임을 즐기고, 몸을 통해 느끼며 몸을 통해 배운다. 유아는 끊임없이 움직여서 감각 및 지각능력을 자극하고, 기본 운동능력을 기르며, 건강하고 튼튼한 몸을 가진 존재로 성장한다.

신체운동 · 건강 영역은 유아가 자신의 신체를 긍정적으로 인식하고 신체 활동에 즐겁게 참여함으로써 유아기에 필요한 기본 운동능력과 태도를 기르기 위한 영역이다. 신체운동 · 건강 영역은 '신체 인식하기', '신체 조절과 기본 운동하기', '신체 활동에 참여하기', '건강하게 생활하기', '안전하게 생활하기' 등의 내용으로 구성되어 있다.

유아가 신체운동 능력을 가지고 건강한 신체 및 정신을 유지하는 것은 자신에 대한 긍정적인 인식을 형성하는 것은 물론 대인관계에서도 자신감을 가질 수 있게 한다. 유아들이 긍정적인 신체 인식 능력을 형성하기 위해서는 발달 수준이나 흥미에 적절한 문학적 경험을 제공해 주는 것이 바람직하다.

2. 의사소통 영역과 유아문학

1) 의사소통 영역의 총체적 언어접근의 의의

의사소통 영역은 언어의 기본 형태인 구어와 문어를 활용하여 나와 다른 사람의 느낌이나 생각, 경험을 상황과 상대방에 알맞게 소통할 수 있는 능력을 기르는 영역이다. 또한 말과 글의 관계를 알고 읽기와 쓰기에 흥미를 가져 언어 사용을 즐기도록 하는 영역이다. 의사소통 영역은 '듣기', '말하기', '읽기', '쓰기'의 네 가지 내용 범주로 구성되어 있다. 이들 네 가지는 말과 글의 사용에 중점을 두고 서로 연관지어서 경험하도록 한다. 의사소통 영역은 '듣고 말하며, 읽고 쓰기'라는 방법을 통해서 유아가 전달하고자 하는 의미를 구성하고, 상황에 맞게 표현하며, 타인이 보낸 의미를 잘 해석하여 이해하는 능력을 기르는 내용이 포함되어 있다.

의사소통 영역의 '듣기', '말하기', '읽기', '쓰기'의 네 가지 내용 범주는 서로 연관성 있게 접근되어야 한다. 유아가 말하기, 읽기, 쓰기를 잘 하도록 도우려면 가능한 의미 있는 상황에서 통합되어야 하며 다른 영역과도 통합되어야 한다. 즉 유아는 언어의 말하기, 듣기, 읽기, 쓰기를 구분하여 따로 학습하는 것이 아니라 동시에 총체적으로 학습함을 의미하는 것이다. 유아는 좋은 글을 읽음으로써 글의 의미를 내면화하고, 내면화된 글의 의미가 쓰기에 나타나며, 또한 쓰기에서 배운 낱말이나 문장은 읽기에 도움을 준다. 따라서 의사소통 영역에서 언어는 유아들이 실행하는 모든 활동의 기본으로 모든 활동의 도구이며 내용이다. 예를 들어 시장놀이라는 프로젝트 속에서 시장을 방문하여 제철에 나는 과일과 채소의 종류와 이름, 값, 담아주는 용기 등을 알아보는 활동을 한다면, 제철 채소와 과일을 알아보는 과학 활동과 더불어 과일가게와 채소가게주인에게 질문하기, 과일가게와 채소가게 주인의 설명 잘 듣기와 가게의 간판 또는 물건값 표시 잘 읽기 그리고 조사한 내용들을 기록하는 활동이 총체적으로 이루어지는 것이다.

2) 문학 작품을 통한 의사소통 영역활동

문학 작품은 유아의 언어교육 및 언어 발달에 가장 강력한 교수매체이다. 좋은 문학 작품은 유아의 언어교육접근법에서 제시하고 있는 전체에서 부분으로, 위에서 아래로의 방향으로 적용하는 데 적절한 매체가 될 수 있다. 문학적 접근을 통한 언어교육의 주요한 목적은 듣기, 말하기, 읽기, 쓰기를 통합하여 언어발달의 과정을 증진시키는 것이며 이에 대한 교수 원리는 다음과 같다(이상금 · 장영희, 2003).

첫째, 유아의 내적 동기를 최대화한다. 내적 동기는 스스로 하고 싶은 욕구를 학습에 최대한 반영하는 것으로 이러한 역할을 문학이 담당해 줄 수 있다. 내적 동기는 외부의 개입보다는 자신의 경험과 기존 지식을 바탕으로 자발적으로 활동을 선택할 때 가능하며, 내적 동기를 최대화하기 위해서는 유아가 관심이 있는 것을 중심으로 활동이 진행되어야 가능하다.

둘째, 전체적인 것에서 부분적인 것으로 진행한다. 문학 활동은 이야기-문장-단어-글자의 순서로 자연스럽게 전체에서 부분으로 진행하게 된다. 총체적 언어 접근법에서 문학을 활용하는 것은 바로 이러한 전체에서 부분으로의 방향성이 일치하기 때문이다. 또한 동화를 제시하는 방법에 있어서 처음부터 끝까지 잘 들을 수 있도록 유아의 몰입활동(immersion activity)을 장려한다.

셋째, 문학적 경험을 기초로 유아들 간의 의견을 나누는 활동을 격려한다. 같은 이야기를 들으면서 함께 공감한 내용을 바탕으로 서로의 느낌과 생각을 나누면서 정서적인 안정감과 사회적인 상호작용의 기회를 가질 수 있다.

넷째, 언어의 사용이나 이해에 있어서 실수에 초점을 두지 않는다. 유아기는 언어를 배우는 시기이며, 실수, 오류, 잘못된 의미 해석 등은 자연스러운 언어발달의 과정을 보여주는 현상이다. 따라서 실수를 지적하고 교정시키는 것에 학습의 관심이 있는 것이 아니라 유아가 무엇을 말하거나 쓰고자 하는지에 관심을 갖고 이에 관련된 활동을 지원해 준다.

다섯째, 부모교육을 통하여 바람직한 언어교육의 방향을 가정에서도 함께 지원할 수 있도록 협조를 구한다. 유아가 가장 많은 시간을 보내는 곳은 가정이며, 부모의 언어교육에 대한 인식 및 태도는 유아의 언어교육에 중요한 변인이 된다. 따라서 유아교육기관에서의 활동이나 방향에 대하여 여러 가지 방법으로 상호 교류를 적극적으로 하는 것이 바람직하다.

3. 사회관계 영역과 유아문학

사회관계 영역은 유아가 자신을 알고 소중하게 여기며 가족, 또래와 함께 원만하게 지내는 방법뿐 아니라 공동체에서 함께 살아가는 방법을 익히고 사회에 관심을 가지며 적응해 나갈 수 있는 기초능력과 인성을 기르기 위한 영역이다. 사회관계 영역은 '나를 알고 존중하기', '나와 다른 사람의 감정 알고 조절하기', '사회에 관심 갖기'의 내용 범주로 구성되어 있다. '나를 알고 존중하기' 내용은 유아가 스스로 존중하는 내용이며, '나와 다른 사람의 감정 알고 조절하기' 내용은 자신 및 타인의 정서에 대한 이해를 바탕으로 상황에 맞게 감정을 조절하는데 필요한 내용으로 구성되어 있다. '사회에 관심 갖기' 내용은 유아가 주변 사람들과의 신뢰를 바탕으로 사회를 편견 없이 바라보도록 하는 내용으로 구성되어 있다.

1) 문학 작품을 통한 사회교육의 의의

유아를 대상으로 하는 문학적 체험에서 가장 중요한 것은 동화나 그림책을 통하여 무엇을 얻을 수 있느냐 하는 관점보다는 무엇을 느끼느냐에 대한 관점으로 바라보는 시각이 요구된다. 유아를 위한 문학 작품들은 주인공의 감정을 잘 드러내는 이야기로 꾸며져 있어 유아들은 등장인물에 감정이입이 쉽게 일어날 수 있다. 유아들은 이러한 주인공을 모델링의 대상으로 삼기도 하고 다양한 간접경험을 할 수 있다. 유아는 자기 자신과 자신을 돌보는 주변 환경을 포함하여 점차로 보다 넓은 주변 세계를 경험하면서 자신과 주변 세계를 인식하고 적응해 나가야 한다. 사회교육은 어린이들이 그들이 속한 사회와 환경을 이해하면서 가정, 지역사회, 국가의 한 구성원으로 살아갈 수 있도록 돕기 위한 것이다.

따라서 사회교육의 내용은 어린이가 사회화되어 가는데 필요한 나와 타인을 이해하는 태도와 기술적인 애착 발달, 자아개념 발달, 일상생활에 필요한 바람직한 기본생활습관, 예절, 친사회적 행동, 성 역할, 개념 및 행동 발달 등을 도모하는 내용으로 구성되어야 한다. 그리고 사회를 이해하는데 필요한 지식들인 지리, 공공 질서, 경제, 역사, 세계 여러 나라 이해, 인류학, 생태학, 환경교육으로 구성된다.

유아의 사회교육이나 도덕성 교육에 활용하는 동화는 이야기의 내용이 유아들의 추론 수준과 유사한 발달 수준에 있고 주인공의 감정이 잘 드러나 있어서 감정이입이 잘되며 사회적 주제가 있는 것이 좋다. 유아를 위한 문학 작품들은 위의 모든 내용들을 포함하고 있다. 유아들은 문학 작품을 경험하면서 주인공과 등장인물들이 만들어 내는 사회화 과정에 필요한 모든 태도와 가치를 간접 경험할 수 있다. 또한 유아의 도덕성 교육도 문학 작품을 통해 접근할 수 있다. 그 외에 유아들은 문학 작품을 듣고, 읽으면서 다양한 사회 과학적 지식들도 얻을 수 있다.

2) 문학 작품을 통한 사회영역 활동

사회교육의 기본 개념은 읽기 자료를 통해 발달할 수 있다. 많은 문학 작품들은 사회영역에서 관심을 가지는 주제들을 다루고 있다. 유아의 자아 개념을 고무하는 이야기, 도덕적인 문제와 갈등을 다루거나 가치관을 명료하게 하는 작품, 사회적인 인식을 개발하게 하는 이야기, 다른 나라의 문화와 전통을 간접적으로 경험하게 하거나 인종 문제, 우정, 죽음 등에 대한 주제들도 문학 작품을 통하여 접할 수 있다. 이러한 책을 읽음으로써 유아는 자신이 겪는 갈등이나 문제가 자기만 겪는 것이 아니고 다른 사람들도 그런 문제가 있다는 것을 인식하게 된다. 유아문학 작품은 유아에게 사회적인 가치를 제시해 주는 하나의 매개물이라고 할 수 있다. 그런 의미에서 그림책의 가치를 사회교육 내용 관점에서 살펴보면 다음과 같다.

① 그림책은 유아에게 주위 환경에서 벗어나 바깥 세상에 대해 알게 해 준다.
② 다른 유아가 말하고 행동하고 느끼는 것을 알려 준다.
③ 옳고 그른 것이 무엇인지를 학습하게 한다.
④ 같은 또래의 유아에게 기대되는 것이 무엇인지를 알게 해 준다.
⑤ 유아에게 역할 모델을 소개하고 미래의 자아상을 설계하게 한다.

유아문학의 한 가지 목적은 유아들이 태도와 신념 및 가치에 관하여 생각하도록 도와주는 일이다. 문학을 통한 유아사회교육의 접근법은 사실의 획득보다는 공감의 획득이라는 점에 초점을 맞추는 것이 중요한데, 이것이 유아교육에서 문학과 사회교육을 연결시켜 주는 중요한 열쇠이다. 문학과 사회교육의 이러한 연결점은 최근 새로운 사회적 이슈가 된 다문화, 반편견 등을 위한 교육을 문학을 통해 접근하게 하였다.

4. 예술경험 영역과 유아문학

예술경험 영역은 유아가 친근한 주변 환경에서 발생하는 소리, 음악, 움직임과 춤, 모양과 색 등의 미술 요소에서 아름다움을 느끼고, 또래와 교사, 부모, 지역사회의 주민이나 작가가 표현한 예술 작품을 가까이 접하면서, 이를 탐색하고 창의적으로 표현하는 것을 즐기며 감상하기 위한 영역이다. 예술경험 영역은 '아름다움 찾아보기', '예술적 표현하기', '예술 감상하기' 등으로 구성되어 있다. 이 세 가지 범주는 구분되기보다는 서로 밀접하게 연관되어 있어, 인위적인 구분에 따라 별개의 독립된 활동으로 다루기보다 유아가 일생생활 속에서 다양한 예술 매체를 통해 아름다움을 찾고 표현하며 감상하는 활동들이 자연스럽게 순환, 통합되도록 한다.

1) 문학 작품을 통한 예술교육의 의의

예술경험 영역은 시각과 촉각 예술로서 감각기관을 통하여 다른 사람들이 보지 못하거나 느끼지 못하던 것을 보고, 그것을 다른 사람들도 보거나 느낄 수 있도록 형상화하는 일이다. 특히 미술교육은 미술적 요소를 탐색하는 과정에서 불가시적인 것을 가시적인 것으로 형상화하는 능력을 길러 주고 이들을 감상하는 능력을 길러 준다. 로웬 펠드에 의하면 미술교육의 목표는 미술 그 자체도 미적 생상이나 미적 경험도 아니고, 오히려 유아가 좀 더 창의적이고 민감하게 성장하여 어떠한 인생 상황에서도 적응할 수 있도록 자신의 경험을 미술에 응용하는 것이라고 하였다. 유아문학 작품들은 어린이에게 표현의 주제 또는 내용을 제공해 준다. 유아들은 문학 작품을 듣거나 읽으면서 자신의 느낌이나 이해를 그리기, 만들기, 꾸미기, 극놀이로 표현하기 등의 예술 활동으로 표현하고자 하는 욕구를 갖게 된다. 물론 이러한 욕구는 유아가 자발적으로 가질 수도 있지만, 교사들이 의도적으로 동기 부여를 하는 것을 통해 보다 적극적이 될 수도 있다.

특히 그림책은 여러 가지 소재와 기법을 활용한 삽화로 구성되어 있다. 유아들은 여러 가지 삽화들을 경험하면서 미술 작품을 표현하는 재료와 방법들에 대하여 학습할 수 있고, 그러한 재료와 기법들을 활용하여 스스로 표현해 볼 수도 있다. 유아들의 미술 감상은 어린이들의 발달적 특성상 추상적이거나 이론적인 것보다는 실제 작품을 감상하는 것이 좋다. 그림책은 유아들이 가장 쉽게 접할 수 있는 미술 작품이다. 유아들은 거의 날마다 그림책을 통해 미술 작품들을 만난다. 그러므로 유아들은 가장 가까운 곳에서 많은 미술 작품을 감상할 수 있다. 그리고 그림책은 여러 나라의 여러 작가들이 각기 개성을 살려 표현한 작품들이기 때문에 각 나라의 전통적인 예술 기법들도 경험할 수 있다. 특히 민속 그림 기법을 활용한 삽화들은 유아들이 전통적인 예술 기법들을 경험할 수 있는 좋은 기회를 제공해 준다.

2) 문학 작품을 통한 예술경험 영역 활동

문학 작품을 통한 예술경험 활동은 그림책의 삽화를 감상하고 문학 작품의 내용을 그림이나 다양한 방법으로 표현해 보는 과정을 통해 이루어질 수 있다. 그 구체적인 방법을 보면 다음과 같다.

(1) 아름다움 찾아보기

- 그림책의 삽화 관찰하기
- 그림의 다양한 색과 재료 및 기법 등의 탐색

(2) 표현하기

- 문학 작품의 등장인물, 느낌, 인상 깊었던 장면 그리기
- 동시에 맞는 그림 그려 넣기
- 그림책 만들기
- 극화 활동을 위한 소품 만들기
- 재미있는 이야기를 동작으로 표현하기

(3) 감상하기

- 그림책의 그림 중 재미있는 부분 감상하기
- 동극 감상하기
- 다른 유아의 극놀이 감상하기
- 유아를 대상으로 하는 예술창작극 감상하기

5. 자연탐구 영역과 유아문학

자연탐구 영역은 유아가 자신을 둘러싸고 있는 주변 세계에 대해 호기심을

가지고 궁금한 것을 해소하기 위해 탐구하며 일상생활에서 부딪치는 현상이나 문제해결을 통해 수학적 · 과학적으로 생각하는 기초 능력과 태도를 기르기 위한 영역이다. 자연탐구 영역의 목표는 유아가 호기심을 가지고 주변의 사물이나 자연 현상에 대해 탐구하면서 일생생활에서 수학적 · 과학적으로 생각하는 능력과 태도를 기르는 것이다. 교사는 문학 작품을 통하여 유아가 수학적 · 과학적으로 탐구해 나가도록 도울 수 있다.

1) 수학적 탐구

(1) 문학을 통한 수학 탐구의 의의

수학이란 수와 상징을 사용하여 사물의 양과 관계성을 학습하는 학문이다. 전통적인 수학 교육은 유아가 속해 있는 의미 있는 상황 속에서 수와 상징을 사용하여 양과 관계성을 추론하고 이를 활용한 문제해결 과정을 중요시하기보다는 계산 방식을 암기하는 것, 교사의 설명, 연습지 풀기 등에 중점을 두어 왔다. 유아들의 수학적 경험은 형식적인 교육을 받기 이전에 이미 매우 어린 나이부터 어린이들의 일상적인 생활 경험을 통하여 이루어지고 있다. 유아가 수에 대해 의미 있게 생각하는 시기는 3, 4세경이다. 게임을 하면서 순서를 정하고 몇 칸을 가야할지 칸수를 세며, 적목놀이나 미술활동을 하면서 분류하고 수를 센다. 또한 물놀이 모래 놀이를 하면서 무게와 부피를 측정하며, 시장놀이, 버스놀이 등의 극놀이를 통해 수세기, 측정, 간단한 셈하기를 한다. 그리고 정리 정돈을 하면서 일대일 대응을 한다.

실세 놀이나 활동도 아니지만 문학 작품 중에도 수학적 내용들을 포함하고 있는 것들이 많다. 이야기 속에 수학적인 아이디어에 대한 암시가 포함되어 있으며 수학 활동의 맥락과 수학적 어휘와 기술 등을 포함하고 있다. 유아들은 실제의 사물을 가지고 여러 가지 관계를 지어보면서 수의 개념을 구성한다. 그러나 유아 문학 작품을 통한 수학 교육은 직접 사물을 가지고 실제로 여러 가지 관계짓기를 해 보는 것이 아니기 때문에 직접 수의 구조를 구성해 볼 수 있는 방법은 아니다. 유아문학 작품을 통한 수학 교육은 일차적으로는 유아가 수학적 개념들이 포함되어 있는 문학 작품들을 듣거나 읽는 과정을 통해 하나, 둘, 셋 등의 기수와 첫째, 둘째, 셋째 등의 수를 명명하는 이름을 접하면서 서수를 이해해 갈 수 있다. 그러나 이차적으로는 문학 작품들 속에 나타나 있는 수량화된 사물과 순서짓기와 관련된 이야기, 크다 · 작다의 비교 개념이 포함된 이야기 등은 유아들이 사물로 여러 가지 관계 만들기를 하도록 자극할 수 있어 수학적 탐구과정에 도움을 줄 수 있다.

(2) 문학 작품을 통한 수학탐구 활동

문학 작품을 통한 통합적 접근은 쓰기, 말하기, 시각 예술 활동, 연출 활동 등의 문학 활동을 포함한다. 다음은 문학작품을 통해 수학 교육에 접근하는 방법을 나타낸 것이다.

① 동화 소개

교사는 ≪크릭터≫ 그림책을 어린이들에게 보여주면서 읽어 준다. 이 때 집단의 크기는 소집단이 적절할 것이다. 유아들과 ≪크릭터≫와 관련하여 어떤 활동을 해 볼 수 있는지 이야기해 보도록 한 후, 어린이들의 의견을 종합하여 활동들을 계획한다.

② 이야기 줄거리 순서대로 이야기해 보기 또는 그림으로 표현해 보기

유아들에게 ≪크릭터≫를 읽어 준 후, 이야기 줄거리를 순서대로 이야기해 보게 한다. 줄거리를 그림으로 표현해 보는 데에도 이야기 장면의 간결함과 독특한 개성 때문에 쉽게 접근할 수 있다.

③ ≪크릭터≫처럼 몸으로 숫자 모양 만들기

대부분의 유아들은 ≪크릭터≫를 들으면서 '크릭터'가 학교에서 자기 몸으로 숫자 모양을 만드는 장면에 오면 이미 일어서거나 바닥에 눕거나 엎드려 자신의 몸으로 숫자 모양 만들기를 시작한다. 즉 팔, 다리, 손, 손가락을 움직여 숫자 모양을 만든다.

④ ≪크릭터≫ 숫자 카드와 그림 카드 만들기

≪크릭터≫가 자신의 몸으로 만든 숫자 모양을 카드 위에 그려 숫자 카드를 만든다. 그리고 그림책에 나오는 숫자 그림 카드도 만든다. 카드는 교사가 미리 종이를 적당한 크기로 잘라서 준비해 두었다가 유아들에게 카드 위에 숫자나 그림을 그리도록 해 볼 수도 있고, 큰 종이를 준비해 주고 유아들이 원하는 크기대로 잘라 사용할 수도 있다. 그림 카드 만들기를 할 경우 그림은 그림책과 똑같이 그릴 수도 있으며 유아들이 창의적으로 고안하여 그릴 수도 있다.

숫자 카드와 그림 카드 만들기가 끝나면 숫자 카드와 그림 카드를 활용하여 크고/작은 순서대로 놓아보는 놀이를 해 볼 수 있으며, 숫자 카드와 그림 카드를 섞어 숫자와 대응하는 카드를 고르거나 그림에 대응하는 숫자를 골라 짝을 맞춰 보는 활동을 할 수도 있다.

⑤ ≪크릭터≫ 키재기

교사와 유아들은 ≪크릭터≫에 나오는 등장인물인 할머니와 크릭터의 역할을 맡아 키재기 활동을 해 볼 수 있다. 키 재기 도구로 무엇을 활용할지 유아들과 이야기를 나눈다. 자를 사용할 수도 있고, 끈을 사용할 수도 있으며, 손과 발을 활용할 수도 있다. 누워서 또는 서서 키 재기를 할 수 있고, 서로 역할을 바꾸어 해 본다. 키를 재본 내용은 종이에 기록하도록 격려한다.

위에서 소개한 활동들은 ≪크릭터≫와 관련한 수학 활동이다. 수학 활동들 외에도 어린이들의 관심과 흥미에 따라 ≪크릭터≫를 중심으로 뱀에 관련된 책보기와 동물원의 뱀 견학을 통해 뱀 관찰하기, 뱀의 특성 알아보기, 뱀의 종류 알아보기 등의 과학 활동으로 확장할 수도 있다.

2) 과학적 탐구

(1) 문학 작품을 통한 과학교육의 의의

문학과 과학은 서로 매우 밀접한 관련성이 있는데, 문학은 실제로 과학을 통하여 얻고자 하는 과학적인 태도를 형성하는 데 영향을 준다. 특히 현대의 과학교육은 유아로 하여금 주변 세계에 대해 과학적 태도를 가지며 인간 생활에 대하여 과학적으로 이해하고 과학적으로 문제해결을 하도록 돕는데 목적을 두고 있다. 즉, 과학교육의 목적은 과학적 소양을 키우는 방향으로 가게 된 것이다. 과학적 소양이란 과학적 사고, 과학적 태도, 과학적 판단, 과학적인 문제해결, 과학적 이해력 등을 말한다. 그러므로 현대의 과학교육은 과학적 지식의 구조와 더불어, 과학하는 과정에 필요한 관찰, 분류, 가설 설정, 실험, 탐구 결과의 전달, 해석과 일반화 등의 과학적 기술을 과학 활동 및 과학교육 내용에 포함시킨다. 과학의 내용과 더불어 과학하는 과정과 과학의 결과를 모두 통합하는 교육으로 전환한 것이다. 그러나 과학교육에서 간과해서 안 될 점은 모든 과학적 지식의 구조 그리고 과학하는 방법을 포함한 과학교육은 유아의 과학적 소양을 키워 보다 합리적 사고를 하도록 하며, 인간의 삶을 보다 풍요롭게 하고 편리하게 하는 것에만 초점을 맞추는 것이 아니라 과학의 대상인 자연을 보다 깊이 알고 이해하며, 자연의 법칙을 지나치게 인위적으로 또는 파괴적으로 거스르지 않을 뿐 아니라, 자연을 소중히 여기고 자연을 보호하고 보전하여 자연과 더불어 사는 태도와 실천을 포함해야 할 것이다.

이러한 맥락에서 문학 작품은 현대 과학교육에서 가장 필요한 점인 자연과 더불어 사는 아름다운 삶에 바람직한 모델을 제공하고 있다. 많은 유아문학 작품들은 동물, 식물 그리고 다양한 무생물들을 주인공 및 등장인물로 삼고 있다. 그리고 작가의 상상력은 유아들의 무한한 상상력과 물활론적 사고를 활용하여 초자연적 세계, 동화의 세계를 마음대로 드나들고 있다. 동물, 식물, 무생물 주인공과 등장인물들이 말을 하고, 기뻐하고 슬퍼하며 질투하고, 옳고 그름을 판단하며, 다른 사람을 이해하고, 잠을 자고 깨며, 미지의 세계를 모험한다. 유아들은 이러한 등장인물들에 이끌려 생명 과학의 세계에 눈을 떠 동물과 식물의 세계를 이해하고 감상하며, 지구의 여러 곳을 여행하고, 심지어는 해와 달과 별을 만나며 달나라를 여행하고 은하수를 여행하며 인공위성을 타보기도 하고, 상상의 세계 속에서 지금까지 어떤 위대한 과학자도 만들어 보지 못했던 독창적인 아이디어로 비행기와 인공위성과 로봇을 만들어 보기도 한다. 또한 비와 천둥과 번개는 나쁜 사람들 때문에 존재하기도 하지만 하늘에 비와 천둥과 번개를 만드는 기계가 있다는 생각을 한다. 유아들은 이러한 자연의 세계 속에서 함께 즐거워하고 슬퍼하고 행복해하며 경이로워하고 호기심을 갖고 궁금해하며 질문한다. 유아의 궁금증과 해답은 때로는 허무맹랑하지만 때로는 민감하고 날카롭다. 그리고 기발하고 기상천외하다.

≪헨젤과 그레텔≫의 과자로 되어 있는 집이 너무 부러워 무엇으로 어떻게 하면 과자를 산만큼 많이 만들 수 있을까?를 끙끙거리며 연구한다. 이러한 세계가 곧 유아의 과학 세계이다. 이만하면 문학 작품들은 유아 과학교육의 장으로 충분하다고 생각한다. 그러므로 문학 작품을 통해 유아는 흥미진진한 가운데 충분히 과학적 소양을 키울 수 있다.

(2) 문학 작품을 통한 과학탐구 활동

문학 작품들 중에는 과학 지식과 정보, 과학 기술 및 과학 활동들을 포함하고 있거나 암시하고 있는 것들이 많다. 물론 유아문학을 통해서 과학교육을 하는 것은 한계점을 가지고 있기도 하다. 그러므로 문학 작품을 통한 과학교육은 직접적인 과학교육이 일어날 수도 있지만 문학 작품 속에서 과학 활동의 주제를 이끌어 내기도 하고 유아들이 스스로 과학 활동으로 연계하도록 자극을 주기도 한다.

다음은 ≪깊은 밤 부엌에서≫의 동화를 이용한 과학교육과 관련된 활동의 예이다.

① 요리책 또는 요리순서표 만들기

빵을 만들려면 무엇 무엇이 필요한가에 대해 유아들과 이야기를 나눈다. 그리고 유아들의 이야기 나누기 내용을 중심으로 요리책 또는 요리순서표를 만든다.

② 빵 만드는 재료와 도구에 대하여 알아보기

빵을 만들려면 어떤 재료들과 도구들이 필요한지 알아보고 어디서 어떻게 만들고 어떤 과정을 통해 우리들이 얻게 되는지에 대하여 책읽기와 이야기 나누기, 견학 등을 통해 알아본다. 이들에 대하여 알아보는 방법으로 유아들 개개인이 책보기 또는 부모님께 알아보기를 하여 발표해 보도록 하는 것도 좋은 방법이다.

③ 빵 만드는 곳 견학하기

유아교육기관에서 가까운 곳의 빵 만드는 집을 견학 장소로 섭외하여 견학하는 것도 훌륭한 과학교육 방법의 하나이다. 견학을 하기 전에는 견학을 하면서 주의해야 할 점, 주의 깊게 관찰해야 할 사항들, 빵 만드는 분들께 질문해야 할 사항들에 대하여 미리 유아들과 이야기 나누기를 하여 관찰 학습을 위한 준비를 해야 한다. 견학이 끝난 후에는 어린이들과 소감을 이야기한다.

④ 빵 만들기

빵 만들기는 요리순서표 만들기, 빵 만드는 재료와 도구에 대하여 알아보기, 빵 만드는 곳 견학하기 활동들을 한 후에 하는 것이 좋지만 이 활동만 독립적으로 할 수도 있다. 빵을 만드는데 필요한 재료들은 교육기관에서 교사가 준비할 수도 있고, 유아들이 한 가지씩 집에서 준비해 올 수도 있다. 그리고 교사와 함께 수업 과정에서 직접 장보기 활동을 통해 구입할 수도 있다.

빵 만들기는 유아들이 만든 요리 순서에 따라 한다.

6. 문학을 통한 유아교육과정의 통합적 접근

통합적 접근이란 유아의 전인적 발달을 위해 여러 학문간 혹은 발달 영역 간을 통합하여 교육적 경험을 갖게 하는 것이다. 유아들이 소꿉놀이를 하면서 '나는 엄마고, 너는 아가야'라고 말하며 놀고 있는 모습을 생각해 보자. 이러한 놀이를 하면서 유아들은 다른 유아와 언어적 상호작용을 하고 있으며, 동시에 가족의 구성원이나 역할 등을 자연스럽게 놀이 활동으로 구성하고 있다. 유아에게 있어서 가장 적극적인 교육 활동이 이루어질 수 있는 상황은 유아에게 의미 있는 전체적인 맥락을 고려하여 통합적으로 제시될 때 그 교육적 효과가 높아질 수 있다. 따라서 요즘은 분리된 교과나 단위로서의 학습이 아니라 전체적인 맥락에서 각 발달 영역이 통합될 수 있는 교육적 접근 방법에 대하여 관심이 높아지고 있다.

문학적 접근은 놀이와 흥미 중심의 유아교육 현장에서 통합교육의 방법으로 활용되고 있다. 문학이란 '이야기 전체'를 통하여 느낌과 감동을 주는 매체로 문학 경험을 중심으로 언어, 수, 과학, 사회, 음악, 조형 등 다양한 영역의 활동이 확장될 수 있다. 즉, 문학을 심장부에 두고 각 영역의 활동이 방사선 모양으로 확장되는 형태를 의미한다. 문학의 세계에는 인간 삶의 모든 것이 함께 녹아 있기 때문에 이러한 요소를 교육적으로 적극 활용하는 것이다.

한편의 동화를 통하여 등장인물이 처한 문제에 공감하며 함께 문제해결 과정을 생각해 보거나, 이야기 속에 나오는 계절, 동물의 생태 등에 대하여 자연스럽게 깨달을 기회를 갖게 된다. 또한 동화의 배경이 되는 음악을 듣거나 움직임을 표현해 볼 수 있다. 이와 같이 동화를 중심으로 여러 영역이 통합되고 확장되는 총체적 언어 접근법은 유아교육 현장에서 많은 관심을 갖게 되었다. 유아의 문학 경험에 대한 반응이나 관심을 고려하지 않고 미리 정해진 교육계획안에 따라 그림을 그려 보게 하거나 이야기를 함께 나누어 보도록 시도할 때 교사 주도적인 활동으로 전개되며, 유아가 느끼는 문학적 기쁨은 줄어들 수 있다. 문학이 갖는 고유성, 즉 자율적이고 주관적인 요소가 중시될 때 문학교육은 의미를 갖게 되는 것이다. 따라서 문학을 통한 통합교육에서는 문학에 대한 즐거움이나 여운을 방해하지 않으면서 유아가 주도하는 토의나 이야기 내용에 대한 자유로운 반응들을 중심으로 활동이 진행되어야 함을 강조하고 있다. 즉, 문학을 통하여 느낄 수 있는 고유한 경험을 존중하면서 동시에 이를 통합교육으로 연결할 수 있는 적절한 방법들을 신중히 적용하여야 한다. 통합적 접근의 측면이라 하여 모든 영역의 활동을 무리하게 연결하거나 유아의 흥미와 상관없이 진행하게 될 때 오히려 문학의 즐거움을 잃어버리게 할 수 있다.

문학을 통한 통합교육은 학습자에게 의미 있는 상황에서 학습의 요소들이 통합될 때 교육적 가치는 극대화될 수 있다는 점에서 중요하다. 그러나 이와 함께 그것을 어떻게 실천할 때 통합적 접근의 장점을 살릴 수 있는지에 대하여 보다 신중한 계획과 실행이 요구된다.

제5장

유아문학의 종류

1. 동시 · 동요
2. 전래동화
3. 창작동화
4. 지식그림책

일반 성인 문학의 종류가 다양하듯이 유아문학도 그 종류가 다양하다. 이러한 문학의 종류는 항상 명확하지도 않고 쉽게 구분되기도 어렵지만 문학 작품은 크게 산문이나 운문으로 나누어진다. 산문은 다시 저자가 확실한지 불확실한지에 따라 전승문학과 창작문학으로 나누어지는데, 전승문학에는 민담, 신화나 전설, 우화 그리고 서사적 이야기가 포함되고, 창작문학에는 사실문학과 환상문학이 포함된다. 운문에는 무가, 민요, 전래동요 등이 포함된다. 유아를 대상으로 한 문학 작품의 종류를 살펴보기 이전에 아동문학의 장르를 먼저 살펴보면 다음과 같다.

- 저자의 접근 방법에 따라서
  (예: 사실적 허구인가, 환상인가, 유머인가 등에 따라)
- 장르에 따라서
  (예: 신화, 전설, 우화, 서사시, 민담 등에 따라)
- 픽션이냐, 논픽션이냐에 따라서
  (예: 픽션에는 환상적, 혹은 사실적 이야기, 시, 모험담, 유머 등이 포함되며, 논픽션에는 전기, 정보의 책 등이 포함된다.)
- 음률에 따라
  (예: 마더 구즈인가, 발라드인가, 동화시인가 등에 따라)
- 주제에 따라
  (예: 기계, 과학, 여행 등에 따라)

로즈(Rose, 1982), 아부스넛과 서더랜드(Arbuthnor & Sutherland, 1991), 김현희 · 박상희(2008) 등은 그림책을 유아문학의 한 종류로 구분한다(표 5-1).

표 5-1 유아문학의 종류

<table>
<tr><th></th><th>산문(prose)</th><th>운문(verse)</th><th></th></tr>
<tr><td>전승문학</td><td>• 민담
• 신화 및 전설
• 우화</td><td>전래동요</td><td rowspan="2">그림책</td></tr>
<tr><td>창작문학</td><td>환상문학
• 환상동화(fantasy)
• 공상 과학동화
(Science fantasy)

사실문학
• 사실동화
(contemporary realistic fiction)
• 전기 (biography)

논픽션
• 정보 그림책
(information book)</td><td>동요
동시</td></tr>
</table>

반면, 이대균 외(2006)와 심성경(2006) 등은 그림책을 독립된 한 종류로 보기 보다는 모든 종류의 유아문학 작품을 전달하는 매체로 본다. 즉 그림책을 유아문학의 모든 장르를 포함하고 있다. 장르란 작품들이 가지고 있는 공통적인 특징이나 유사성과 차이점에 근거하여 그 종류를 구분하는 것인데, 그림책의 장르는 다음과 같이 구분할 수 있다(이대균 외, 2006).

먼저 작가의 유무에 따라서 전래동화와 창작동화로 구분된다. 전래동화는 작가가 미상이거나 아니면 작가가 민족 다수인 경우다. 많은 세월에 걸쳐 여러 사람들의 입을 통하여 전해 내려오는 이야기를 재화자가 그림책으로 만든 것을 전래동화 그림책이라고 하며, 그 종류에는 민담, 신화, 전설, 우화 등이 있다. 반면 창작동화는 작가가 자신의 상상력을 발휘하여 글과 그림을 창조하여 만든 책이다. 창작동화는 다시 환상동화와 사실동화로 분류할 수 있고, 이 세상에서 일어날 수 없는 환상성을 포함한 그림책을 환상동화 그림책이라고 한다. 또한 사실을 근거로 만들어진 그림책을 사실동화라 하며, 여기에 생활동화 그림책, 지식 그림책이 속한다. 생활동화는 현실적으로 유아들의 주변에서 일어나는 반복적이고 일상적인 내용을 다루어 유아들이 동일시할 수 있는 장르이다. 지식그림책은 문학성과 예술성을 충족하지 못하기 때문에 유아문학 장르에 포함시켜야 하는가에 대한 찬반론이 있으나, 유아가 알고 싶어하는 세계에 대한 호기심을 충족시키면서 글과 그림이 아름답고 적절하게 조직된 하나의 작품으로 인정한다. 다음 [그림 5-1]은 그림책의 장르를 정리한 것이다.

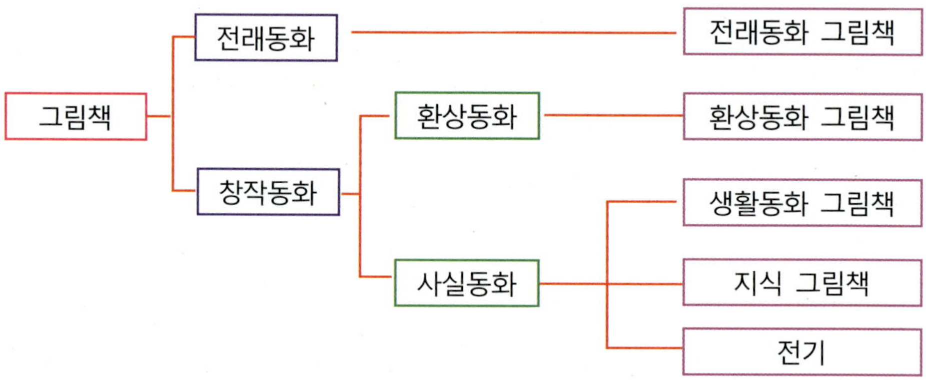

[그림 5-1] 그림책의 장르

본 장에서는 유아문학의 종류를 김세희(2000)의 분류를 기초로 하여 [그림 5-2]과 같이 구분하고자 한다. 유아를 위한 문학, 특히 동화에 그림책이라는 표현은 사용하지 않지만 유아를 대상으로 하는 동화의 대부분이 그림책으로 구성되고 있고, 또한 유아의 연령적 특성에 맞는다고 봄으로 그림책의 의미를 내포하여 일컫고자 한다.

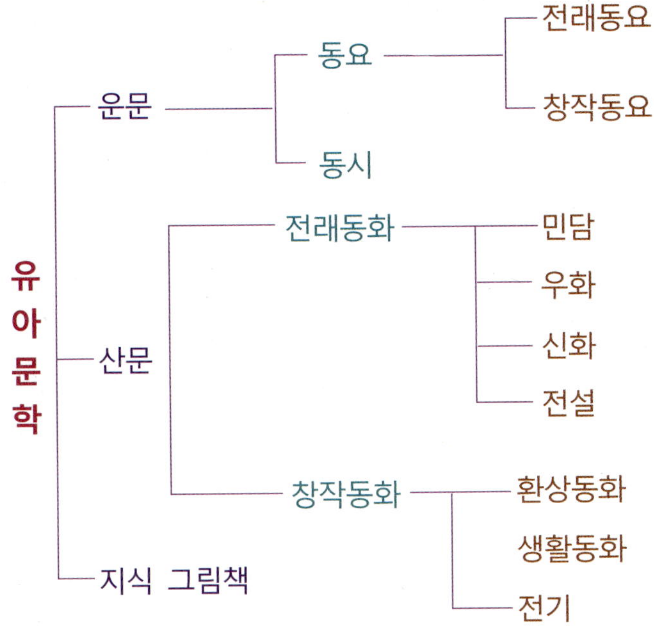

[그림 5-2] 유아문학의 장르

1. 동시 · 동요

1) 동시

(1) 동시의 개념

동시라는 말은 '동(童)'과 '시'의 결합으로 되어 있는데, '童'은 '아이'를, '시'는 '귀

글', 혹은 '생각'이란 뜻을 가지고 있다. 따라서 동시란 동심을 소재로 하여 인간과 사물에 대한 생각이나 느낌을 함축된 언어로 표현한 것으로 특유의 운율을 가지고 있는 문학이라고 할 수 있다. 동시는 성인이 유아를 위해 쓴 동시, 유아들이 자신의 생각이나 느낌을 표현한 시로 구분할 수 있다.

먼저, 성인이 유아에게 읽히기 위해 쓴 동시는 독자가 유아이므로 적어도 유아가 이해할 수 있는 언어와 유아의 정서에 알맞은 소박하고 단순한 생각이나 느낌을 담아내야 한다. 다음은 유아가 자신들의 일상생활에서 경험했거나 느꼈던 느낌을 쓴 동시가 있다. 물론 유아가 쓴 시가 성인이 쓴 시처럼 운율이나 리듬이 잘 표현되지 않을 수도 있고, 특별한 형식의 틀이나 규범에 묶이지 않고 자유롭게 쓰여지긴 했지만 유아들의 생각이나 느낌이 내포되어 있으므로 시에 포함된다.

(2) 동시의 교육적 의의

동시는 어린이다운 심리와 감정을 소재로 지은 시다. 동시는 운율에 따른 음악적 요소가 있고 비유와 상징을 포함하고 있어 유아들에게 깊은 호소력을 지니고 있다. 유아들은 매우 이른 시기부터 동시의 이름다움과 리듬을 느끼게 되고, 유익한 시를 읽을 때 아름다운 모국어를 많이 습득하고 느낄 수 있을 뿐 아니라 희미한 생각과 감정을 표현하는 것을 발견하게 된다.

동시는 다음과 같은 가치를 지니고 있다(신현재 외, 2007).

첫째, 아동은 동시를 읽는 가운데 자신의 삶을 들여다 볼 수 있게 되는 동시에 타인의 삶을 이해하고 우리가 사는 세상에 대한 통찰력을 키우게 된다.

둘째, 동시는 비유와 상징, 적절한 어조와 운율, 감각적 어휘를 사용하기 때문에 미적인 언어 사용의 모델링이 된다. 유아는 동시를 통해서 자연스럽게 언어적 감수성을 세련되게 다듬을 수 있게 된다.

셋째, 동시는 독자의 감성을 예민하게 해 주어 아동의 심미적 정서를 풍부하게 한다는 점에서 중요한 가치를 지닌다. 마지막으로 동시를 통해 유아는 인간과 자연을 사랑하는 마음을 길러 갈 수 있는 기회를 갖게 된다.

아부스넛과 스더랜드(1972)는 시는 유아의 상상력을 다른 여러 방법으로 확장시켜 주면서 내면적으로는 새로운 희망을 주며 또한 단순한 시구의 반복, 운율, 리듬은 언어의 아름다움에 대한 감사와 더불어 시의 분위기, 정서, 장면 등의 아름다움 등을 구체적으로 느끼게 해 준다고 했다.

이상의 내용을 정리하여 유아가 동시를 경험함으로써 얻을 수 있는 가치를 살펴보면 다음과 같다.

첫째, 동시는 우리말의 아름다움을 느낄 수 있게 하며, 이와 더불어 정서적으로 풍부한 경험을 제공한다.

둘째, 시의 리듬감을 통해 감각적인 즐거움을 경험하게 된다.

셋째, 시는 유아의 감성과 상상력을 고무시키므로 전인적 교육의 기초를 마련해 준다,

넷째, 가장 잘 선택되고 정선된 시어는 언어의 아름다운 기능을 배우게 하며, 자신의 감정을 자연스럽고 정확하게 표현할 수 있도록 도와 준다.

다섯째, 시는 자연과 사물, 삶에 대하여 올바르고 날카로운 직관력과 통찰력을 기르게 한다,

유아에게 적절한 시기에 좋은 시를 경험하게 해 주는 것은 시에 대한 이해를 도울 뿐 아니라 자발적으로 운율을 즐기는 등 여러 면에서 도움을 줄 수 있으므로 유아들에게 좋은 시를 경험하게 해 주는 것은 매우 중요하다.

(3) 유아를 위한 동시 선택 기준

일반적으로 좋은 동시는 유아의 관심을 끌고 주의를 집중하게 하며, 흥미를 가지게 하고 감동하게 할 뿐 아니라 동화나 동극보다도 유아의 언어에 대한 감수성을 더욱 더 개발할 수 있으며 유아가 본능적으로 가지고 있는 리듬에 대한 즐거움을 느끼게 할 수 있다.

유아에게 소개할 때 고려해야 할 좋은 동시 선택의 기준을 살펴보면 다음과 같다(강문희 · 이혜상, 1997).

① 내용 또는 소재가 유아에게 친숙하여 공감을 줄 수 있는 동시
② 행마다 구체적 사물이나 사건이 떠오르는 동시
③ 리듬, 운율 또는 반복이 있어 읊조리거나 노래를 유발하는 동시
④ 전체가 하나의 이야기가 되는 동시
⑤ 짧은 시간에 암기하기 좋은 정도로 적당한 길이의 동시
⑥ 단어나 문장이 유아들의 발달 수준에 적합한 동시
⑦ 상상력을 발휘할 수 있는 동시
⑧ 정직하고 진실한 내용과 표현으로 되어 있는 동시
⑨ 은유법과 직유법, 의성어와 의태어를 사용하고 있으며 유아의 시각, 청각, 후각, 미각 등을 자극할 수 있는 아름답고 감각적인 언어로 표현한 동시
⑩ 아름다운 세계를 꿈꾸어 볼 수 있는 동시
⑪ 기쁨 또는 즐거움을 느낄 수 있는 동시

말놀이 동시의 가장 큰 장점은 아이들이 쉽게 따라 할 수 있다는 것이다. 시에 대한 딱딱하고도 지루한 고정 관념을 깨고, 놀이로써 흥겹게 다가서게 도와 준다. 노랫말처럼 반복적으로 하다 보면 금방 응용력이 생겨 스스로 자연스럽게 덧붙여 시를 지어 볼 수 있다. 시짓기에 대해 막연한 두려움을 가지고 있는 아이라면, 반복해 읽는 것만으로도 큰 자신감을 얻을 수 있다.

시와 함께 즐길 수 있는 건 풍부한 표정이 살아 있는 그림이다. 동물의 몸짓, 표정, 기발한 상황들을 세세하면서도 발랄하게 표현했다. 밝은 색감으로 더욱 생동감을 주는 그림은, 시에서 오는 느낌을 더욱 증폭시켜 준다.

〈말놀이 동시집 2〉 최승호 글/ 윤정주 그림/ 비룡소

『소리가 들리는 동시집』은 저자의 작품 가운데 흉내말이 돋보이는 동시들을 모은 것이다. 우리말에는 의성어, 의태어라고도 불리는 흉내말이 아주 많다. 흉내말은 우리말 표현을 풍성하게 하고 감각적으로 만들어 주어 초등학교 1학년 국어 교과서에서도 흉내말 학습에 많은 부분을 할애하고 있다. 말하기, 듣기, 읽기, 쓰기 전반에 걸쳐 흉내말을 익히는 일이 중요한데, 그것이 언어 구사력이나 표현력은 물론 창의력을 키우는 데에도 도움이 되기 때문이다.

〈소리가 들리는 동시집〉 이상교 글 / 박지은 그림/ 토토북

'의태어 동시'에는 날름날름, 꼬물꼬물, 뒤뚱뒤뚱, 쏙처럼 소리만으로도 즐거운 의태어를 재료 삼아 쓴 귀여운 동시 24편이 담겨 있다. 소리나 모양을 흉내낸 말을 활용한 동시이다.

〈의태어 동시〉 콩세알 글 / 김 현 그림/ 블루래빗

말문이 탁 트이는 의성어 동시에는 생활 속에서 자주 들을 수 있는 28개의 의성어가 짧고 재미난 동시로 담겨 있다. 아이와 함께 노래하듯 즐겁게 반복해서 읽다 보면 듣기 능력과 말하기 능력이 길러지고, 어느 순간 아이의 입에서 다채로운 문장들이 툭툭 튀어나올 것이다.

의성어는 '개굴개굴', '칙칙폭폭', '호호'처럼 사람이나 사물의 소리를 흉내 내는 말이다. 소리를 흉내내는 말인 만큼 자신이 들은 대로 마음껏 새로운 단어를 만들어 낼 수 있다.

〈의성어 동시집〉 편집부 애플비

2) 전래동요

(1) 전래동요의 개념 및 특징

동요(童謠)는 '아이들의 감정이나 심리를 나타낸 노래로서 단순한 내용과 어린이의 순박한 감정을 표현하고 있어 누구나 쉽고 즐겁게 부를 수 있는 것이 특징이다.

일반적으로 일정한 저자 없이 만들어져 사람들에 의해 불리며 전해 내려오는 노래를 전래동요라 한다. 전래동요는 특히 어린이들의 놀이와 함께 입을 통하여 전해져 내려오는 노래로서, 주로 어린이에 의해 불리어지는 노래이다. 누구에 의해 창작되어져서 누구에 의해 언제부터 불리어져 왔는지 모르지만 많은 사람들이 함께 만들고 함께 불러 온 노래라고 할 수 있다. "새야 새야", "두껍아 두껍아 새집 줄게, 헌집 다오", "강강수월래" 등의 동요들은 오늘날에도 여전히 즐겨 불리어지는 동요들이다. 전래동요는 영어문화권에서는 마더 구스(Mother Goose) 또는 너서리 리듬(Nursery Rhythme)이라고 불리운다. 동요는 각 민족이 지니고 있는 문화, 전통에 따라 전승 발전되어 왔다. 따라서 전래동요 속에는 그 나라의 정서 및 삶의 애환이 녹아 있고 그 민족 또는 그 나라의 지혜, 소망, 재치, 해학, 생활상, 풍자 등이 함께 녹아져 있다. 전원범(1995)은 전래동요의 특성을 다음과 같이 제시하고 있다(강문희 · 이혜상, 1997, 재인용).

① 고대로부터 현재까지 전해진다.
② 대중작으로서 작가와 창시자가 없다.
③ 구선된나.
④ 어린이의 마음에 맞도록 늘 변모된다.
⑤ 곡조에 구애됨이 없이 노래로 불려진다.

⑥ 사람들의 희 · 로 · 애 · 락의 감정 표현이 응축되어 있다.
⑦ 어린이들이 따라 부르고 몰려다니며 즐겨 왔다.
⑧ 수평 민주 의식과 질서를 키웠다.

(2) 전래동요의 교육적 가치

동요는 정형률로써 어린이의 정서 생활을 단순하게 표현해서 동심을 가진 모든 사람이 즐겁게 읊거나 부를 수 있는 노래이다. 전래동요의 교육적 가치를 살펴보면 다음과 같다(김세희, 2000).

첫째, 유아들에게 즐거움을 준다. 전래동요가 가지고 있는 반복적 특징과 해학적이고 리듬감 있는 어휘들은 유아들로 하여금 쉽게 따라 부를 수 있고 암기할 수 있어 유아들에게 즐거움을 줄 수 있다.

둘째, 유아들에게 전통적인 가치를 사랑하는 마음을 길러 준다. 전래동요에는 우리 민족의 생활상이나 전통적 가치를 경험해 볼 수 있는 조상들의 가족애, 효도, 나라사랑, 친구애, 인간존중 사상 등의 전통적인 가치가 담겨져 있기 때문에 가능하다.

셋째, 유아로 하여금 모국어 사용의 즐거움을 알게 한다. 전래동요의 구성 상 반복적인 리듬과 운율이 있고, 묻고 대답하는 형태의 문답 형식은 유아들이 매우 좋아하는 요소들이다. 따라서 유아들은 후렴구나 즐거운 소리 효과를 통해 언어의 아름다움을 맛볼 수 있으며, 특히 모국어 사용의 즐거움을 가질 수 있다.

넷째, 우리나라 과거의 문화를 이해하고 자신의 정체감을 갖게 하는데 도움을 준다. 전래동요는 동요가 발생하고 전래되어 온 과거 문화의 독특성을 포함하고 있어 유아들이 전래동요를 통하여 과거의 문화를 이해할 수 있으며 과거에 뿌리를 둔 현재 자신의 정체감을 형성할 수 있다.

다섯째, 유아들에게 우리 문학의 전통적 동질성에 기초한 공동체 의식과 유대 의식을 갖게 한다. 전래동요는 전 시대의 유아들의 정서와 감정을 반영한 것이며 모국어로 되어 있어 민족의 고유 정서를 느껴 보면서 우리 민족의 보편적인 감정을 이해하고 공유하게 한다. 따라서 민족 정체감이나 문화정체감을 형성할 수 있는 기회가 된다.

여섯째, 다른 나라의 전래동요는 그들 나라의 독특한 과거 문화에 기초하고 있으므로 유아들이 다른 나라의 전래동요를 경험해 봄으로써 타문화를 이해하는 기회를 가질 수 있다. 이와 같이 전래동요는 유아들에게 말하거나 노래하는 즐거움을 주고, 전통적인 가치를 사랑하는 마음을 길러 주며, 모국어를 사랑하며 사용하는 즐거움을 경험하게 해 준다. 또한 유아 자신의 정체감 형성과 타문화에 대한 이해를 돕기도 하며, 민족에 대한 정체감과 문화에 대한 정체감을 기르는데 도움을 줄 수 있다. 특히 유아들에게 전래동요를 경험하게 해 주고 부르는 기회를 주는 것은 요즘 세계가 하나라고 외치고 있고, 모든 것들을 세계가 동시에 공유할 수 있는 현 세태에서 우리의 뿌리를 잊지 않게 해 주기 위해 매우 중요한 경험이라 할 수 있다.

또한 현대에 와서 개인 작가에 의해 동요가 만들어지게 되었는데, 이를 '창작동요'라고 한다. 우리나라의 창작동요는 1920년대에 와서 나타나기 시작했다고 보는 견해가 지배적이다. 갑오경장(1984) 이후 1904년에 최남선의 「경부선 철도가」, 「한양가」 등의 작품이 나왔지만 어린이들을 위한 동요라기보다는 계몽적인 노래 가사로 보고 있다. 이어 소파(小波)의 출현은 아동문학을 꽃피웠으며, 당시 창간된 「어린이」지는 동요 창작의 물결을 크게 일으켰다.

2. 전래동화

전래동화는 원시시대의 설화문학, 즉 신화, 전설, 민담(옛날 이야기), 우화 등에 뿌리를 두고 있으며, 옛날 이야기 또는 전승 이야기라고도 불린다. 대부분의 전래동화는 이야기가 문자로서 기록되기 이전에 사람의 입으로 구전되어 오다 근대에 와서 수집되고 기록된 전승문학의 유형이다. 이러한 전승문학은 어떤 특정한 세대나 계층만의 소유물이 아니라 모든 사람들의 소유물로 독특한 국가적 · 민족적 · 지역적 특성을 반영하고 있어 문학적인 가치, 역사적인 가치가 있을 뿐만 아니라 문화 일반에 걸쳐서 중요한 의미를 갖는다.

1) 전래동화의 특징

전래동화는 민간에서 발생한 민중과 그 자녀를 위한 소박한 이야기로 그 나라의 민족성과 자연환경을 반영하고 있음은 물론 그 당시 사회의 종교, 관습, 미신, 역사 등을 반영한다. 우리나라의 전래동화는 조선시대 갑오경장(1894년) 이전에 발생하여 전해 내려오는 옛 이야기이다. 주로 삼국유사, 삼국사기의 설화나 구전되어 내려오는 민담에 기초한다. 옛날 이야기 또는 전승 이야기는 언제, 어디서, 누구로부터 이야기로 전해졌는지 알 수 없지만 주로 서민들에 의해 전해진 이야기이다. 이러한 전승 이야기는 이야기를 만들어 낸 서민들의 정서와 생활상을 담고 있어 이야기를 듣거나 읽는 후세대들은 조상들의 가치나 삶을 알 수 있다. 이렇게 전승 이야기나 옛날 이야기 중 동심을 다루는 이야기를 유아들에게 적합한 문장으로 재탄생시킨 것을 전래동화라고 한다. 전래동화의 진수는 현실 속에서 일어날 수 없는 일들이 상상의 세계에서 거침없고 통쾌하게 펼쳐 유아들의 마음을 사로잡는 환상성에 있다. 이러한 전래동화의 특성은 유아의 발달 특성, 즉 물활론적 사고나 상상력이 풍부한 유아들에게 매우 재미있는 이야기가 된다. 현실에서는 절대 일어날 수 없는 일들인 동물과 사람이 이야기를 나눈다든지, 사람이 밧줄을 타고 하늘로 올라간다든지, 사람이 하늘을 나는 등의 전래동화 속의 사건들은 유아들로 하여금 상상할 수 없는 흥미와 감동을 주며 그들을 몰입하게 만든다. 우리나라 대표적인 전래동화는 '혹부리 영감', '흥부와 놀부', '콩쥐와 팥쥐', '도깨비 방망이', '선녀와 나뭇꾼', '심청전', '견우와 직녀', '해와 달이 된 오누이', '소가 된 게으름뱅이', '은혜 갚은 까치', '의좋은 형제', '토끼전' 등이 있다.

우리나라 전래동화의 특성을 내용과 형식면으로 나누어 살펴보면 다음과 같다(한상수, 1972). 먼저 내용적인 면에서 살펴보면 첫째, 민중의식이 깃들여 있다. 주로 평민층의 의식을 보여주며 특권층에 대한 항변을 풍자적으로 나타내고 있다. 둘째, 교육성이 강하다. 유교적 윤리관과 도덕성이 포함된 효도 · 우애 · 은혜 등을 강조한다. 특히 선과 악을 대비시켜 권선징악적인 교훈성을 지닌다. '나무꾼과 선녀', '의좋은 형제' 등의 이야기에는 선인과 악인이 있으며, 악인은 가난하고 선인을 구박하는 반면, 선인은 신선(도깨비)에 의해서 복을 얻는다. 셋째, 서민의 애환이 담겨 있다. 주로 인간 삶의 근본적인 문제를 해결하기 위한 내용이 나타나 있다. '심청전', '흥부와 놀부', '해와 달이 된 남매'가 좋은 예이다.

형식적인 면은 첫째, 서두와 결말에 공통적으로 관용적인 표현을 사용한다. 예를 들어 '옛날에 옛날에', '옛날도 아주 먼 옛날에'로 시작해서 '잘 살다가 죽었다.', '아주 행복하게 잘 살았다.'로 끝나는 것이 보통이다(장혜순, 1998). 둘째, 등장인물의 활동을 시간 순서에 따라 전개시킨다. 이는 이야기하는 사람이나 듣는 사람이 이해하고 기억하기 쉽다. 셋째, 연쇄적인 형식, 누적적인 형식이나 중복적인 형식으로 되어 있다. 넷째, 대립법 · 의거법 · 소거법 · 반복법 등이 많이 사용된다.

대립법은 선과 악의 대립, 부와 빈곤의 대립, 힘과 지혜의 대립 등이 있다. 의거법은 동물이나 무생물을 의인화한다. 소거법은 모든 것을 열거한 다음 그 가운데에서 불가능한 것을 차례로 없애고 마지막으로 남게 하는 것이다. 반복법은 이야기의 일정 부분이나 어휘를 반복한다. 반복법은 이야기의 구연과 기억을 쉽게 해 주고 흥미를 가질 수 있도록 한다.

표 5-2 전래동화의 특징

내용면	형식적인 면
• 민중의식이 깃들여 있음 • 교육성이 강함(권선징악) • 서민의 애환이 담겨 있음	• 서두와 결말에 관용적 표현 사용 • 시간 순서에 따른 등장인물의 활동 전개 • 연쇄적 · 누적적 · 중복적인 형식 • 대립법 · 의거법 · 소거법 · 반복법 사용

이대균 외(2006)는 전래동화 그림책의 특징을 주제, 플롯, 등장인물, 배경 등 4가지로 설명하고 있다. 첫째, 주제의 특징이다. 전래동화에서 주로 다루어지는 주제는 자연물이 생기게 된 유래나 익살, 해학을 다루거나 선이 악을 이긴다는 권선징악과 절대적 진리를 다루고 있다.

둘째, 일정한 형식을 갖는다. 전래동화는 형식면에서 서두와 결말에 공통점이 있는데, 하나는 '옛날 옛적에~'로 시작하여, '아주 행복하게 잘 살았다'로 해피엔딩으로 끝난다는 점이고, 다른 한 가지는 전개와 절정에는 대립과 반복의 형식이 나타난다는 점이다. 대립적인 요소로는 선과 악, 강한 자와 약한 자, 아름다움과 추함 등을 사용하며, 강조의 수단으로는 반복을 사용한다.

셋째는 전래동화에 나오는 등장인물은 선과 악의 전형적인 양극성을 지니고 있다. 착한 주인공과 나쁜 주인공 간의 갈등으로부터 이야기는 시작되고 착하고 마음씨 좋은 주인공이 고통을 당하게 되고 위기에 직면하게 되면서 절정에서 극적인 전환을 통해서 행복한 결말을 맞게 된다. 이러한 과정이 바로 전래동화가 유아의 마음을 사로잡는 요인이다(박선희 · 김경중, 1999). 거의 모든 전래동화는 선악의 극단적인 양면성을 지닌 등장인물에 의해서 야기되는 갈등과 갈등해소의 극적인 구조를 지니고 있다. 이 때문에 유아들은 동일시의 대상이 되는 매력적인 선한 주인공과 함께 갈등을 극복하고 행복한 결말을 맞이하여 심리적 만족과 기쁨을 경험하게 되는 것이다(Bettelheim, 1976).

넷째는 전래동화의 시간적, 공간적 배경은 구체적으로 표현되지 않고 대충 알아볼 수 있는 정도의 보편적인 배경이다. 주로 "옛날 옛날~"로 시작하지만 그 옛날이 언제인지 정확하게 알 수 없고, 아주 오래 전이라는 대략적인 시대를 짐작하게 한다. 우리나라의 전래동화에 나오는 주인공들은 현실과 비현실 세계를 아무런 장벽 없이 넘나든다. 바닷속을 환상의 세계로 설정하고 육지를 현실세계로 설정할 때도 주인공들은 바다와 육지를 아무런 제한을 받지 않고 자유롭게 드나든다. 즉 공간적 배경은 현실세계와 비현실세계가 엄격하게 구분되어 있지 않다는 특징을 가지고 있다. 대부분의 전래동화는 서로 비슷한 유사성이 있기 때문에 이야기를 말해 주는 사람은 시간과 공간을 구체적으로 묘사할 필요가 없다.

이상과 같은 내용들을 근거로 하여 전래동화의 특징을 정리하여 보면 다음과 같다.

① 서두와 결말에 공통점이 있다. '옛날 옛적에~', '아주 행복하게 잘 살았다'로 끝난다. 이러한 관용적인 표현이 서두와 결말을 듣는 이들에게 흥미를 일으킨다.

② 현실세계와 환상세계가 구분되어 있지 않고, 이 두 세계는 서로 자유롭게 드나들 수 있도록 열려 있다. 따라서 현실세계와 초자연적 세계의 인물이 거리낌 없이 만나고 관계를 맺는다.

③ 표현형식에서 대립법, 반복법, 소거법, 의인법 등을 많이 사용하며 직접화법을 쓴다. 대립법에는 선과 악의 대립과 힘과 꾀의 대립, 미와 추한 것의 대립

등이 있다. 힘과 꾀의 대립은 '우렁이 처녀', '호랑이와 토끼' 등에서, 미와 추의 대립은 '콩쥐 팥쥐'에서 볼 수 있다.

④ 등장인물의 행동이 시간적 순서에 따라 전개된다. 이야기의 내용을 알기 쉽고 기억하기에 편리하며 이야기를 하는 사람이나 듣는 사람이 혼란을 일으키지 않는다.

⑤ 권선징악의 도덕률과 인과응보의 윤리관을 담고 있다. 항상 선한 것이 이기고 악한 것은 지는 것으로 결과가 나타남으로써 읽는 이에게 안도감을 준다. 우리나라의 전래동화는 민중의식을 담고 있어 특권층에 대한 항변을 소재로 하는 동화가 많으며, 효, 보은, 우애 등을 강조하는 교육성이 강한 것이 특징이다. 권선징악을 강조하나 악에 대해 소극적이어서 악인에 관대하다.

⑥ 이야기가 짧고 구성이 간단하며 극적인 요소와 주제가 분명하다.

2) 전래동화의 교육적 가치

전래동화는 옛날부터 서민들에 의해 전해져 내려오는 것으로 그 시대 서민들의 생활상이나 정서 및 가치관을 반영한 것으로 민족의 애환이 담겨 있다는 측면에서 커다란 의미를 갖는다. 전래동화들은 대부분 구성이 짧고 간단하며 테마가 명확하고, 강한 움직임이 있으며, 허구의 세계를 다루고, 수준 높은 문학적 표현으로 이루어져 있으므로 문학적 가치가 충분한 아동문학 작품들이라고 할 수 있다.

이처럼 전래동화는 그 사회의 교육적, 오락적 기능뿐만이 아니라 정서적 가치관, 국민 도덕성, 민족성 등을 형성하는 기능을 가지고 있으며 어려운 문제도 해결할 수 있다는 희망을 주기도 할 뿐 아니라 동화 속 이상 세계와의 접촉 과정에서 상상력을 통한 지적 능력의 싹을 키운다고 할 수 있다. 많은 유아학자들도 전래동화가 유아의 사고를 확장하고 표현력을 풍부하게 해 줄 뿐만 아니라 언어발달은 물론 유아의 정서발달, 가치관 형성, 인성형성, 성 역할 개념 및 기억력과도 관련하여 중요한 의미를 갖는다고 하였다.

전래동화의 교육적 가치를 이상금 · 장영희(2003)는 유아들은 전래동화를 통해 자연스럽게 문제해결 방법을 찾고, 타인의 삶과 사고를 접함으로써 인간의 정서에 대한 통찰력을 갖게 된다고 하였다. 정미라(1997)는 '전래동화가 문화유산 전승과 더불어 개성이 강한 등장인물을 통해 주인공을 잘 기억함으로써 이야기의 의미파악이 수월하며, 소리와 리듬의 반복이나 후렴구 등의 음악적 요소는 유아로 하여금 전래동화를 읽는 기쁨을 맛보게 해 준다고 하였다.

전래동화의 특징은 유아들에게 흥미를 일으키는 요소가 되며, 이는 전래동화를 교육적으로 의미 있게 사용할 수 있는 근거를 마련한다. 전래동화가 유아에게 특별히 흥미와 재미를 느끼게 해 주는 요소는 다음과 같다.

① 대부분의 이야기는 단순하게 시작하여 간결하게 핵심에 이르고, 스토리의 움직임에 관계있는 일만을 말하여 빠르게 그리고 결정적으로 끝을 맺는다.
② 스토리가 간결하며 단순하다. 꼭 필요한 곳 이외에는 설명적인 말이나 묘사적인 말이 거의 없다.
③ 공상으로 가득 차 믿어지지 않는 비현실적 신기한 세계를 그리고 있다.
④ 이야기를 발생시킨 나라 또는 민족의 특성을 반영하고 있다.
⑤ 사건과 어구(語句)에 변화 있는 반복이 있다.
⑥ 기교가 없이 진실하고 정직하게 표현되어 있다.

3) 전래동화의 종류

전래동화는 민담(옛날 이야기), 신화, 전설, 우화 등의 전승문학 중에서 동심을 그 바탕에 깔고 있는 이야기이다. 전래동화는 전승문학의 한 부분으로 전승문학 중에서 이야기의 바탕에 동심이 깔려 있고, 그것이 유아에게 교육적으로 유익한 것이라면 전래동화라 할 수 있다.

(1) 민담(옛날 이야기)

우리나라 전래동화 중 가장 많은 부분을 차지하는 것은 민담, 쉬운 말로 '옛날이야기'로 오래 전부터 세대를 거쳐 전해져 내려오는 이야기라고 할 수 있다. 민담은 독일의 메르헨(Marchen)과 영국의 요정이야기(Fairy Tales) 등과 유사하며, 이는 특정한 작가 없이 널리 알려진 이야기나 소문 같은 이야기를 의미한다.

민담은 전승문학 중에서 가장 친숙하며 호소력 있어 유아들이 매우 좋아한다. 민담을 유아가 좋아하는 이유는 첫째, 민담은 활기 있고 이야기의 줄거리가 풍부하다.

둘째, 선이 이기고 악이 벌을 받는 권선징악의 내용으로 구성되어 있어 유아들의 정의감에 호소한다.

셋째, 민담에 나오는 주인공의 성격 묘사보다는 착하거나 나쁘거나 순종적이거나 말을 잘 안 듣는 거부적이거나 부지런하거나 게으르게 대립된 모습으로 그려진다. 그리고 민담은 마술적인 요소나 운율, 반복된 구절이 많고 단순하며 직접화법이 많다. 뿐만 아니라 이야기의 끝이 해피엔딩으로 끝나 유아들의 마음을 편하고 즐겁게 해 주기 때문에 유아들이 좋아한다. 우리나라 민담의 문학적 요소를 통해 그 특성을 살펴보면 다음과 같다.

〈민담의 문학적 요소〉

민담의 주제는 대부분 권선징악으로 이루어져 있다. 즉 지혜의 가치, 익살과 농담, 부모와 자녀의 사랑, 부부애, 로맨스, 진정한 행복의 개념, 보은사상 등이 주제로 되어 있다.

민담의 플롯은 도입, 전개, 결말의 전형적인 형식을 취하고 있다. 도입은 간결하고 단도직입적 수법으로 대립적 인물의 등장, 상투적인 서두어(옛날에 옛날에…)로 시작하며, 시대, 장소, 풀려야 할 문제, 갈등요인을 보여 준다. 전개는 도입 단계에서 생겨난 문제를 진행시켜 나가는 부분으로 움직임이 많고, 그 움직임은 천천히 클라이막스에 도달할 때까지 고조되고 문제와 갈등이 점차 풀린다. 결말은 도입 단계에서 시작된 모든 것을 간결하고 신속하게 끝낸다. 일반적으로 주인공은 행복한 결말을 취하고 선은 승리하고 악은 만족스럽게 벌을 받는다.

등장인물은 전반적인 행동의 예측이 가능하고 아름다운 사람은 친절하고 공주는 아름다우며, 여우는 교활하다는 식의 일차원적으로 묘사되는 전형을 가지고 있고 일반적으로 그 수가 적다. 등장인물은 인간, 의인화된 동물(호랑이, 개, 고양이 등), 의인화된 무생물(해님, 강물, 달걀, 멍석 등), 초현실적인 존재(요정, 거인, 난쟁이, 도깨비, 마녀, 용왕, 옥황상제, 신령 등) 등이 있다. 그리고 요술적 장소(하늘나라, 요술 샘물, 용궁)와 신비한 물건(도깨비 방망이, 부채 등)이 등장한다.

이상을 기초로 하여 민담의 특징을 요약하면 다음과 같다(김현희 · 박상희, 2008).

- 주제가 권선징악적이고 도덕적이며 교훈적인 것이 많다.
- 이야기가 짧고 플롯이 간단하며 극적인 요소가 많다.
- 시간과 장소가 구체적이지 않다.
- 인물은 전형적인 유형이 많이 나오며 대립 구도로 이야기가 진행된다.
- 3이라는 숫자가 많이 나옴으로써 동일한 사건의 반복이나 누적되는 경우가 많다.
- 사건이 빠르게 진행되며 직접화법이 많이 사용된다.
- 신기한 사건이 주류를 이루고 시간과 공간이 자유롭게 확대 또는 축소되고 이동된다.

일반적으로 전래동화의 교육목적은 크게 유아들의 바람직한 인격 형성을 돕는 것과 전통문화의 계승 · 발전이라고 볼 수 있다. 이외에도 유아들에게 교훈적인 도덕적 가치를 전달하면서 민담이 가지고 있는 요소의 특성으로 인해 문학의 가장 중요한 가치라고 할 수 있는 즐거움을 준다는데 그 의미가 크다.

옛날에 황금공을 가지고 놀기 좋아하는 공주가 살았는데, 공을 연못에 빠뜨려서 울고 있었다. 그때 개구리 한 마리가 나타나 자기를 데리고 가서 공주가 사는 성에 같이 가 밥을 먹고 자게 해 달라고 약속을 하면 공을 건져 주겠다고 하였다. 공주는 공을 찾고 싶은 마음에 거짓말을 하고서 개구리가 공을 찾아 주자 개구리를 두고서 성으로 가버렸다. 공주를 찾아 성으로 온 개구리가 임금님께 공주가 거짓말 한 것을 고하자, 임금님께서 화를 내며 공주에게 개구리와의 약속을 지키라고 했다. 공주가 개구리를 징그럽다며 벽에 던지자 나쁜 마녀의 마법에 걸렸던 개구리가 멋진 왕자로 변했다. 개구리와 약속을 하찮게 생각한 공주는 잘못을 왕자께 빌고 왕자의 성으로 가서 행복하게 살았다.

〈개구리 왕자〉 비네테 슈뢰더 그림형제 저 / 김경미 역/ 시공주니어

옛날 어느 마을에 늑대가 있었는데 늑대가 배가 고파서 아기염소들을 잡아먹으려고 했다. 그런데 막내는 다행히 살았는데 엄마염소에게 알려서 똑똑한 엄마염소는 늑대가 자는 사이에 늑대의 배에 있는 아기 염소들을 꺼내고 돌을 집어 넣어서 숨어서 지켜 봤다. 늑대가 일어나자 늑대는 배가 무거워서 우물에 빠졌다.

〈늑대와 일곱 마리 염소〉 그림형제 저 / 펠렉스 호프만 그림/ 김재혁 역 / 비룡소

(2) 전설

전설은 사건에 관한 이야기 혹은 자연물, 생물, 무생물의 기원에 관한 이야기이다. 전설은 신화와 마찬가지로 자연에 대한 상상적인 이야기이지만 특정 인물이나 특정 자연물(나무, 산, 바위, 고개 등……), 구체적인 장소, 시대, 인물이 확정되어 있고 이야기 줄거리가 비교적 복잡하다는 의미에서 신화나 민담과 구분된다. 이렇게 구체적인 사물이나 대상과 관련됨으로써 신화나 민담에 비해 이야기의 사실성이 뚜렷하게 강조되고 있고 역사화하려는 경향성을 갖는다. 석용원(1986)은 전설과 민담의 차이를 다음 〈표 5-3〉과 같이 제시하고 있다.

표 5-3 전설과 민담의 차이

전 설	민 담
• 구체적인 사물과 관련이 있는 이야기이다. • 이야기를 증거할 만한 사물이나 사건을 가지고 있다(바위, 고목, 강, 절, 연못, 섬, 무덤, 고개 등). • 사람들이 이야기 내용을 사실이라고 믿고 있는 경향이 있다. • 종교와도 관계가 있다. • 연대와 주인공이 있다. • 이야기의 전개법이 일정치 않고 다양하다. • 동화화되었을 경우, 인물이나 내용이 반 정도는 사실에 근거하고 반 정도는 허구로 바뀐다. • 이야기를 할 때 이야기하는 사람에 따라 신축성 있게 할 수 있다.	• 근거가 없고 가공적이며 허무맹랑한 이야기이다. • 이야기의 시간과 장소가 애매하고 사실성이 없다. • 사람들이 이야기의 내용을 사실로 믿지 않는 경향이 있다. • 반드시 해피엔딩으로 끝난다.

(3) 신화

신화란 그리스어 'mythos'에서 나온 것으로 '이야기'를 의미한다. 신화는 동화발생의 기원이며 인간의 세계관과 인생관을 제시하는 가장 원초적인 문학 형태이다. 신화는 신과 영웅들의 이야기며, 과학이나 종교와 관련이 있기도 하고 사회학적, 심리학적으로 관련이 있기도 하다. 신들이 주인공이 되는 상징적인 이야기를 통해 우주의 기원과 발생, 인간의 유래와 운명, 세계의 본질과 장래, 인생의 슬픔, 절망, 두려움, 사물의 근원 등을 암시하는 내용을 담고 있다.

신화는 궁극적으로는 세상과 인류의 기원을 설명한다. 실지로 가장 원시적인 문화 집단에서 가장 진보적인 문화 집단에 이르기까지 나름대로 어떤 창조 신화를 가지고 있다. 신화는 사회적인 관습과 신념을 설명하는 데도 도움이 된다. 또 신화는 자연적인 현상에 대해서도 설명한다(Russell, 1991).

신화는 신과 인간의 관계를 정의한다. 신화에는 갖가지 모험에 성공하거나 도망가거나, 배신을 당하거나, 죽거나, 다시 살아서 돌아오는 젊은 신들이나 영웅들이 많이 등장한다. 신화는 인간 세계와 비인간적인 세계와의 사이에 일치성을 이룩하려고 하는 상상력의 가장 단순하고 기본적인 형태이다. 신화는 종종 창조 이야기(creation stories)라고 부르기도 한다.

신화는 인성의 거울이며 때때로 일차적 정서, 본능, 욕망의 본질을 묘사한다. 이와 같이 신화는 신들의 이야기로서 서구의 전래동화의 근원이 되었다. 동화는 옛날 이야기에 뿌리를 내리고 있으며, 옛날 이야기는 신화에 뿌리를 내리고 있다. 즉 신화는 모든 옛날 이야기의 근본이 된다. 신화는 많은 전래동화와 마찬가지로 저자 없이 입에서 입으로 구전되어 내려온 것으로, 신과 여신 및 영웅들을 중심으로 사물의 근원, 인생의 슬픔 및 기쁨, 절망과 두려움 등을 그렸다.

〈유아들이 신화에 흥미를 갖는 이유〉

- 신화에는 서술적 묘사보다 행동적 묘사가 많기 때문이다.
- 신화는 풍부한 환상과 마술적 요소와 상상의 산물이기 때문이다.
- 신화에는 선이 승리하고 악이 벌을 받는 내용이 담겨 있어 심리적인 안정감을 주기 때문이다.

- 신화에는 극적인 요소와 박진감이 있기 때문이다.
- 신화를 통화여 정서적 만족감을 얻으며 상상력을 자극받을 수 있기 때문이다.

우리나라의 신화는 설화(說話)의 개념 속에서 전설 · 민담 등과 함께 다루어지고 있다. 이러한 관점에서 볼 때 우리나라의 신화는 전설 · 민담 등과 함께 동화로 만들어진 것이 많다. 신화는 민족 발생적인 것으로 이야기 구성에 있어서 어떤 개인의 생각이 아니라 민족적인 공감대 위에서 이루어진 것이다. 또한 신화적인 사고방식과 어린이들의 심리와는 유사점이 많이 있으므로 전래동화는 신화로부터 많은 영향을 받는다.

우리나라 신화의 경우 주로 국조신화(國祖神話)에 한하는 것들로 중세(中世)에 기록이 되고 문헌신화(文獻神話)로서 전해지고 있다. 즉 단군신화(檀君神話)를 그 효시로 삼고 이를 계승한 것이 삼국(三國)의 건국신화(建國神話)이다. 여기서 진전되어 신성미(神聖美)가 좀 줄고 행위적 요소에 흥미를 가미시켜 이루어진 것이 민간설화인데, 삼국시대의 신앙, 지리, 사원, 애국, 화랑, 민속 등이 근간이 되었다고 볼 수 있다. 이러한 문헌신화 외에 구송신화(口誦神話)가 있는데, 우리나라의 구송신화로는 제주도에서 구송되는 서사무가(敍事巫歌)로 신화의 기원의 본질 또는 변화과정을 다양하게 보여주는 것으로 평가되고 있다.

문헌신화 중에서 단군신화는 가장 오래된 원형이라고 할 수 있으며, 고주몽(高朱蒙) 신화(神話)는 보다 동화적 본질에 접근된 이야기로서 흥미와 내용을 담은 원초적 형태라고 할 수 있다. 이 밖에도 동화 문학적인 원형을 보여주는 것들로는 삼국시대의 시조신화(始祖神話)들이 있는데, 신라의 박혁거세(朴赫居世), 석탈해(昔脫解), 김알지(金閼智) 신화와 가라국의 수로왕(首露王) 신화, 제주도의 삼성시조(三姓始祖) 등을 들 수 있다. 또한 은하수를 중심으로 각각 동서에 자리잡고 있는 견우성과 직녀성을 주제로 한 전설 ≪견우와 직녀≫는 누구나 즐겨 읽는 동화이다.

현재까지 알려지고 있는 세계에서 제일 오래된 이야기는 기원전 약 2000년경이라고 추정되는 고대 이집트의 파피루스에 기록된 「난파된 사나이의 이야기」로 보고 있다. 이집트의 배가 홍해에서 난파되어 전원이 익사하지만 단 한 사람의 선원이 섬에 도착한다. 섬은 거대한 뱀이 지배하고 있었는데, 그는 친절한 뱀의 도움을 받아 4개월 후에 지나가던 배에 구조된다. 그 동안 뱀의 임금은 자신의 불행을 이야기하며, 섬이 바다에 가라앉을 운명에 있다는 것과 이전에는 인간의 딸도 섬에 있었다고 알려 준다. 선원은 이집트로 돌아와 왕에게 자신의 진귀한 체험을 이야기한다는 내용이다. 가장 잘 알려진 신화로는 그리스 · 로마 신화와 노르웨이 신화가 있다.

〈신화의 문학적 요소별 특징〉

- 플롯(plot) : 하나 또는 몇 가지 안 되는 적은 숫자의 사건이 주인공과 연결되어 있는 경우가 많다.
- 등장인물(character) : 등장인물의 수가 "단군신화"에서 볼 수 있듯이 환웅과 웅녀 사이에서 출생한 단군처럼 하나이거나 아주 적다.
- 배경(setting) : 시대적 배경이 명확하지 않고 "옛날에 옛날에……", "옛날 옛날 호랑이가 담배피던 시절에……", "옛날 옛날 아주 먼 옛날에……" 등으로 시작되는 경우가 대부분이다.
- 주제(theme) : 주제나 관점(point of view)이 광범위하고 보편적이기 때문에 분위기가 엄숙하고 신비롭다.

표 5-4 신화, 전설, 민담의 차이

구분	신화	전설	민담
전승자의 태도	· 진실하고 신성하다고 인식	· 진실 되리라고 믿고, 실제로 있었다고 주장	· 흥미 본위로, 진실성 · 신성성은 문제되지 않음

구분	신화	전설	민담
시간과 장소	· 일상적인 경험으로 측정할 수 있는 범위를 넘어선 태초의 일	· 구체적으로 제한된 시간과 장소	· 구체적으로 시간과 장소가 없음
증거물	· 매우 포괄적	· 특정의 개별적 증거물을 가짐	· 증거물이 제시되지 않음
주인공 및 그 행위	· 주인공은 신 · 신이 지닌 능력을 발휘	· 여러 종류의 인간 · 인간과 인간, 인간과 사물 사이에서 일어나는 예기치 않은 관계	· 일상적인 인간 · 운명을 개척해 감
전승 범위	· 민족의 범위	· 지역적 범위	· 지역이나 민족으로 제한되지 않음
기능면	· 전 집단의 신앙을 요청하며, 집단 단결의 핵심적 역할	· 일정지역을 발판으로 애향심 고취	· 흥미 본위의 사고적 교환물로서 예능적, 문학성이 뛰어남

김현희 · 박상희(2008), p. 80.

(4) 우화

우화는 물활론이 바탕이 되어 동물이나 무생물에게 인간 성격을 부여하여 교훈성을 중심으로 인간성을 풍자하거나 교화시키고자 하는 이야기이다. 하나의 줄거리가 있고 인간의 특징을 상징화하는 동물이나 인물 등이 등장하며 도덕적 교훈을 명확히 서술한다. 가장 유명한 우화의 예로는 '이솝 우화(Aesop's fable)'와 프랑스의 시인 라 퐁텐(1621~1695)이 지은 우화시가 있다. 우화는 전래동화가 갖고 있는 권선징악의 이상주의적 세계관이 내재된 이야기가 많다. 뿐만 아니라 비유, 풍자, 상징 등의 기법을 사용하고 있어 유아의 발달단계에 적합하지 못하다는 관점이 지배적이다.

옛날에 게으른 아이가 살고 있었다. 하루 종일 방안에서 뒹굴기만 하는 아이에게 어머니가 화를 낸다. 아이는 어머니가 얻어다 준 괭이 한 자루로 구덩이를 깊이 판다. 그리고 온 동네 똥이란 똥은 다 주워서 그 구덩이에 넣고 흙을 덮더니 그 위에 참깨 한 섬을 뿌려 둔다. 이윽고 싹이 나자 모두 솎고 딱 하나만 남긴다. 그 싹이 쑥쑥 자라 정자나무만큼 커지더니 참깨가 주렁주렁 열린다. 아이는 참깨를 모두 짜 기름을 만들고, 강아지 한 마리를 데려다 그 기름을 먹여 키운다. 강아지가 반질반질 미끌미끌하니 고소한 내를 풍기자 아이는 온 산 칡넝쿨을 모두 가져다 기다란 줄을 만들어 강아지 다리에 묶는다. 그리고 깊은 산 큰 나무에 강아지를 묶어 두고 아이는 집으로 돌아온다. 온 산 호랑이가 기름 강아지 한테서 나는 고소한 냄새를 맡고 달려온다. 호랑이 한 놈이 꿀꺽하고 기름 강아지를 삼키자 쏙 하고 똥구멍으로 강아지가 미끄러지고 만다. 다음 호랑이도, 그 다음 호랑이도 기름 강아지를 삼키고 줄줄이 줄에 꿰이고 만다. 아이는 그렇게 해서 하룻밤에 온 산 호랑이를 다 잡았다. 그리고 호랑이 가죽을 팔아서 잘 먹고 잘 살았다.

〈줄줄이 꿴 호랑이〉 권문희 글 · 그림/ 사계절

자식이 없던 늙은 부부가 아이를 갖게 해 달라고 빌었더니, 삼신할미가 꿈에 나타나 단지에 오줌을 눠서 땅 속에 묻어 두라고 했다. 열 달이 지나 땅을 파 보니 단지 안에 아이가 들어 있었다 . 늙은 부부는 단지에서 아이를 얻었다고 하여 '단지손이'라고 부르며 정성껏 키운다. 어느 날 단지손이는 세상 구경을 나선다. 그리고 콧김손이, 오줌손이, 배손이, 무쇠손이를 차례로 만나 의형제를 맺는다. 각기 다른 재주가 있는 오 형제는 호랑이들을 만나 자신의 특화된 재주를 발휘하여 통쾌하게 물리친다. 그리고 다시 세상 구경을 떠난다. 다양한 재간을 가진 사람이 모여 힘을 합하면 아무리 어려운 일도 이겨낸다는 이야기입니다.

〈재주꾼 오 형제〉 이형진 그림/ 이미애 글/ 시공주니어

마법 거울의 파편이 눈과 가슴에 박힌 케이. 게르다에게 마저 쌀쌀맞게 구는 아이가 되어 버린 케이. 눈의 여왕은 케이를 어디론가 데려갔고 친구 게르다는 케이를 찾아 떠난다. 많은 고난을 겪고, 케이를 만난 게르다의 눈물에 케이의 얼어붙은 심장은 녹아 버렸고, 케이의 눈과 가슴에 박힌 거울의 파편은 빠져 나간다. 친구와의 우정과 사랑, 친구를 위한 희생과 용기, 진실을 보여주고 있는 이 동화는 아름다움으로 가득 찬 이야기로 우리 어린이들의 가슴 속에 따뜻함이 스며들게 해 준다.

〈눈의 여왕〉 안데르센 저/ PJ. 린치 그림 /공경희 역/ 어린이 작가정신

두 남녀의 아름답고 애틋한 사랑 이야기가 담겨 있는 '견우와 직녀'는 우리나라의 절기 중 하나인 칠석에 얽힌 옛 이야기이다. 또한 밤하늘의 별자리를 보며 그 유래를 이야기할 수 있는 별자리 설화이기도 하다. 직녀는 하늘나라 옥황상제의 아름다운 막내딸이다. 아름다운 천을 짜내는 일을 했다. 직녀는 하늘나라에서 사는 것도 좋았지만 매일 똑같은 일을 하며 사는 것이 지겨워졌다. 그래서 아무도 모르게 인간 세상으로 내려와 버렸다. 그러다 우연히 소치는 젊은이 견우를 만나게 되었다. 둘은 첫눈에 반해 영원한 사랑을 약속했다. 그러나 직녀가 천을 짜지 않아 어두워진 하늘을 보고 옥황상제는 화가 나 직녀를 다시 하늘나라로 데리고 왔다. 그리고는 천을 짜게 했다. 하지만 더 이상 견우를 볼 수 없게 된 직녀는 슬픔에 빠져 매일 울기만 했다. 슬픔에 빠져 울기만 하는 직녀를 보고 옥황상제는 마음이 약해졌다. 그래서 일년에 한 번, 음력 7월 7일에 견우와 직녀를 만나게 해 주었다. 그날이 되면 은하수를 사이에 두고 떨어져 있는 견우와 직녀를 만나게 해 주려고 까마귀와 까치들이 하늘로 올라가 다리를 만든다. 다리 위에서 만난 견우와 직녀는 그들의 사랑을 확인하며 하루를 보낼 수 있었다.

〈견우와 직녀〉 셀린느 라빅네뜨 글 / 김동성 그림 / 이경혜 역 / 현북스

돌쇠 아버지는 30년간 김부자네 집에서 머슴으로 열심히 일하였지만 욕심쟁이 김부자가 새경이라고 내놓은 것은 풀 한포기 자라지 않은 돌밭이었다. 그러나 돌쇠와 아버지는 낙심하지 않고 좋은 밭을 일구기 위해 거름을 만들려고 똥을 열심히 모았다. 도깨비의 도움으로 열심히 농사를 지어 돌쇠네는 많은 수확을 거두었다. 그런데 욕심쟁이 김부자는 그것이 배가 아파 심술을 부렸다.

〈똥벼락〉 김회경 저 / 조혜란 그림 / 사계절

단군이 출현하기 전 석기시대의 생활 모습을 담았다. 하늘 나라의 환웅은 어느 날 바람신, 비신, 구름신과 3,000명의 무리를 거느리고 태백산 신단수 아래로 내려온다. 환웅은 신시를 만들고, 농사짓기와 병 고치기를 가르치는 등 사람을 다스린다. 농사를 지으면서 마을이 점점 커지자, 곰을 섬기는 부족과 호랑이를 섬기는 부족간에 다툼이 생긴다. 어느 날 환웅은 사람이 되고 싶어하는 곰과 호랑이에게 쑥 한줌과 마늘 20개를 주며, 백일 동안 햇빛을 보지 말라고 한다. 호랑이는 견디지 못하고 동굴을 뛰쳐나가고, 곰은 스무하루 만에 예쁜 여자로 변한다. 환웅은 사람이 된 웅녀와 혼인하여 단군을 낳고, 단군은 조선이라는 나라를 세우고 임금이 되어 1,500년 동안 조선을 다스린다.

〈단군신화〉 이형구 글 / 홍성찬 그림 / 보림

이 책은 짧은 글줄과 그림 위주로 되어 있어 작가의 매력적인 그림을 실컷 맛볼 수 있다. 여우가 차리는 저녁식사는 무엇일까? 여우 한 마리가 무엇을 먹을까? 연못을 기웃거리고, 숲 속을 뒤지고, 땅 속을 샅샅이 살펴보는데, 여우의 입맛에 맞는 음식으로 무엇이 있을까? 배낭 가득 먹고 싶은 것을 채우며 무엇을 또 먹을지 고민하는 여우를 만날 수 있다. 그림을 보고 상상해서 이야기를 만들어 보게 한다면 아이의 상상력과 호기심을 키우는 데에 많은 도움을 주게 된다.

〈여우의 식탁〉 오웬 데이비 글 · 그림 / 글맛 역 / 키즈엠

3. 창작동화

창작동화란 아동문학 작가가 동화를 읽을 아동을 위해 창작한 동화로 환상동화와 생활동화로 나눈다. 유아를 대상으로 하는 창작동화는 유아의 발달특성상 다른 창작물과 구별되는 특징이 있는데 이를 살펴보면 다음과 같다(이상현, 1987).

① 성장기 아동이 독자라는 점에서 최대한 이상적인 인간상을 추구한다.

② 자연과 사물의 인격화를 통한 생명과 삶의 가치관을 추구한다.
③ 주제 면에서 사랑과 모험, 권선징악을 보편적으로 수용한다.
④ 예술형식에 있어 작품의 길이가 짧고 문장은 간결하다.
⑤ 소재 면에서 우주성과 전원성이 강하다.
⑥ 창작기법으로 의인화, 우화적 기법을 자주 활용한다.

1) 환상동화

(1) 환상동화의 개념

환상동화는 실제로 일어날 수 없는 초자연적인 소재나 대상 혹은 사건이 중심이 되는 이야기로 공상적 · 환상적이거나 마술적인 세계를 그린 동화이다. 환상동화는 자연세계에서 발견되지 않는 미술, 의인화한 동물이나 무생물, 공간과 시간의 제약으로부터 자유로움 등의 요소가 포함된다(Cullinan & Galda, 1994). 동물이 말을 하고 요정이나 마법사, 도깨비가 나타나는 상상의 대상이나 사건이 무궁무진하게 펼쳐지는 동화의 세계이다. 즉, 환상동화는 환상이라는 기법을 통하여 유아가 자연스럽게 인간의 동경, 꿈 등을 접하고, 환상세계 속의 기쁨, 희망, 용기, 두려움 등을 간접적으로 경험하게 하는 문학이다. 이러한 환상의 세계는 유아로 하여금 물활론적 사고나 자기중심적 사고의 발달 특성으로 인해 환상동화를 즐길 수 있는 최적의 조건이 되는 것이다. 이러한 의미에서 환상동화는 유아기의 발달 특성에 적합한 소재이며 즐거움을 주는 대표적 장르라고 할 수 있다.

(2) 환상동화의 특성

환상동화는 실제로 일어날 수 없는 초자연적 세계, 상상, 과장 등의 요소를 지니고 있는 이야기이다. 〈피터팬〉, 〈아상한 나라의 엘리스〉, 〈인어공주〉 등과 같은 이야기처럼 현실적으로는 일어날 수도 없고 있을 수 없는 사건들이나 일들이 다루어진다. 환상동화는 소재, 사건, 서술방식, 인물 등에서 그 뿌리를 전래동화에 두고 있다. 환상동화와 전래동화는 현실에서 일어날 수 없는 환상적 요소와 초현실적 요소를 포함한다는 점에서 비슷하다. 그러나 환상동화는 시간과 공간, 등장인물의 성격 측면에서 전래동화와 구분되는 특징을 가지고 있다.

환상동화의 배경은 전래동화의 과거 세계와 달리 현실 속의 시간과 공간이 연계되어 있으며 그 세계에서 벌어지는 마술적 모험은 현실세계와 대비를 만들어 낸다. 등장인물 면에서도 전래동화는 전형적이며 상투적인데 비해 환상동화에서는 줄거리에서 기능적으로 필요한 인물(경찰관, 의사, 마술사 등)만 상투적인 특성을 지닐 뿐 다른 등장인물들은 비교적 다양한 성격을 가지고 있으며 선인과 악인도 전래동화에서처럼 전형적이지는 않다. 또한 환상동화는 등장인물들이 자주 등장한다는 점에서 우화와 비교될 수 있다. 환상동화는 우화에 비해 인간의 진실성을 다루며, 그 진실성으로 인하여 교화하기보다는 감동을 준다.

환상동화의 문학적 요소별 특징을 살펴보면 다음과 같다(노운서 외, 2010).

첫째, 주인공이나 등장인물에 대한 묘사가 단순하지 않고 섬세하게 잘 발달된 것이 전승문학과 다르다. 민담의 경우 등장인물이 대부분 착하고 예쁜 주인공과 악하고 미운 사람이 대립되는 형식으로 평면적이고(flat) 복잡하지 않다. 환상동화에서는 주인공의 성격이 입체적이고 다면적인(round) 성격으로 매우 섬세하게 묘사된다.

둘째, 플롯도 매우 다양하다. 전형적인 갈등 상황은 초자연적인 힘 사이에서 일어나는 경우가 많고 마술적인 힘에 의해 문제가 해결되는데, 이것은 전승문학과 일맥상통한다. 전승문학은 결말이 해피 엔딩(happy ending)이 많은 것에 비하여 환상동화는 독자의 상상에 맡기는 열린 결말(open ending)이 많다. 예로 「지각대장 존」은 학교 가는 길에 여러 환상적인 사건을 만나게 된다. 절정 부분에서 곤경에 빠진 선생님을 천장에 매달리게 둔 채 내버려 두고 마지막에는 여느 때처럼 존이 학교에 가려고 길을 나서는 것으로 끝난다.

셋째, 환상동화에서의 공간적 배경은 매우 다양하다. 그리고 사건의 전개에 큰 영향을 미치게 되어 배경 묘사가 매우 잘 발달되어 있다. 시간적 배경도 매우 융통성이 있으며 잘 묘사되어 있다.

넷째, 환상동화는 다양한 배경과 인물 설정, 플롯으로 인해 주제 또한 다양하다. 사실동화에서 다루어지는 주제들이 거의 비슷하게 다루어진다. 그러나 환상동화의 주제는 인간성의 광범위한 관심 및 배려가 주로 다루어지며 특히 인간의 생활 속에서 선과 악 같은 갈등이 보편화된다.

(3) 환상동화의 교육적 가치

환상동화는 불가사의하고 흥분되면서 만족감이 있는 색다른 세계인 꿈의 세계, 환상의 세계로 안내하며, 유아들은 환상동화를 통하여 자유로운 상상을 하고 창의적이고 자발적인 사고를 유도한다. 환상동화가 가지는 교육적 가치를 살펴보면 다음과 같다.

첫째, 유아에게 기쁨과 즐거움을 준다. 유아를 위한 문학교육의 가장 고유하고 기본적인 목표는 기쁨과 즐거움을 통하여 정서적 안정감을 주는데 있다. 환상동화는 글을 읽지 못하는 유아도 상상의 세계를 여행하며 현실세계에서 맛볼 수 없는 기쁨과 즐거움을 느끼며 행복감을 느낀다.

둘째, 유아의 상상력을 발달시킨다. 환상동화에서 펼쳐지는 상상의 세계는 지금까지 유아들이 경험해 보지 못했던 방법으로 세상을 생각해 보게 함으로써 다양한 세계를 마음 속에 품게 한다. 이러한 상상력은 유아의 창의성 및 인지적 발달에도 매우 유용하다.

셋째, 등장인물이 현재의 시공을 초월하여 관습과 제약으로부터 벗어남으로써 유아에게 대리 경험을 제공하여 삶을 풍요롭게 한다.

넷째, 유아로 하여금 환상세계에서 다양하게 펼쳐지는 사건과 부딪치는 환경을 통해 인간의 행동과 문제에 대해 통찰력을 길러 나간다. 유아들에게 추천할 만한 환상동화로는 〈종이봉지 공주 , 로버트 문치 글 / 마이클 마첸코 그림/ 김태희 역/ 비룡소〉, 〈 지각대장 존, 존 버닝햄 저 / 박상희 역 / 비룡소〉, 〈섬에 온 쌍둥이 별, 바람이 된 아이들, 박종현 글 / 이한종 그림 / 세계문예〉가 있다.

결혼을 약속한 엘리자베스 공주와 로널드 왕자에게 무서운 용이 나타나 뜨거운 불길을 내뿜어 공주의 성을 부수고 옷을 몽땅 불사르고 로널드 왕자를 잡아간다. 공주는 종이 봉지를 주워 입고 왕자를 구하러 나선다. 지혜롭게 용을 쓰러뜨리고 왕자에게 가지만 왕자는 자기를 구하느라 엉망이 된 공주의 외모를 보고 실망한다. 겉만 번지르르한 껍데기 왕자는 싫다며 돌아서는 공주의 모습에서 "진정한 사랑이란 무엇일까"라는 생각을 해보게 한다.

〈종이봉지 공주〉 로버트 문치 글 / 마이클 마첸코 그림 / 김태희 역 / 비룡소

어느 날 존이 학교에 가는데 하수구에서 악어 한 마리가 나와 책가방을 물고 가버려서 존은 지각을 했다. 다음 날은 덤불에서 사자 한 마리가 나와 바지를 물어 뜯어서 존은 또 지각을 했다.

또 그 다음 날은 어마어마한 파도가 쳐서 존을 덮치는 일이 벌어져 존은 또 지각을 했다.

연속 3일을 지각한 존은 선생님께 사실대로 말씀을 드렸지만, 선생님은 존의 말을 믿지 않고 지각한 벌을 내렸다. 그러던 어느 날, 학교에서 선생님이 털복숭이 고릴라에 의해 천장에 매달려 있게 되고, 지나가는 존에게 도와달라고 외쳤지만, 존은 믿을 수 없는 거짓말이라며 모른 체하고 가버렸다. 존은 지각을 할 때마다 선생님에게 지각한 이유를 말하지만 선생님은 존에게 더욱더 심한 벌을 준다.

〈지각대장 존〉 존 버닝햄 저 / 박상희 역 / 비룡소

별, 물, 구름, 바람을 주제로 한 작품들로, 우리말의 특징을 살려 노래하듯 이야기하듯 그려내고 있다. 포근한 느낌의 그림은 작품에 대한 상상력을 더해 주며 이 책의 매력을 한껏 살려 준다.

〈섬에 온 쌍둥이 별〉, 〈바람이 된 아이들〉 박종현 글 / 이한종 그림 / 세계문예

2) 생활동화

(1) 생활동화의 개념

생활동화란 유아의 생활 경험을 소재로 사실적인 기법을 사용하는 특성을 갖고 있는 이야기이다. 생활동화는 현실에서 일어날 수 있는 가능성을 지닌 이야기를 다루기 때문에 마술적이거나 초자연적인 힘이 개입되지 않고 사실적으로 이야기가 진행되는 특징을 가지고 있다. 이렇게 생활동화는 현실에서 일어날 수 있는 것을 다룬다고 하여 사실동화라고도 한다. 생활동화는 유아로 하여금 일상적인 생활이나 환경을 보다 새로운 관심과 흥미로 보고, 듣고, 생각하고, 관찰할 수 있도록 기쁨과 자극을 줄 수 있다. 대부분의 생활동화는 유아들의 성장과정에서 겪는 잘못이나 시행착오, 갈등을 해결해 나가는 문제해결 과정 등이 묘사된다.

(2) 생활동화의 특징

생활동화도 다른 동화와 마찬가지로 문학적 요소들에서 그들만이 지니는 특징을 가지고 있다.

첫째, 등장인물들이 보통 독자인 유아들과 비슷하거나 주변에서 쉽게 만날 수 있는 인물들로 구성되어 있어 유아들에게 매우 친숙하게 접근한다는 것이 특징이다. 때로는 독특한 개성을 나타내거나 특별한 능력을 지닌 것으로 묘사되기도 하지만, 이러한 등장인물들은 평범한 사람들과 마찬가지로 성공과 실패, 그리고 사람들과의 갈등을 경험하기도 한다.

둘째, 생활동화의 주제는 진리를 추구하거나 유아가 일상생활에서 경험하는 다양한 문제와 사건을 다룸으로써 유아들의 삶에 직접적인 영향을 미친다. 예를 들면, 가족 간의 사랑(부모, 형제자매, 친척들 간의 사랑)을 묘사하거나 주변사람들과의 관계(친구들이나 선생님들과의 갈등과 소외, 사랑)에 관한 주제를 다룰 수 있다. 생활동화는 유아들이 세상에서 하나의 독립된 존재로 살아가는데 필요한 여러 가지 감정이나 예의, 도덕, 가치 등을 함께 다룸으로써 유아로 하여금 새로운 사회적 인식과 문제 해결력을 갖게 해 준다.

셋째, 생활동화의 구성(plot)은 유아들이 관심을 갖고 있거나 흥미를 끌만한 일상적인 내용을 다루는 것이 보통이다. 생활동화의 구성은 일상적인 생활을 하는 가운데 일어나는 갈등 문제가 시간이 가면서 해결되어 간다. 또한 사람들의 다면적인 성격을 다루기도 하는데, 소극적인 성격을 가진 유아가 부딪친 상황을 극복하는 과정에서 적극적인 행동을 나타내거나 변화 과정을 그리기도 한다.

넷째, 생활동화의 배경은 환상적이거나 비현실적인 것이 아니라 실제 상황이거나 실제 일어날 수 있다고 믿을 수 있는 배경이다.

(3) 생활동화의 교육적 가치

생활동화는 전래동화와는 달리 동시대의 그들과 같은 또래의 비슷한 일상생활과 관련된 경험 내용을 다룸으로써 감정이입과 이해가 쉬우며 그것을 그 자신의 것으로 동일시하기가 쉽다. 또한 현실적으로 가능한 것이어서 동기유발이 쉬우며 긍정적인 태도의 변화가 일어날 수 있도록 돕는다. 유아들은 생활동화를 통해 다른 어린이들도 자신처럼 기뻐하고, 슬퍼하고, 두려워하며, 문제에 부딪히고, 갈등한다는 것을 알게 된다. 그리고 자신의 문제를 극복할 용기와 힘을 갖게 된다. 생활동화가 갖는 교육적 가치를 살펴보면 다음과 같다.

- 생활동화는 주제가 생활 주변에서 일어날 수 있는 현실적인 것이이서 유이로 하여금 동일시가 쉽다.
- 생활동화는 주인공이 지혜롭고 용기 있고 때로는 유머스럽게 문제를 해결해 나가는 과정을 경험함으로써 건전한 자아 개념과 자신의 문제해결 능력을

향상시킨다.

- 생활동화는 이야기의 소재가 다양하여 간접적으로나마 다양한 경험을 할 수 있다.
- 생활동화는 동화 속의 줄거리가 유아들과 유사한 것이 많기 때문에 동화를 읽으면서 심리적 안정감을 가져다 준다.
- 생활동화는 다른 사람들의 삶의 과정을 통하여 그 자신의 세계와 다른 현실을 직면하고 그것을 극복할 수 있는 용기를 길러 준다.
- 생활동화는 다른 문화권의 유아 생활을 묘사함으로써 인간의 기본 가치에 대한 보편성을 탐색할 뿐 아니라 여러 가지 다른 삶의 방식을 이해하는 계기가 된다.
- 생활동화는 동화 속의 다양한 주인공 삶의 차이점과 유사점을 인식함으로써 다른 사람들과 환경에 대한 이해를 도와 준다.

(4) 생활동화의 종류

생활동화는 "지금" 그리고 "여기"의 이야기, 즉 단순한 지식이나 정보에서부터 유아 자신들이 이미 가지고 있는 익숙한 개념들을 새롭게 관계를 지어줌으로써 유아들을 성장 · 발달하도록 돕는다. 이러한 생활동화는 일반적으로 그 주제별로 유형을 분류할 수 있는데 이는 다음과 같다.

① 신체 발달 및 변화에 관한 이야기

유아들은 태어나서 점점 성장해 감에 따라 많은 신체적 발달 및 변화를 겪게 된다. 신체적 생리 현상이나 신체적 크기 및 기능의 변화를 겪는다. 유아들은 자신의 성장과정에서 나타나는 여러 가지 일들을 다루는 동화를 보면서 공감하고 쾌감을 느끼며 자연스럽게 문제해결 방법을 찾을 수 있다. 〈장화가 줄었어요, 편집부 글 / 차정인 그림 / 웅진출판사〉, 〈보리와 누리의 우당 탕탕 하루, 김세실 글 /

양송이 그림 / 뜨인돌어린이〉, 〈화사한 토요일, 가족들과 나들이 가는 날!, 김세실 글 / 양송이 그림 / 뜨인돌어린이〉, 〈시끌벅적 유치원, 김세실 글 / 양송이 그림 / 뜨인돌어린이〉, 〈소니의 빨간장화, 리사스터브스 글 · 그림 / 크레용하우스〉, 〈콧구멍을 후비면, 사이토 타카코 글 · 그림 / 안미연 옮김 / 애플비〉, 〈기분을 말해봐, 엔서니브라운 글 · 그림 / 홍연미 역 / 웅진주니어〉

엄마와 함께 동물원에 놀러 왔다. "아기였을 때 너도 아기캥거루처럼 조그마했단다."라는 엄마 말에 아이는 깜짝 놀라며 아기 시절을 궁금해 한다. 아이에게도 분명 기억 못하기 시절이 있다. 아기사자처럼 쿨쿨 잠만 자고, 아기오리처럼 꽥꽥 울고, 아기돼지처럼 엄마 젖만 먹던 시절이다. 아이들은 아기였을 때 자신이 어떻게 생겼는지, 어떤 우스꽝스러운 일을 했는지 까르르 웃으며 듣다가 혼자서 아무것도 못하는 아기였다는 걸 알고 "내가 정말?" 되물으며 "말도 안 돼! 난 다 컸어!"라고 큰 소리로 외친다.

〈내가 정말?〉 최숙희 글 · 그림/ 웅진주니어

아이가 기저귀를 벗고 변기를 혼자 사용할 수 있게 되기까지의 과정을 재미있고 현실감 있게 표현하고 있다. 주인공 꼬마들이 엄마에게 "머리는 생각하라고 눈은 보라고....." 있는 것처럼 '작은 구멍'에서 똥이 나온다는 이야기를 듣는다. 어느 날 아이가 변기를 선물로 받고 스스로 똥을 누어 보려 하지만 뜻대로 되지 않고 변기 밖에 떨어뜨린다. 그래도 엄마는 혼을 내거나 부러 간섭을 하지 않고 아이 스스로 하도록 맡겨 둔다. 마침내 혼자서 변기에 앉아 똥을 누는데 성공한 아이가 활짝 웃기까지 얼마나 힘든지를 묘사하는 말이 참으로 재밌다. "나왔나? 아직. 나왔나? 아직도 나왔나? 아직 아직"..... 반복된다. 마침내 변기에 똥을 '풍덩' 빠뜨린다.

친근한 글과 그림으로 아이들의 배변훈련을 도와 주는 아기 그림책. 작가가 아들의 배변훈련을 돕기 위해 직접 쓰고 그렸다.

〈똥이 풍덩〉 알로나 프랑켈 저 / 김세희 역 / 비룡소

입 속에 있는 튼튼이 왕국은 크고 하얀 이가 위 아래로 움직여 음식들을 부수고, 놀이공원처럼 침 분수가 뿜어져 나온다. 그런데 갑자기 UFO를 타고 충치 세균들이 나타난다. 충치 세균들은 충치 왕국을 세우기 위해서 튼튼이 왕국을 공격한다. 이때 치카치카 군단이 우주전함을 타고 출동한다. 〈치카치카 군단과 충치왕국〉은 올바른 양치 습관을 길러 주는 동화책으로 UFO를 타고 온 충치 세균들과 칫솔 우주전함의 모습을 통해서 아이들에게 양치가 왜 중요한지를 알려 준다. 무엇보다 지니와 비니가 치카치카 군단과 함께 싸우는 모습은 책을 읽는 아이들에게 양치를 하는 것은 자신의 이를 지키기 위해서 스스로 해야 하는 행동이라는 것을 깨닫게 한다.

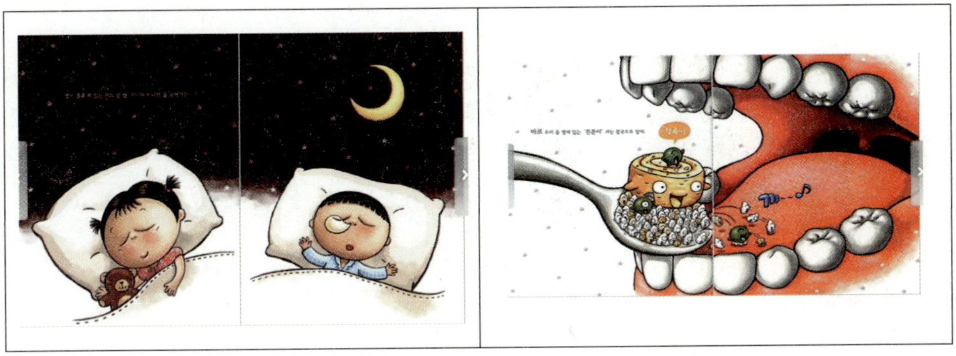

〈충치왕국〉 이진경 글 · 그림/상상박스

② 유아 자신의 내적 성장에 관한 이야기

유아들은 점차 자라면서 무엇인가를 스스로 하려는 자율성을 발달해 나간다. 그 과정에서 유아들은 스스로 밥을 먹거나 세수를 하거나 화장실을 가는 등의 과업을 이루게 되는데 이를 통해 유아들은 성취감을 맛보게 된다. 이러한 성취감은 유아들이 스스로 부모로부터 독립하여 혼자 해 낼 수 있는 자신감을 길러 주는데 매우 중요하다. 따라서 이와 관련된 생활동화를 접하게 해 주는 것이 필요하다. 〈나는 내가 좋아요, 윤여림 글/ 배현주 그림/ 웅진주니어〉, 〈내가 만약 대통령이 된다면, 카트린 리블랑 글 / 롤랑 가리그 그림 / 이주영 역 / 책과 콩나무〉, 〈이슬이의 첫 심부름, 쓰쓰이 요리코 글 / 하야시 아키코 그림 / 이영준 옮김, 한림출판사〉.

이슬이는 태어나서 엄마와 차 조심하기, 거스름돈 받아오기, 두 가지의 약속을 하고 처음 하는 심부름으로 우유를 사러 간다. 이슬이는 오가는 도중에 갖가지 경험을 한다. 결국 우유를 사가지고 온다. 이슬이를 기다리는 엄마, 해냈다는 대견함에 입이 함박만해진다.

〈이슬이의 첫 심부름〉 쓰쓰이 요리코 글 / 하야시 아키코 그림 / 한림출판사

"나는 내가 좋아요"!, 이 책에서는 밥 한 그릇 뚝딱 먹는 내가 좋아요, 혼자서도 옷 잘 입는 내가 좋아요, 휙! 공을 높이 던질 수 있는 내가 좋아요 등 생활의 사소한 발견에서도 본인을 소중히 여길 수 있도록 돕고 있다. 그리고 나무에 붙일 수 있는 자신감 스티커가 있어서 자신감을 쑥쑥 자랄 때마다 스티커를 붙이는 놀이를 할 수 있다. 이 책을 읽는 어린이는 아이 스스로가 자신을 사랑할 줄 알며 사랑받고 있다는 느낌을 받는다.

〈나는 내가 좋아요〉 윤여림 글 / 배현주 그림 / 웅진주니어

내가 만약 대통령이 된다면! 상상만으로도 무척이나 신나는 일이다. 아이는 대통령이 되어 하고 싶은 일들을 상상한다. 오토바이를 탄 아저씨들의 호위를 받으며 커다란 자동차를 타고 다니고, 가장 친한 친구를 국무총리로 임명하고, 하루 종일 맛있는 케이크를 먹을 수도 있으며 대통령이 되면 가장 하고 싶었던 일인 엄마·아빠를 학교에 보내고, 도로를 파서 수영장을 만들고, 여기저기에 트램펄린도 만들고 싶다. 그러다 아이는 좀 더 의미 있는 일들을 상상하기 시작한다. 지구에서 함께 사는 모든 사람들이 행복해질 수 있는 일이다. 가난한 사람들에게 돈을 나누어 주고, 집 없는 사람이 단 한 명도 없게 만들고, 지구를 보호하고 환경을 오염시키지 못하도록 하고, 위험한 무기를 사용하지 못하게 만들어 전쟁이 없는 세상을 만들고 싶다.

〈내가 만약 대통령이 된다면〉

카트린 리블랑 글 / 롤랑 가리그 그림 / 이주영 역 / 책과 콩나무

③ 가족관계에 관한 이야기

유아의 최초의 생활 중심은 가족이다. 유아는 가정이라는 울타리를 기반으로 하여 한 걸음 한 걸음씩 더 넓은 세상을 향하여 움직인다. 생활동화에서 그려지는 가족이야기는 대부분 서로 따뜻하게 사랑하며 살기를 원하지만 삶 과정에서 생기는 문제와 갈등을 서로 보듬고 양보하며 해결해 나가는 일상을 그리고 있다. 특히 현대사회의 복잡한 가족 구조, 즉 맞벌이 가족, 이혼 및 별거 가족, 한부모 가족, 다문화 가족, 조부모 가족 등 실로 다양한 가족들이 서로 갈등하고 화해하는 과정을

그린 동화가 많이 출판되어 나오는 경향을 보인다. 〈오늘은 소풍 가는 날, 쓰쓰이 요리코 글 / 하야시 아키코 그림 / 김숙희 역 / 한림출판사〉, 〈동생이 태어날거야, 존 버닝햄 글/ 헬린 옥스버리 그림/ 홍연미 역/ 웅진주니어〉, 〈엄마가 화났다, 최숙희 글 · 그림 / 책읽는 곰〉, 〈할아버지 밥 먹어, 윤 정 글 / 백은희 그림 / 푸른숲 주니어〉, 〈우리 아빠가 최고야, 앤서니브라운 글 · 그림 / 최윤정 역 / 킨더랜드〉, 〈똑같아요, 유진 글 · 그림 / 한림출판사〉

소풍 기분에 들뜬 아이가 나름대로 준비하는 과정에서 일어나는 해프닝과 즐겁게 나들이 가는 모습을 묘사한 생활 동화이다.
일요일 아침, 이슬이는 벌떡 일어나 커튼을 열며 "와아! 그쳤다, 그쳤어!"라고 좋아한다. 오늘은 소풍 가는 날이기 때문이다. 부엌에 가서 도시락 싸느라 바쁜 엄마를 도와 주고 싶어 맛있는 도시락을 만들지만 식탁은 엉망진창이 된다. 어, 소풍가방이 열려 있네요. 가방을 닫기 위해 애쓰다가 다 흩어 놓고 만다. 엄마는 이슬이가 가장 좋아하는 옷을 입혀 준다. 거울 앞에 앉아 보니 더 예뻐 보이고 싶다. 엄마 화장품을 바르고 신발을 신다가 넘어져서 옷을 다시 바꿔 입는 등 가정에서 자주 일어나는 이야기이다.

〈오늘은 소풍 가는 날〉 쓰쓰이 요리코 글 / 하야시 아키코 그림 / 김숙희 역 / 한림출판사

〈동생이 태어날 거야〉는 엄마와 아이가 동생이 태어나기까지 열 달 동안 동생에 대해 이런저런 기대와 상상을 하며 이야기를 나누는 책이다. 동생은 언제 태어나요? 이름은 뭐라고 할 거예요? 오지 말라고 하면 안 돼요?"동생이 태어나는 것에 대해 질투를 느끼지만 결국 내 동생임을 인정하고 사랑으로 받아들이는 아이의 미묘한 감정을 섬세하게 그려내고 있다. 어느 날, 엄마에게서 동생이 태어날 거란 소식을 들은 아이는 동생에 대한 호기심이 자꾸 생긴다. '함께 놀 친구가 생기겠구나!' 하고 설레는 마음과 '동생이 엄마·아빠의 사랑을 독차지하면 어쩌지?' 하는 질투심이 서로 뒤엉키게 된다. 이 책은 동생이 생기는 아이가 느끼는 보편적인 감정을 따뜻하게 위로해 준다. 단순히 질투심과 불안함을 드러내는 것에서 그치지 않고, 아이의 마음에 깊이 공감하여 아이 스스로 위기를 이겨 내도록 도와주는 책이다.

〈동생이 태어날 거야〉 존 버닝햄 글 / 헬린 옥스버리 그림 / 홍연미 역 / 웅진주니어

산이의 엄마는 산이가 짜장면을 먹으며 어지른다고 제대로 먹으라고 화를 냈고 화장실에서 비누를 만지작 만지작 거려서 거품이 부글부글 피어 올랐는데 넘어진다고 화를 냈고 종이가 부족해서 벽에다 그려서 엄마가 또 돼지우리냐고 화를 냈다. 산이는 엄마를 무척 좋아하는데 엄마는 산이에게 화를 낸다. 그러나 엄마는 산이를 혼내키지만 날 사랑한다는 것을 알게 되는 내용이다.

〈엄마가 화났다〉 최숙희 글 그림 / 책읽는 곰

내일은 할아버지 생신이다. 단아는 그 동안 모은 용돈으로 할아버지 생신 선물을 사기로 했다. 단아는 엄마와 함께 백화점에 가서 선물로 멋진 초록색 줄무늬 목도리를 사고, 빵집에 들러 맛있는 케이크도 샀다. 집으로 돌아와 할아버지께 사랑하는 마음을 듬뿍 담아 높임말로 편지도 썼다. 할아버지 생신날, 단아는 준비한 선물과 편지를 드렸다. 할머니께서는 한 상 가득 맛있는 음식을 준비해 주셨다. 단아는 큰 소리로 말했다. "할아버지, 밥 먹어요!" 단아의 말에 엄마 눈이 휘둥그레졌다. 할아버지 할머니는 껄껄 웃으셨다. 단아는 얼굴이 홍당무처럼 빨개졌다. 도대체 뭐가 잘못 된 걸까요? 밥이랑 진지, 생일이랑 생신. 어린이들에게는 앞의 단어들은 다 똑같은 뜻이다. 상대방을 공경하고 존중하는 마음도 높임말에서부터 시작된다. 높임말에 서툰 어린이들에게 높임말의 길라잡이가 되어줄 책이다. 일곱 살 '단아'가 할아버지 생신 잔치를 준비하면서 높임말을 몰라 일어나는 작은 소동들을 통해서 아이들의 눈높이에 맞춰 높임말을 알려 줄 수 있는 그림책이다.

〈할아버지 밥 먹어〉 윤 정 글 / 백은희 그림 / 푸른숲 주니어

④ 또래 및 주변 사람들과의 관계를 다룬 이야기

유아들이 유아교육기관에 다니기 시작하면서 가장 커다란 관심의 대상은 또래 친구들이다. 친구들과 좋은 관계를 맺으며 생활하는 유아들은 행복감을 느끼며 기관에 다니게 되지만 그렇지 못한 유아는 기관의 생활에 잘 적응하지 못하는 요인이 된다. 유아의 경우 자기중심적 경향을 지니기 때문에 친구를 사귀거나 관계를 유지해 나가는 일이 쉽지만은 않은 일이다. 이러한 유아들을 위해 또래나 주변 사람들과의 관계를 잘 맺기 위해 어떻게 해야 하는지 도움을 주는 동화를 접하게 된다면 동화 속의 주인공이 되어 긍정적인 영향을 미칠 것이다. 이런 과정 속에서 유아는 자기가 속한 집단의 구성원으로서 적절한 행동을 함으로써 집단으로부터 인정받게 되고 자신도 만족을 느끼며 집단에 더 적극적으로 참여하게 된다. 뿐만 아니라 다른 사람과 더불어 사이좋게 지내는 방법, 집단생활에 적극적으로 참여하기, 협동하여 문제해결하기 등을 체득하게 된다.

〈구리와 구라의 빵 만들기, 나카가와 리에코 저 / 야마와키 유리코 그림 / 한림출판사〉, 〈외톨이 사자는 친구가 없대요, 나카노 히로카주 저 / 한림출판사〉, 〈행복한 청소부, 모니카 페트 저 / 안토니 보라틴 스키 그림 / 김경연 역 / 풀빛〉, 〈장수탕 선녀님, 박희나 글 · 그림 / 책읽는 곰〉, 〈개구리네 한솥밥, 아기너구리네 봄맞이, 바위나리와 아기별, 황소아저씨 / 권정생 글 / 김승각 그림 / 길벗어린이〉

혼자 살아가는 사자가 외로움에 못이겨 친구를 찾아 나선다. 고슴도치를 만나면 고슴도치처럼 변하고, 양을 만나면 양처럼 곱슬곱슬하게 갈기를 만든다. 그런데 모두들 도망가 버린다. 그러다 소나기가 내려 사자의 진짜 모습이 드러나자 오히려 동물들은 사자와 친구가 된다. 이야기가 리듬감 있게 전개되고 결말이 흥미로워져 재미를 더해 준다.

〈외톨이 사자는 친구가 없대요〉 나카노 히로카주 저 / 한림출판사

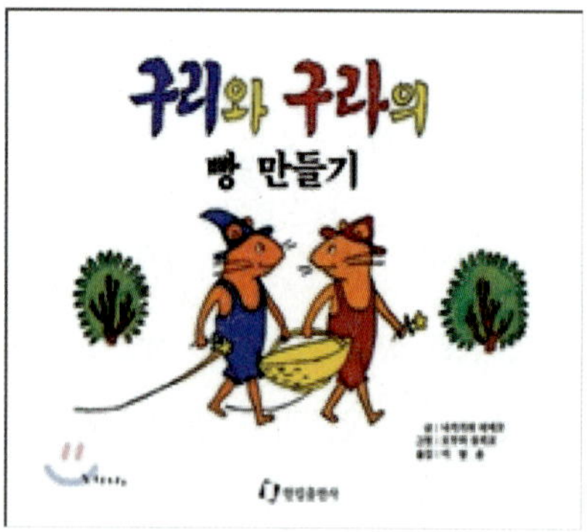

어느 날 구리와 구라는 숲에서 커다란 알을 발견한다. 이것으로 뭘할까 고민하다가 둘은 큰 카스테라를 만들기로 결정한다. 하나 둘, 조물락 조물락 소꿉놀이 하듯, 그렇게 빵을 만드는 과정이 참 재밌다. 점점 맛있는 빵 냄새가 퍼져 가고 빵 냄새를 맡은 숲 속 동물들이 하나, 둘 구리와 구라 주변으로 몰려든다. 카스테라를 나누어 먹으며 구리와 구라는 단박에 친구들의 인기를 얻게 된다.

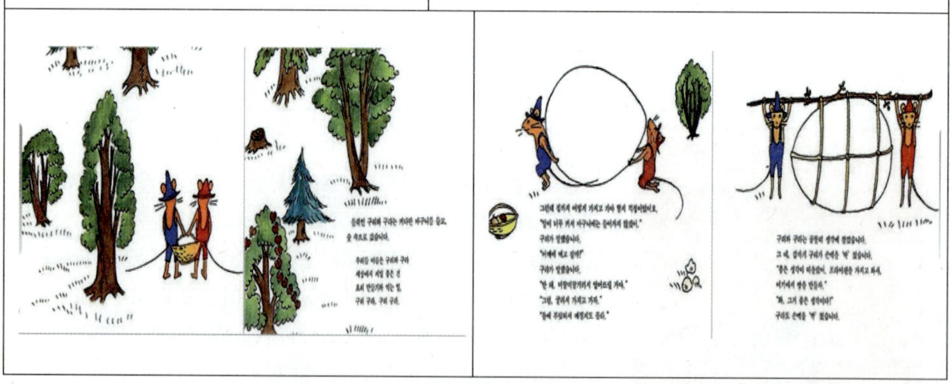

〈구리와 구라의 빵 만들기〉 나카가와 리에코 저 / 야마와키 유리코 그림 / 한림출판사

덕지가 사는 동네에는 아주아주 오래된 목욕탕인 '장수탕'이 있다. 큰길에 새로 생긴 스파랜드에는 불가마도 있고, 게임방도 있고, 얼음방도 있다는데...... 엄마는 아랑곳하지 않고 오늘도 덕지를 달고 장수탕으로 향한다. 낡아빠진 사물함과 형형색색 목욕 바구니들, 야구 중계가 흘러나오는 고물 텔레비전과 음료수가 가득한 냉장고까지, 언제 봐도 시시한 풍경이다. 그러나 이 낡은 장수탕에도 덕지가 좋아하는 것이 있다. 울지 않고 때를 밀면 엄마가 사 주시는 달콤하고 시원한 요구르트와 냉탕에서 하는 물놀이이다. 오늘도 감기 걸린다고 잔소리하는 잔소리하는 엄마를 뒤로하고 '풍덩풍덩, 어푸어푸' 신나게 물장구를 치는데, 문득 뒤를 돌아보니 이상한 할머니가 덕지를 물끄러미 보고 있어요! 토끼 귀를 닮은 머리 모양에 곱게 화장을 한 할머니는 자기가 날개옷을 잃어버린 선녀님이라고 속삭이는데 냉탕에 나타난 이 이상한 할머니는 진짜 선녀님일까요?

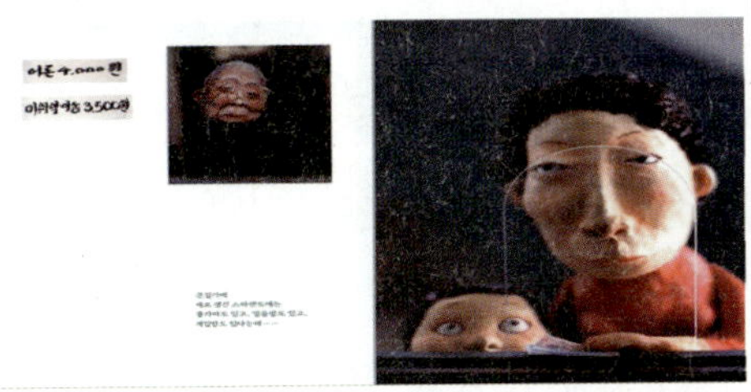

〈장수탕 선녀님〉 박희나 글 · 그림 / 책읽는 곰

작가와 음악가를 기념하는 거리에 있는 표지판을 열심히 닦고 청소하는 일에 만족해하는 청소부가 있다. 그는 작가나 음악가에 대해 아는 것이 전혀 없음을 깨닫고, 음악을 듣고 책을 보며 열심히 공부한다. 그래서 예술을 아는 행복한 청소부가 된다.

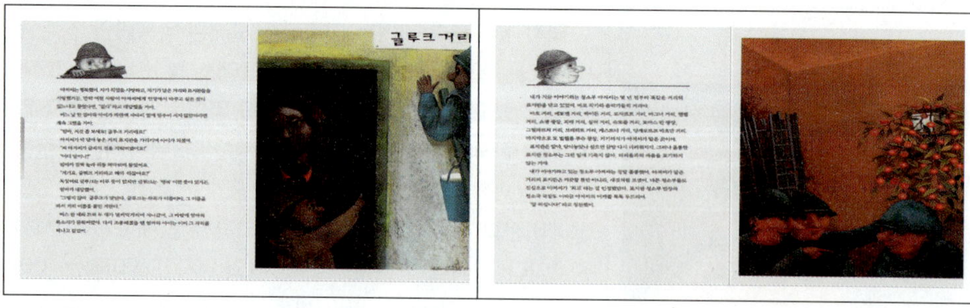

〈행복한 청소부〉 모니카 페트 저 / 안토니 보라틴 스키 그림 / 김경연 역 / 풀빛

⑤ 사실적 동 · 식물에 대한 애정 이야기

동물이야기는 어떤 소재의 이야기보다도 유아들이 좋아하며 관심을 가지고 애정을 보이는 이야기이기 때문에 유아문학에서 끊임없이 지속적으로 등장하고 있다. 유아들이 3세쯤 되면 좋아하는 동식물에 대해서 친근감을 느끼게 되고, 그것을 기르고 가꾸는 사람을 돕는 놀이를 하기 시작한다. 5세경이 되면 유아는 타인에 대한 입장을 이해하는 능력을 발달시키면서 동물들의 처지를 알게 되므로 그들에게 잘 대해 주려고 한다. 이와 같이 하는 동안 동물이나 식물에 대한 애정을 기르게 되고 그들을 소중히 여길 수 있게 된다.

〈세상에서 제일 힘센 수탉〉, 〈개구쟁이 해리〉, 〈나도 강아지 돌볼 수 있어〉, 〈개가 무서워요〉

레오나르드는 개를 무척 좋아했다. 개에 대해서는 모르는게 없을 정도였다. 그런데 개의 이빨이 굉장히 날카롭다는 것까지 알게 되자, 그 때부터 레오나르드는 개가 무서워지기 시작했다. 그래서 어느 날, 요정에게 자기를 크고 힘센 개로 만들어 달라고 부탁하게 된다.

〈개가 무서워요〉 울프 애를브루흐 글 · 그림/ 사계절

해리는 검은 점이 있는 하얀 강아지이다. 첫번째 시리즈, '목욕은 싫어요'편은 목욕이 하기 싫은 해리가 목욕솔을 혼자만 아는 곳에 감추고 하얀 털이 새까맣게 될 때까지 신나게 논다. 신나게 여기저기 돌아다니던 해리는 결국 숯덩이처럼 까맣게 되어 집으로 돌아온다. 하지만 가족 모두 해리를 알아보지 못하고 목욕하기 싫다고 목욕솔을 땅 속에 묻어 뒀던 해리는 목욕솔을 찾아 스스로 목욕을 한다. 이 책은 시리즈로 우리 주변에서 흔히 볼 수 있는 애완견 해리를 주인공으로 하여 가족과 함께 생활하면서 벌어지는 일상의 이야기를 담아내고 있다. 시리즈를 거듭할수록 강아지 해리의 감정표현과 아이와 같은 천진난만함이 잘 묘사되어 있어, 전세계적으로 어른이 되어서까지 두고두고 사랑받는 이유를 잘 알 수 있게 한다.

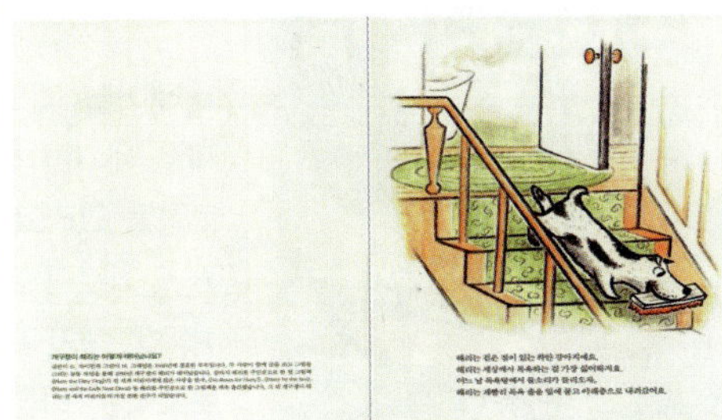

〈개구쟁이 해리〉 자이언 글 / 그래엄 그림 / 임정재 역 / 사파리

⑥ 장애유아 및 다문화 가정의 유아를 다룬 이야기

〈내 귀는 짝짝이, 히도반헤네히텐 글 / 기도반 게네흐텐 그림 / 장미란 역 / 웅진주니어〉, 〈내게는 소리를 듣지 못하는 여동생이 있습니다, 진 화이트 하우스 피터슨 글 / 페일러 코안 레이 그림 / 이상희 역 / 웅진주니어〉, 〈깃털없는 보르카, 존 버닝햄 저 / 엄혜숙 역 / 비룡소〉, 〈내친구는 얼굴색이 달라요, 콜레트 엘링스클 글 / 마리알린 바뱅 그림 / 이정주 역 / 시공주니어〉, 〈찬다 삼촌, 윤재인 글 / 오승민 그림/ 느림보〉

리키는 한쪽 귀가 축 늘어져 있는 토끼로 친구들은 놀렸다. 리키는 친구들과 같아지기 위해 여러 가지 방법으로 노력해 보았지만 축 늘어진 귀는 변하지 않았다. 의사 선생님은 듣는 데 아무런 이상이 없으며 귀 모양은 모두 다르게 생겼다고 했다. 리키는 친구들 귀에 당근을 매달아 한쪽 귀를 늘어뜨려 주었고 친구와 리키는 같은 모습이 되었다. 조금만 생각해 보면 누구에게나 다른 모습이 있는데, 친구가 나와 조금 다르다고 해서 친구를 슬프게 하면 안 되겠다고 생각하게 되는 이야기이다.

〈내 귀는 짝짝이〉 히도반헤네히텐 글 / 기도반 게네흐텐 그림 / 장미란 역 / 웅진주니어

태어날 때부터 깃털이 없는 거위 보르카를 통해서 장애자 문제를 제기한 책이다. 보르카가 행복하게 살게 되기까지의 슬픔과 모험을 그리고 있다. 다른 언니, 오빠들이 보르카를 놀렸다. 엄마가 털실로 깃털을 짜주었지만 헤엄을 치고, 날 수는 없었다. 추운 겨울이 되자 다른 기러기들은 다 따뜻한 곳으로 날아가 버렸다. 보르카는 착한 친구를 만났다. 보르카는 좋은 친구들을 만나서 행복하게 살았다.

〈깃털없는 보르카〉 존 버닝햄 저 / 엄혜숙 역 / 비룡소

청각장애 여동생을 둔 언니가 여동생의 일상을 하나하나 이야기하는 책이다. 동생은 말을 할 수 없지만 얼굴의 표정과 어깨의 움직임으로 더 많은 것들을 이야기하며, 소리를 듣지 못해도 풀밭의 아주 작은 움직임까지도 느끼는 특별한 아이이다. 언니는 어둠 속에서 귀를 막고 아무 소리도 들리지 않는 순간을 느끼며 동생을 이해하기 위해 애쓴다. 또 친구들에게도 떳떳하게 동생에 대한 이야기를 한다. 동생이 잘할 수 있는 여러 가지를 이야기하고, 또 어떻게 말하는 방법을 배우고 어떻게 자기의 생각을 이야기하는지도 알려 준다. 누군가에게 담담하게 말하는 듯한 언니의 내레이션으로 이루어진 텍스트는 동생에 대한 사랑과 장애를 이해하며 더불어 살아갈 수 있는 마음을 감동적으로 전달한다.

〈내게는 소리를 듣지 못하는 여동생이 있습니다〉 진 화이트 하우스 피터슨 글 / 페일러 코안 레이 그림 / 이상희 역 / 웅진주니어

아빠와 단둘이 사는 여섯 살 아이는 늘 외롭다. 엄마도 없는데 아빠는 늘 무뚝뚝하다. 그런 아이 앞에 네팔 사람 찬다가 나타난다. 갈색 피부에 서툰 한국말을 쓰지만 싱글벙글 웃으며 다가온 찬다 삼촌! 그날부터 외로운 아이는 찬다 삼촌에게 다가가지 못하고 주위를 서성인다. 찬다 삼촌은 네팔 사람인데, 원래 이름은 프라찬다인데 그냥 찬다 삼촌이라고 부른다. 삼촌은 손가락으로만 밥을 먹는다. 손가락도 맛을 알아야 한대요. 나는 매일매일 아빠한테 물어 봐요. "아빠, 찬다 삼촌 오늘 집에 가?" 아빠가 고개를 저어요. 야호! 하지만 찬다 삼촌이 마음에 든 건 아니에요. 이름이 웃겨서 자꾸 물어 보는 거라니까요!

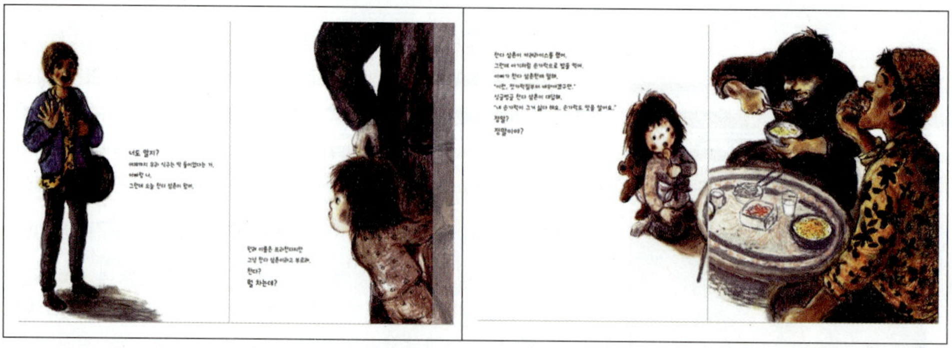

〈찬다 삼촌〉 윤재인 글 / 오승민 그림 / 느림보

톰은 가장 좋아하는 친구 말리크의 집으로 놀러 왔다. 하룻밤 같이 자려고 잠옷, 칫솔, 인형을 챙겨 왔다. 말리크의 방에서 놀고 있는데, 말리크의 엄마가 간식을 주셨다. 아프리카 도넛이라고 하셨는데, 정말 맛있었다. 간식을 먹고 난 뒤에는 말리크가 아프리카 전통 악기들을 보여 주었다. 한참 실로폰을 두드리는데, 말리크가 무서운 가면을 쓰고 와서 놀라기도 했지만, 재미있는 하루를 보냈다. 주인공 톰도 독특한 아프리카 악기를 신기하게 생각하고, 처음 먹어 보는 음식과 풍습에 낯설어 하기도 한다. 하지만 말리크가 자신과 다른 문화에서 성장했다는 것도 피부색이 다르다는 것도 톰에게는 문제가 되지 않는다. 둘은 사이 좋은 친구니까요. 다른 문화를 받아들이는 톰의 모습을 통해서 나와 다름을 이해하는 마음을 배울 수 있다.

〈내친구는 얼굴색이 달라요〉 콜레트 엘링스크 글 / 마리알린 바뱅 그림 / 이정주 역 /시공주니어

⑦ 기타

이상에서 분류한 내용 외에도 편식이나 유머, 상상이나 모험, 운동, 죽음 또는 농촌에 관한 동화 등 매우 다양하고 독특한 생활동화들이 있다.

호기심 많은 개구리 셋이 신기한 알 하나를 찾아낸다. 개구리들은 알을 깨고 나온 악어를 '닭'이라고 부른다. '닭'은 물에 빠진 개구리를 구해 주고 아주 친한 친구가 된다. 어느 날 새가 '닭'에게 엄마가 찾으니 집에 가 보라고 한다. 커다란 엄마 악어는 닭을 보고 '귀여운 악어'라고 부르고 세 마리 개구리는 우스운 이름이라고 웃어댄다. 천적관계에 있는 개구리와 악어가 친구가 된다.

〈아주 신기한 알〉 레오 리오니 저/이명희 역 / 마루벌

알을 품어 병아리의 탄생을 보겠다는 소망을 간직하고 양계장을 나온 암탉 '잎싹'이 자기와 다르게 생긴 아기오리를 지극한 사랑으로 키운 뒤 놓아 보내 주고 제 목숨을 족제비에게 내어 주기까지의 삶과 죽음, 고통스럽지만 자신의 소방과 자유, 그리고 사랑을 실현해 나간다.

〈마당을 나온 암닭〉 황선미 글 / 오돌또기 그림/ 사계절

〈소원을 들어주는 황금 사자〉는 친구를 위해 자기 욕심을 포기할 줄 아는 용기와 배려의 기쁨을 환상적인 그림으로 빚어낸 그림책이다. 윌러비는 새로 이사 온 집이 마음에 들지 않는다. 전에 살던 집보다 훨씬 작고 친구들도 멀리 떨어져 있었다. 그런데 마법에 걸린 황금 사자를 만나고 소원들이 이루어진다. 누구나 한번쯤 꿈꿔 보았던 여러 소원들을 말하고 그것들을 다 갖게 된다. 하지만 세상에서 최고로 멋진 소원이 아니면 황금사자는 영원히 바위 위에서 살아야 한다고 한다. 이미 아홉 가지 소원을 말한 윌러비는 마지막 소원을 남겨 두고 고민한다. 윌러비가 빈 세상에서 최고로 멋진 소원은 과연 무엇일까?

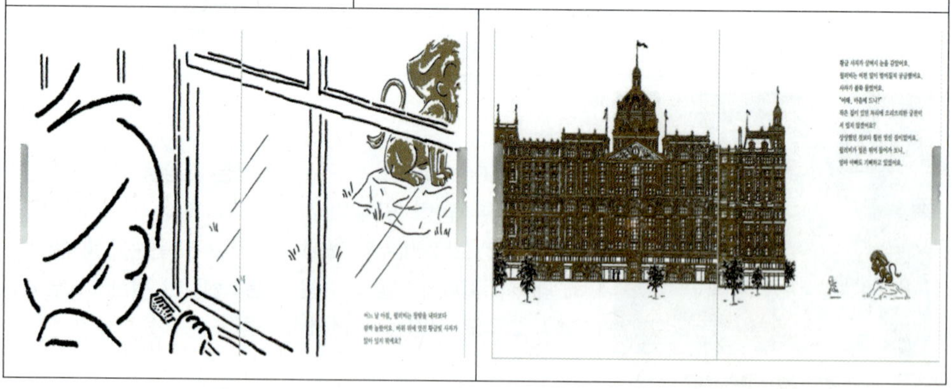

〈소원을 들어주는 황금사자〉 그레그 폴리 글 · 그림 / 장미란 역 / 베틀북

오스트레일리아의 숲 속에서 소철나무 꼭대기가 툭 떨어져서 생겨난 그러그는 줄무늬 건초더미 같은 캐릭터이다. 그는 자신을 둘러싼 주변 세계에 바로 적응하면서 일상의 문제들을 창의적으로 해결해 나간다. 그 과정은 단순해서 더욱 유머러스하며 결국엔 깔끔하게 매듭지어진다. 캐릭터와 마찬가지로 스토리도 단순하지만 완벽하다. 그 속에서 아이들은 작가처럼 자연을 아끼고 가까이 하는 마음, 나눔과 베풂, 유머, 모험 정신 등을 볼 수 있다.

〈그러그가 축구를 해요〉 테드프라이어 글 · 그림 / 김현좌 역 / 세용

4. 지식그림책

1) 지식그림책의 정의 및 특징

지식그림책은 유아들에게 필요한 지식이나 정보를 전달하기 위해 만들어진 이야기 형식의 동화이다. 지식그림책은 "지식정보책" 또는 "정보그림책"이라고 부르기

도 한다. 지식그림책을 유아문학의 한 장르에 포함시켜야 하느냐에 대한 논란이 있다. 그러나 최근에 유아문학에 관한 연구들은 많은 지식그림책을 유아 문학의 범주에 포함시켜야 한다고 주장하고 있다. 그 이유는 다음과 같다(이대균 외, 2006).

첫째, 지식그림책은 우리의 삶 자체를 다루었기 때문이다. 특히, 자연 과학 분야에서 생물에 관한 것은 우리 자신의 이야기이며, 내 주변의 동물과 식물의 생장과정과 종류를 알 수 있고, 변화해 가는 자연 현상은 우리가 직접 체험하고 있는 세계이므로 매우 흥미 있는 지식이 될 수 있다.

둘째, 지식그림책은 유아의 흥미를 자극시킬 뿐 아니라 사실과 허구를 구별할 수 있도록 해 주기 때문이다.

셋째, 지식그림책은 독자에게 많은 정보와 지식을 주기에 가치가 있기 때문이다. 물론 지식그림책이 일반적인 그림책과는 본질적인 차이가 있다. 전형적인 지식그림책은 명확하고 설명적인 텍스트로 되어 있으며 사실성에 기초하여 그림과 사진 또는 그래픽 등은 유아에게 정보와 지식의 전달을 위해 사용된다. 유아기는 특히 호기심이 왕성한 시기이기 때문에 지식그림책을 통하여 필요한 정보나 지식을 쉽게 받아들임으로써 그들의 호기심과 궁금증을 해결해 나간다. 따라서 유아기의 어린이를 위해 지식그림책을 경험하게 해 주는 일은 매우 유익한 일이다. 예를 들어, 유아에게 개념을 익히는데 도움이 되는 개념, 즉 숫자나 글자, 색, 모양 등을 다룬 책이나 자연이나 사물 이름을 아름답고 매력적인 그림과 사진을 함께 기록한 책을 보여주는 것은 매우 필요한 일이다. 유아에게 필요한 정보 전달 책으로는 수, 모양, 책, 크기, 시간 및 방향, 보도기관, 교통기관, 생물 과학, 자연 현상, 우주, 우리나라, 세계의 여러 나라, 환경 보전 등이 있다.

모든 지식그림책은 정확한 지식, 명확한 설명, 만족스런 표현 등의 요소들이 반드시 충족되어야 한다.

첫째, 정확한 정보를 전달하는 것이다. 사실적이고 객관적인 자료를 사용해야 한다. 오보이거나 오해하기 쉬운 부정확한 정보는 유아들에게 부적절한 내용이 된다. 유아들에게 제공되는 지식그림책은 정확한 지식을 글과 그림을 통해 통합적으로 전달할 수 있도록 한 것이어야 한다.

둘째, 지식그림책이 제공하는 정보에서 중요한 사실을 생략해서는 안 된다. 예를 들면, 우리나라 글자인 자음을 소개할 때에 중간에 하나라도 빠진다면 지식그림책으로써의 가치는 없어진다.

셋째, 최신의 정보를 다루어야 한다. 시대에 뒤떨어지는 오래된 정보는 부적절한 내용이 될 수 있다. 넷째, 지식그림책에서 의인화된 것은 피하는 것이 좋다. 언어도 명확하고 직접적인 표현을 사용해야 한다.

2) 지식그림책의 교육적 가치

유아에게 지식그림책을 소개할 때는 단순히 지식이나 정보를 줄 뿐 아니라 그 지식이나 정보의 본질을 이해하기 쉽게 설명을 해 주고 지식그림책을 문학 작품으로 만들도록 해야 한다. 또한 이야기의 내용이 독자의 이해 범위에 적합해야 하고 다루어지는 소재가 유아의 흥미를 불러일으킬 수 있는지 잘 살펴보아야 한다. 어떤 소재를 선택하든지 작가는 사실과 정보에 대한 날카로운 관찰력과 명확한 지식을 갖추고 있어야 진실 된 이야기를 쓸 수 있다. 예를 들어, 동물에 관한 이야기를 가지고 자연계에 대한 지식을 주는 것을 목적으로 한다면 동물의 생태에 대해 진실한 모습을 알려고 하는 유아들의 욕구를 만족시킬 수 있으면서도 유아의 흥미와 호기심을 불러일으킬 수 있도록 이야기를 전개시켜야 한다.

좋은 지식그림책이 유아에게 주는 교육적 의의는 다음과 같다(McMath, 1998, 김세희, 2000에서 재인용).

① 좋은 지식그림책은 유아가 살고 있는 세계에 대한 유아들의 질문에 대답한다.
② 좋은 지식그림책은 유아들이 비판적 사고를 하도록 하는 출발점이 될 수 있다.
③ 좋은 지식그림책은 유아들로 하여금 연구하도록 격려한다. 어떤 질문에 대한

답을 찾을 때는 항상 더 많은 질문에 자극받고 더 많은 책에서 더 많은 답을 찾는다.

④ 좋은 지식그림책은 유아들의 개념 발달을 확장 · 증가시킨다. 〈서로 도우며 살아요, 채인선 글 / 장 호 그림 / 신남식 감수 / 한울림어린이〉, 〈바람부는 날, 정순희 글 · 그림 / 비룡소〉, 〈개구리가 알을 낳았어, 이성실 글 / 이태수 그림 / 다섯수레〉, 〈물은 어디에서 왔을까, 메리디스 후퍼 글 / 크리스토퍼 코디 그림 / 이순주 역 / 서울문화사〉, 〈우리몸의 구멍, 허은미 글 / 이해리 그림 / 길벗어린이〉, 〈숲 속에서, 김재홍 글 · 그림 / 길벗어린이〉, 〈갯벌이 좋아요, 유애로 저 / 보림〉

연이 날면 아이들의 마음도 함께 하늘을 난다. 바람에 몸을 싣고 연이 날아가자 아이도 그 연을 따라 온 동네를 해맨다. 생동감있는 그림과 함께 동심의 세계를 느낄 수 있다.
바람이 불어 연이 날아가자 아이도 연을 쫓아간다. 놀이터에서부터 큰 길가에까지 날아간 연은 결국 물웅덩이에 빠지고 아이는 연을 가져와 빨래줄에 널어 다시 바람에 말린다는 이야기이다. 배경 처리가 꼼꼼하게 되지 않은 점과 작가의 시선에 따라 바람부는 방향이 자주 바뀌는 점이 아쉽지만 우리 아이, 우리 동네 모습이 담긴 점이 좋다.

〈바람부는 날〉 정순희 글 · 그림, 비룡소

사람과 함께 살아가는 동물들과 친밀감을 갖도록 하기 위해 기획된 '자연과 만나요' 시리즈이다. 이 책에서는 논물 가득 거품처럼 떠 있는 자그마한 개구리알이 올챙이가 되고, 올챙이가 자라 개구리가 되는 과정을 보여 준다. 언뜻 생각하면 아주 단순해 보이는 과정이지만, 동그란 알에서 꼬리 달린 올챙이가 나오고 꼬리가 점점 짧아지면서 뒷다리가 나오고 앞다리가 나오는 과정을 세밀화로 유명한 이태수의 아름다운 그림과 동화작가 이성실의 정겨운 글로 만날 수 있다. 개구리의 탄생 과정을 보면서 아이들은 하찮게 보이는 작은 생명이 얼마나 소중한지를 알게 된다.

〈개구리가 알을 낳았어〉 이성실 글 / 이태수 그림 / 다섯수레

물에 관한 놀라운 사실들은 물론 지금까지 어린이 책에서 거의 다룬 적이 없는 물의 역사를 아름답고 섬세한 그림으로 설명하고 있다. 책을 읽다 보면 마치 우리가 물방울이 되어 지구의 구석구석을 여행하는 것처럼 느껴질 것이며, 그러는 동안 자연스럽게 물의 중요성을 깨닫게 된다.

〈물은 어디에서 왔을까〉 메리디스 후퍼 글 / 크리스토퍼 코디 그림 / 이순주 역 / 서울문화사

만 3세 이상의 아이들이 그림책을 통해 즐거운 상상을 펼치며 세상에 대해 더 강렬한 호기심을 키울 수 있게 만든 과학 그림책이다. 첫 페이지를 펼치면 까만 동그라미가 나오고 곧 물 빠지는 구멍임을 알게 된다. 그 다음 터널처럼 생긴 두 개의 구멍이 나온다. 바로 코를 비롯해 입, 귀, 눈, 땀구멍 등 우리 몸에 있는 구멍들을 차례차례 보여 준다. 그리고 그 구멍으로 무엇을 할까 하는 궁금증에 대한 답을 주고 나아가 구멍이 이쪽과 저쪽을 연결하는 매개이듯 우리 몸의 구멍도 나와 세상을 연결해 주는 통로라는 사실을 자연스레 깨닫게 해 준다.

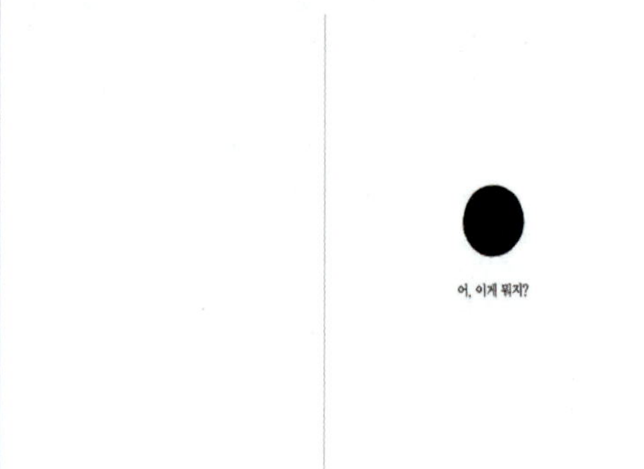

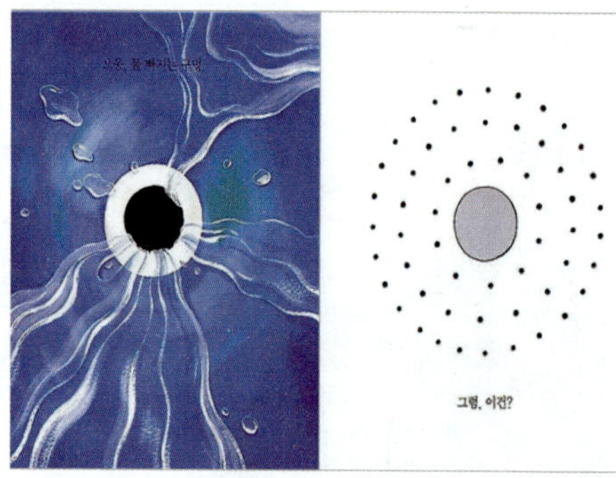

〈우리몸의 구멍〉 허은미 글 / 이해리 그림 / 길벗어린이

서울에서 시골로 이사온 샘이, 샘이는 친구도 없이 놀다가 숲 속으로 혼자 들어가게 되는데..... 숲 속에는 어치, 왜가리, 소쩍새, 호랑이, 물장군 등 많은 동물들이 숨어 있다. 사실적인 그림과 함께 그림 곳곳에 숨어 있는 동물들을 찾는 책. 동물들의 모습을 직접 그린 책이 아니라 숨은 그림 찾듯이 숨겨져 있다.

〈숲 속에서〉 김재홍 글 · 그림 / 길벗어린이

꽃발게의 모험을 통해 갯벌의 생태를 알 수 있다. 꽃발게는 갯벌에서 망둥이, 물새, 조개, 갯지렁이를 만나 갯벌 생물들의 특징을 알게 된다. 또한 썰물이 되자 바닷물이 차 올라 해초, 물고기가 있는 바닷속 모습이 신비롭게 펼쳐진다. 하늘의 구름을 잡고 싶어하는 꽃발게의 모험을 통해 바닷속의 신비로운 생태계를 경험하고 갯벌에 사는 다양한 생물들의 모습을 통해 어린이들이 바다와 갯벌의 소중함을 알 수 있다.

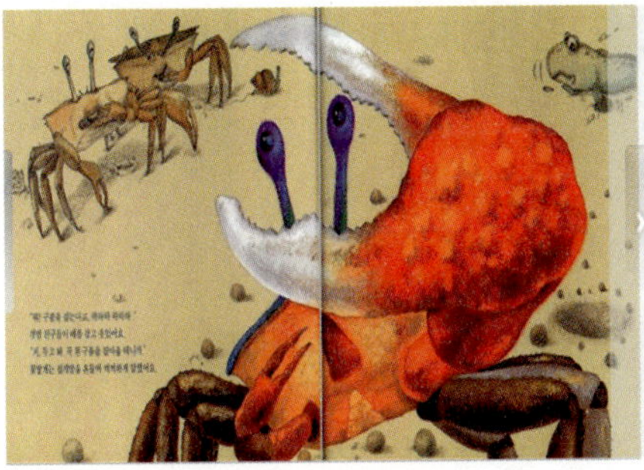

〈갯벌이 좋아요〉 유애로 저 / 보림

이 책은 동물들의 공생을 통해서 아이들에게 협력이 어떤 것인지 알려 준다. 먼 거리를 이동하는 타조는 얼룩말이나 영양 등과 함께 다니면서 사자나 하이에나로부터 안전하게 몸을 지킨다. 대신 키가 크고 눈이 좋은 타조는 다른 동물들이 풀을 뜯는 동안 망을 봐 준다. 이처럼 모든 동물들은 종이 달라도 서로 협력하고 도우며 살아가고 있다. 물론 야생세계는 먹고 먹히는 먹이사슬의 관계에 놓여 있지만 그것은 생존에 관한 문제일 뿐 자신의 이익을 위해 일부러 다른 동물에게 해를 입히지는 않는다. 사람들도 마찬가지로 서로 돕고 협력하며 살아간다. 어린이들은 동물들이 서로 공생의 관계를 맺고 살아가는 모습을 보며 협력과 공생의 다양한 의미를 느낄 수 있을 것이다.

〈서로 도우며 살아요〉 채인선 글 / 장 호 그림 / 신남식 감수 / 한울림어린이

제6장

유아문학과 그림책

1. 그림책의 정의 및 특징
2. 그림책의 교육적 가치
3. 좋은 그림책 선정하기

1. 그림책의 정의 및 특징

일반적으로 유아들이 최초로 접하게 되는 유아문학의 형태가 그림책이다. 그림책은 코메니우스가 1658년 「세계도회」에 그림을 삽입하면서 시작되었다. 초기 그림책에서의 그림은 이야기의 줄거리와 내용의 이해를 돕는 역할을 하였으나, 오늘날에는 그림 자체가 훌륭한 이야기를 전달하는 매체로 인식되고 있다. 그림책은 이야기가 담겨진 그림으로 그림을 읽어 낼 수 있는 이야기 내용과 함께 삽화가 포함되어 있다. 그림책은 그림만으로도 이야기를 만들 수 있으나, 그림이 글의 내용과 단어를 지배하는 형태이거나 적어도 글과 그림이 똑같이 중요시되는 책이다.

그림책의 종류에는 3가지 유형이 있다. 첫째는 문장이 아주 조금 있거나 전혀 없이 순전히 그림으로만 된 책이다. 문장 없이 삽화만 존재하는 그림책에도 이야기가 있고 독자들에게 전하는 메시지가 들어 있다. 둘째는 그림과 문장이 동일한 비율로 구성된 그림 이야기책이다. 일반적으로 글을 읽을 줄 모르는 유아들은 그림을 보고 또 삽화를 통하여 스토리를 읽는다. 뿐만 아니라 유아는 교사나 부모가 책의 스토리를 읽어 주는 것을 원하는데 이 때 유아들은 읽어 주는 책의 그림을 보고 힌트를 얻으면서 문장을 보게 된다. 교사나 부모가 되풀이해서 읽어 주면 유아는 그 문장을 외울 수 있게 되고 이런 과정을 통해 혼자서 읽는 것처럼 행동하면서 본인이 글자를 알아 읽는다고 생각하는 즐거운 경험을 하게 된다. 셋째는 문장이 그림보다 더 길게 구성된 삽화가 그려진 책(book wiht illustrations)이다. 이러한 그림책의 경우 스토리는 좀 더 복잡해지고 삽화는 덜 나타나게 되므로 그림이 없어도 책을 충분하게 읽을 수 있는 좀 더 나이든 유아들이 즐기게 된다. 그러나 나이가 든 유아들도 글자를 잘 읽을 수 있다고 하더라도 유아들은 한 장면이나 에피소드들을 삽화로 표현한 것을 보기 좋아한다. 따라서 유아를 대상으로 하는 그림책이란 문장이 아주 조금 있거나 전혀 없이 순전히 그림으로만 된 책이나 그림과 문장이 동일 비율로 구성된 그림 이야기책이 해당된다고 하겠다.

서정숙 외(2005)는 그림책의 특징을 다음과 같이 설명하고 있다. 그림책은 개념상 글이나 그림만으로는 원래의 의미를 전달할 수 없는 책을 말하며 그림 언어 또는 글과 그림 두 개의 언어로 구성된다. 또한 그림책은 글과 그림이 동등하거나 또는 그림이 오히려 우위의 관계를 유지하는 가운데 처음부터 끝까지 통합되어 표현된다. 그림책은 글자체, 그림, 레이아웃, 표지 디자인, 재질 등을 하나로 엮어서 독자에게 영향을 미칠 수 있는 방식으로 만든 미리 계산된 하나의 오케스트라적인 조합인 동시에 그림책의 그림 하나하나의 순서나 배치는 그림책에서 중요한 원리가 된다. 그리고 그림책의 글 언어와 그림 언어를 읽는 방식은 서로 다르기 때문에 이 두 가지의 언어에 대한 이해를 위해서는 다양한 그림책에 대한 경험과 적절한 학습이 필요하다고 하였다.

유아가 접하게 되는 그림책의 특성에 대하여 노영희, 이경우, 이차숙, 장영희, 현은자(1997)는 다음과 같이 설명하고 있다.

첫째, 평범한 말의 의미가 시각적으로 표현되기 때문에 글을 읽지 못하는 유아라 하더라도 그림을 보며 내용을 상상해 보고 추측해 봄으로써 이해할 수 있다. 인물의 동작과 움직이는 인물이 처한 공간과 시간의 관계가 그림을 통해 충분히 형상화될 수 있다는 점은 그림책에 있어서 가장 중요한 특성이다.

둘째, 유아를 위한 대부분의 책은 현실과 상상의 세계를 구체적이고 적극적인 방법으로 이야기라는 그릇에 담아 낸다. 유아의 세계는 현실이라는 일상으로부터 시작되지만 현실을 훨씬 넘어서는 놀이의 세계, 상상의 세계가 있다. 그림책은 바로 이 두 세계를 연결시켜 유아에게 꿈과 환상을 심어 주는 좋은 매체이다.

셋째, 그림책은 대부분 이야기가 짧고, 내용이 단순하며, 주제 또한 이해하기 쉬운 특성을 지닌다. 유아의 마음 속에 글과 그림을 이용하여 이야기의 세계를 펼쳐 보이는 책이다.

이상에서 살펴보았듯이 그림책은 그림과 글자가 있는 책으로 그림의 양 정도가 책에 따라 다르기는 하지만 그림만으로도 이야기를 만들 수 있는 책이다. 따라서 그림책은 글을 읽지 못하는 유아들이 그림을 보며 상상의 세계를 펼치며 이야기의 형상화를 통해 유아들만의 세계를 펼쳐 갈 수 있는 매우 유익한 특성을 가진 것이 특징이다.

2. 그림책의 교육적 가치

아직 글을 읽지 못하는 유아는 책에 있는 그림을 보고 이해하는 동안 이미 알고 있는 사실에 근거하여 지식을 구성한다. 그림책은 유아가 접하는 최초의 문학경험이며 처음 만나는 독서 자료로 보는 즐거움을 제공할 뿐 아니라 교육적 효과도 있다. 그림책에서 표현되는 그림은 전달하고자 하는 메시지와 주인공의 인물묘사를 잘 표현하고 있어 유아는 이를 통해 지식과 경험을 재구성하게 되고 상상력을 자극받게 된다.

김현희 외(2008)는 그림책은 첫째, 유아의 상상력을 풍부하게 하고, 둘째, 정서적인 경험의 폭을 넓힘으로써 유아들의 정서 생활을 풍요롭게 하며, 셋째, 유아가 접하는 최초의 책으로 예술적 감동을 경험하게 하며, 넷째, 유아에게 그림책을 읽어 주면서 교사와 유아 또는 부모와 자녀간의 관계형성에 도움을 줄 수 있고, 다섯째, 언어를 체득하게 되며 그에 따라 점차 문장의 의미, 글의 의미, 나아가 이야기의 맥락에 대한 이해를 도모할 수 있다고 하였다.

Burke(1990)는 그림책의 가치를 구체적으로 다음과 같이 제시하고 있다.

첫째, 그림책은 유아가 그림을 봄으로써 이야기에 대해 더 많은 이해를 할 수 있도록 도와 준다. 둘째, 유아들이 문해기술과 사고기술이 생기도록 실습할 수 있는 기회를 준다. 즉, 그들이 글씨를 읽기 전에 그림책을 읽어 보는 과정에서 읽기 기술을 자연스럽게 습득할 수 있다. 셋째, 유아들이 글씨를 못 읽더라도 그림을 보고 얘기할 수 있도록 도와 준다. 넷째, 주인공과 등장인물에 더 쉽게 빠져들고 동일시할 수 있도록 한다. 다섯째, 이야기 문법(story grammar), 이야기 스키마(story schema), 이야기의 감각(a sense of story)을 발달시킬 수 있도록 도와 준다. 여섯째, 유아들이 이야기를 새롭게 만들어 내고 그래서 언어 기술이 세련될 수 있도록 도와 준다. 일곱째, 그림 작가가 그들의 의도를 나타내기 위해서 어떻게 미술적 요소들을 사용하는지에 대하여 이해할 수 있는 능력을 발달시켜 준다. 즉 미술적 · 예술적 요소를 감상하면서 간접적으로 가르칠 수 있다. 여덟째, 그림을 통하여 구체적이고 세부적인 것들을 관찰할 수 있는 기회를 준다. 아홉째, 그림책을 보고 들음으로써 정서적 경험을 많이 할 수 있으며 이야기에 대한 유아의 정서적 반응을 더 잘 유도할 수 있도록 해 준다.

서정숙 외(2005)는 그림책의 가치를 다음과 같이 설명하고 있다.

① 그림책은 유아의 경험과 직접 관련되어 아름다운 환상의 세계로 이끌어 심미감을 발달시킨다.

② 그림책을 통해 유아는 자신의 느낌과 행동을 표현하는 방법과 감정을 처리하는 방법 등을 배우며 다양한 정서적 경험을 한다. 그림을 통해 책의 내용을 쉽게 이해하고 작가의 의도를 더 잘 이해하게 된다.

④ 주인공의 표정과 의상을 통해 주인공이나 등장인물에 더 쉽게 동일시 할 수 있다.

⑤ 어휘가 없이도 그림의 뜻을 읽도록 하여 창의성을 개발할 수 있다.

⑥ 그림책을 통해 글의 문법체계나 테마를 형성하도록 도와 주어 읽기에 대한 준비를 시킨다.

⑦ 그림의 다양한 표현기법을 접함으로써 미술을 알게 하고 그림을 통해 또 다른 예술작업(만들기나 신체표현하기)을 이끌어 낸다.

⑧ 그림을 통해 배경을 설정해 주고 생생한 묘사를 해 줌으로써 구체적이고 세부적인 것을 관찰하게 해 준다. 특히 그림책은 유아의 사회화 과정에 영향을 준다. 즉 그림책을 통해 상대방의 가치를 알게 되며 성 역할, 사회규범, 사회적 행동과 반사회적 행동 등을 익혀 간다.

이상 여러 학자들이 언급한 그림책에 대한 교육적 가치를 정리하면 다음과 같다.

첫째, 그림책에는 즐거움과 재미가 있다. 아직 글자를 잘 모르는 유아들에게 그림의 도움으로 이야기를 충분히 즐길 수 있게 되어 자연스럽게 독서에 대한 흥미와 관심을 불러일으킴으로써 책읽는 것을 즐기는 태도를 갖게 한다. 뿐만 아니라 그림 이야기책에서 즐거움과 재미를 경험한 유아는 평생 동안 책을 사랑하고 즐기며 소중히 여기는 태도를 갖게 된다.

둘째, 유아의 상상력을 자극하여 창의적인 사고를 하도록 한다. 유아는 시간과 공간을 초월하여 현실과 상상의 세계를 넘나들 수 있는 독특한 사고 능력을 가지고 있다. 그림 이야기책은 현실적으로 존재하지 않은 사물이나 사건을 마음속에 그려 보고 구체화할 수 있는 능력을 요구한다. 따라서 유아는 그림 이야기책을 통해 상상력을 자극하고 사고력을 발달시키며 창의적인 사고 능력이 발달시켜 나간다.

셋째, 유아는 자연스럽게 그림 이야기책을 통해 작가의 창의적 언어에 대한 심미감과 함께 화가의 독특한 예술적 표현에 대한 심미적 감상력을 발달시킨다. 또한 그림책의 아름다운 색채와 형상으로 표현된 그림을 통하여 아름다움을 느끼고 즐길 줄 알게 됨으로써 심미안을 기를 수 있다.

넷째, 그림책은 부모나 교사 등 성인들이 유아들에게 읽어 주기에 가장 적합한 장르이다. 유아들과 함께 하는 성인들이 유아에게 그림책을 보며 소리 내어 읽어 주고 이야기해 주는 경험들은 유아로 하여금 다른 사람의 말에 귀를 기울이는 습관을 자연스럽게 길러 주게 된다(마쓰이 다다시, 1996). 따라서 어려서부터 부모나 교사가 읽어 주는 그림책을 접한 아동은 타인의 말을 잘 듣는 태도와 능력을 자연스럽게 길러 나갈 수 있다.

다섯째, 그림책은 유아에게 다른 사람의 삶의 여러 형태를 이해하는 과정 속에서 바른 인성을 기른다. 유아들은 다양한 주제와 내용의 그림책을 보면서 주인공의 삶을 통하여 세상의 선과 악, 옳고 그름 등을 경험하고 등장인물들의 삶을 간접 경험함으로써 다른 여러 사람이 겪는 문제 및 문제해결 과정을 알게 된다. 이 과정을 통해 유아가 이해하는 세계가 넓어지면서 원만한 성격 형성을 도울 수 있다.

여섯째, 글과 그림이 엮어 가는 그림책은 글만으로 표현하기 어려운 내용을 유아에게 알려주고 이해시키므로 유아의 언어와 인지발달을 돕는다. 그림책의 이야기는 정확한 문법과 구조를 가지고 있을 뿐만 아니라 아름다운 시적 언어로 되어 있다. 따라서 유아는 그림 이야기책을 통해 자연스럽게 세련된 언어를 사용할 수 있게 되며 의태어, 의성어를 체험하도록 한다.

일곱째, 유아의 사물에 대한 개념 형성 및 주변 세계에 대한 이해를 돕는다. 유아는 그림 이야기책을 통해 이야기 속에 내포된 사물, 사건에 대한 지식을 형성할 뿐 아니라 삽화를 통해서도 사물에 대한 개념을 형성해 간다. 뿐만 아니라 그림 이야기책에 글과 그림으로 묘사된 유아를 둘러싸고 있는 주변 세계에 대한 폭넓은 이해가 증가한다. 그림 이야기책은 특히 나이 어린 유아들에게 사물이나 주변 세계에 대한 개념 형성에 중요한 역할을 한다. 이 외에도 글씨 없는 그림책은 유아에게 관찰력과 묘사적인 어휘력, 논리적인 귀결에 의해 특징적인 이야기를 창조하는 능력을 발달시키도록 고무한다(이성은, 2003).

이처럼 그림책을 그림과 언어가 융합한 표현 장르라고 볼 때, 글과 그림이 일체가 되어 하나의 이미지를 전달하는 것이 바로 그림책이라고 할 수 있다. 그림책은 글자를 읽지 못하는 유아들에게 그림을 통하여 아름다운 그림을 감상하는 시각적인 경험과 소리를 듣고 촉감을 느낌으로써 유아들의 상상력을 확장시켜 주는데 매우 중요하고 결정적인 역할을 한다고 볼 수 있다. 유아들이 책을 읽을 때 그림은 내용을 이해하는데 도움을 주어 추리형 질문에 대한 오류를 줄이고 책의 내용을 자기지식으로 만드는데 도움이 되는 것으로 보고되고 있다. 이러한 그림책은 유아문학에서 다루어지는 모든 장르를 다 포함하여 표현할 수 있는 독톡한 장르이다. 즉 옛 이야기나 환상문학, 사실문학, 동요, 동시, 정보책, 전기 등이 모두 그림책으로 만들어질 수 있다(김현희 외, 2008).

3. 좋은 그림책 선정하기

유아문학교육을 위한 좋은 그림책의 선정은 매우 중요하다. 좋은 그림책을 선정하기 위해서는 그 기준을 아는 것이 중요하다. 좋은 그림책을 선정하는데 있어 가장 중요하게 고려되어야 하는 것이 유아의 발달 수준과 유아들의 발달적 특성이다. 아무리 좋은 책이라도 유아가 읽은 내용을 이해하지 못한다면 그림책을 감상한다는 것이 불가능해진다. 특히 유아들의 독서형태는 추상적이거나 관념적으로 서술된 책에는 관심이 적고 구체적이고 감각적으로 묘사된 책에 반응을 보인다. 또한 긴 글을 읽거나 무엇을 깊이 생각하려 하지 않는 경향이 뚜렷하며 독서를 통해 정보를 얻기보다는 스트레스를 해소하거나 재미를 추구하는 경향이 강하다.

좋은 그림책을 선정하기 위해서는 먼저 선정 기준을 알아보는 것이 필요하다.

유아를 위한 그림책을 선정하는데 있어 우선 고려되어야 하는 것이 그림이다. 계몽아동연구소(1993)의 보고에 따르면 4세와 5세 유아는 노랑, 분홍, 빨강, 파랑색 순서로 색깔을 좋아하며, 구성주의적 또는 만화적 그림을 좋아하는 것으로 나타났다. 어린이는 자신이 본 사실적인 것을 책에서 확인하고 싶어하고 자신이 좋아하는 것을 보려하는 경향이 있으므로 그림을 평가할 때는 어린이가 좋아하고 공감하는 그림인가를 우선적으로 고려하여야 한다. 그리고 이야기 내용을 잘 전달하고 있는지, 이야기에 기초한 사실적 내용을 잘 표현하고 있는지를 고려하여야 한다. 그림을 그리기 위하여 사용한 재료와 예술적 기법도 고려의 대상이 된다. 그림책의 그림을 평가하는 기준에 대해 퍼브스와 몬슨(1984)은 다음과 같이 제시하였다.

첫째, 그림이 이야기나 시에 대한 정서적인 반응과 잘 부합되는가?

둘째, 그림이 저자가 의도했던 분위기를 잘 반영하고 있는가?

셋째, 이미 잘 알려진 신화, 민담, 환상동화의 경우, 어느 그림이 다른 삽화가의 그림보다 정서적인 반응에 더 부합되는 것처럼 느껴지는가?

넷째, 그림이 매력적이며 잘 고안되었는가? 그림의 스타일이 어느 미술학파를 닮았는가?

다섯째, 그림이 본문의 의미를 더 명확하게 해 주며, 아이디어를 확장시켜 주는가? 그림이 이야기를 이해하기 위해 나의 상상력을 더 발휘하도록 격려하고 있는가?

여섯째, 그림이 본문의 내용에 맞게 적절하게 그려져 있는가? 본문과 그림이 잘 맞는가? 그림이 이야기 윤곽을 잘 전개시키고 있는가? 페이지의 여백을 어떻게 이용하고 있으며 그 여백의 활용이 분위기와 주인공의 행동 전개에 기여를 하고 있는가? 이 점에 대하여 야곱스(Leland Jacobs)는 세 가지로 크게 대비되는 점들을 들어 선택 기준을 제시하고 있다.

첫째, 오래된 것과 새로운 것과의 대비이다.

둘째, 현실적인 문학과 공상적인 문학과의 대비이다.

셋째, 산문과 시의 대비이다. 야곱스는 시대 · 내용 · 형식에 있어서 균형 있게 문학 작품을 선택하는 방법을 제시하였다. 이러한 광범위한 선택 기준과 함께 고려해 볼 것은 각 작품 하나하나에 대한 평가 기준이다.

아부스넛(M. H. Arbuthnot)도 다음과 같은 점들을 고려해야 한다고 하였다.

첫째, 그 작품이 어린이로 하여금 어떤 행동의 인과(因果)를 분명히 통찰할 수 있도록 하는 것인가?

둘째, 그 작품이 어린이들의 다양한 호기심을 만족시킬 수 있는 것인가?

셋째, 그 작품이 삶의 즐거움을 느끼는데 도움이 되는 것인가?

넷째, 그 작품이 여러 가지 살아가는 모습에 대한 존경심을 깊게 하는 것인가?

어린이를 위한 문학 작품을 읽을 때 그 어린이는 그 작품에 그려진 여러 가지 장면을 자기가 겪은 일로 보고 작품의 주인공을 자기의 분신(分身)으로 생각한다. 따라서 그가 읽는 작품은 그의 정의감과 도덕적 · 윤리적 기준 및 행동에 커다란 영향을 끼친다.

김소양 외(2001)는 그림책의 규준에 대해 첫째, 그림 이야기책은 훌륭한 문학의 특징을 내포한 것이어야 한다.

둘째, 유아들은 문장과 정확하게 동시성이 있는 그림을 원한다.

셋째, 책이 동화적 요소와 판타지가 듬뿍 담긴 것이라면 매우 기쁘게 받아들인다.

넷째, 아동들은 움직임이 있는 스토리를 좋아하는 것처럼 움직임이 있는 그림을 좋아한다.

다섯째, 유아들은 그림 속에 있는 아주 자세한 그림에도 매혹된다.

여섯째, 그림책은 단순히 삽화적인 가치로만 사용되어선 안 되며 책의 주제나 무드, 개성을 개발시킬 수 있는 것이어야 한다고 하였다.

이 상의 내용을 근거로 하여 좋은 그림책을 선택할 때 고려해야 할 사항을 제시하면 다음과 같다.

첫째, 흥미를 줄 수 있어야 한다. 그림책의 대상연령은 보통 2~8세 사이로 보는데 생후 10개월이 되면 그림책에 관심을 보이기 시작한다. 따라서 어린 영아에게도 흥미를 줄 수 있는 그림이나 색을 사용한 그림책이어야 한다.

둘째, 그림책을 보게 될 유아의 연령 및 발달 수준을 고려하여 제작된 것이어야 한다.

셋째, 그림은 글을 대신하여 내용을 전달하고, 이를 통해 꿈을 길러 주고 정서를 순화시킬 수 있도록 아름다운 것이어야 한다. 선과 색채가 미적 감각을 길러줄 수 있도록 아름다우며 그림을 보고 이야기를 꾸밀 수 있도록 장면 연결이 자연스러워야 한다. 또한 그림이 저자가 의도했던 분위기를 잘 반영하고 있어 그림만 보아도 내용을 이해할 수 있게 내용과 그림이 상호보완적인 그림이 있는 책을 선택한다.

넷째, 원색위주로 그려진 책은 피하고 색채가 유아에게 안정감을 주는 그림이 매력적이며 잘 고안된 책을 고른다.

다섯째, 어린이들이 즐겨 머리에 그리는 것을 그대로 보여주는 책이 좋다.

여섯째, 창작동화의 경우 주인공의 얼굴이나 상황 묘사가 우리의 표정이나 모습과 일치하는 것이 좋다.

일곱째, 사물 그림책은 그림이 세밀하게 그려져 있는 것이 좋다.

제 2 부

유아문학교육의 실제

제 7 장

유아문학교육의 계획과 운영

1. 유아문학교육의 계획

유아문학교육의 계획은 문학교육의 목표에 따른 내용을 근거로 이루어져야 한다. 문학교육의 목표, 즉 유아의 문학적 감수성 키우기, 문학에 대한 태도 기르기, 문학적 경험의 감성과 이해 돕기, 문학 경험의 평가와 반영(내면화)을 기초로 하여 누리과정의 내용으로 구성한다.

먼저 문학교육을 위한 주제 선정은 누리과정의 교육목표와 교육내용을 기초로 유아 발달 특성 및 흥미, 욕구, 사회 · 문화적 필요, 교육적 가치 및 학문적 체계, 교육 이념을 고려하여야 한다. 이 때 유아교사는 유아의 심신발달단계에 따른 범위와 깊이를 고려해야 하고 유아의 경험과 관련이 있는지, 사회문학적 맥락을 유지하고 있는지는 물론 구성과 문장표현에 있어서도 세심한 배려를 해야 한다. 유아문학은 유아들로 하여금 바르고 인간답게 살아가려는 염원과 의도를 내포한 문학으로 성립되어야 한다. 이를 위한 문학경험의 기회부여는 문학성과 함께 교육성을 내포하고 있어야 바람직하다.

주제 선정이 끝나면 이를 각 기관의 연간계획에 따라 다시 월간, 주간 계획과 더불어 누리과정과의 연계 안에서 유아에게 가치 있는 내용으로 계획안 작성을 한다. 유아문학교육을 실시하기 위한 내용을 선정할 때는 다음과 같은 점을 고려해야 한다(노운서 외, 2010).

첫째, 누리과정의 생활주제에 따라 주제 및 소주제에서 다루어야 하는 내용을 선정한다. 이 때 유아의 생활 속 경험을 소재로 하여 지식, 기능, 태도 및 가치를 습득할 수 있도록 한다.

둘째, 주제를 중심으로 누리과정 5개 영역(신체운동 · 건강, 의사소통, 사회관계, 예술경험,

자연탐구)이 서로 연계되도록 고려한다.

셋째, 주제와 관련된 내용을 선정할 때 유아의 흥미를 고려하고 유아들의 경험한 것으로부터 활동을 계획한다.

이상을 기초로 하여 유아문학교육을 위한 생활주제 중심의 계획 방법을 살펴보면 다음과 같다.

1) 주제 확인 및 선정하기

누리과정에 근거한 연간 주제계획안과 월간 주제계획안을 기초로 주제를 확인 또는 선정한다.

2) 유아문학교육 목표 확인하기

문학적 감수성, 문학에 대한 태도, 문학적 경험의 감상과 이해, 문학적 경험의 평가와 반영하기로 구분한다. 누리과정에서 문학적 경험과 관련된 영역을 구분한다.

3) 유아문학교육의 내용 선정하기

문학적 감수성, 문학에 대한 태도, 문학적 경험의 감상과 이해, 문학적 경험의 평가 등 목표에 적정한 내용을 선정한다.

4) 활동계획안 작성하기

유아문학교육의 실행을 위한 주제, 소주제, 활동명, 활동목표, 활동방법, 활동자료 등을 포함한 학급 단위로 이루어질 활동을 위한 최소 단위의 교육계획안을 작성한다.

5) 확장활동 계획하기

확장 활동을 통한 심화 활동이 가능할 경우를 위해 계획한다.

2. 유아문학교육의 환경 구성

유아의 문학적 환경이라 하면 단순히 유아교육기관의 언어영역이나 다양한 동화가 빼곡하게 정렬되어 있는 각 가정의 책장만을 생각하기 쉽다. 그러나 유아들이 경험하는 많은 주변 환경들이 실제 문학적 경험을 하는데 도움이 되는 경우가 많이 있다. 유아의 부모나 교사가 읽어 주는 동화, 부모들과 함께 가서 경험하는 도서관이나 서점, 매체를 통해 경험하는 동극이나 동화 등은 사회적 맥락 속에서 자연스럽게 문학적 경험을 하는데 도움이 될 수 있다.

유아교육기관의 계획적인 문학적 환경은 유아로 하여금 보다 더 풍부하고 다양한 문학적 경험을 하도록 구성되어야 한다. 잘 구성되어져 있는 문학적 환경은 유아들이 흥미나 관심을 가지고 있는 새로운 것들에 대해 탐색 · 탐구하도록 도울 뿐 아니라 영유아기의 읽기 · 쓰기에 대해 자연스럽게 접근하게 함으로써 언어발달에 도움을 주며, 자신을 둘러싼 주변 환경에 대한 의미를 발견해 나간다. 영유아 문학 환경을 준비할 때 연령별 그림 이야기의 특성, 언어, 관심, 흥미를 파악하여, 그에 적합한 환경을 준비해 주어야 한다.

1) 영아를 위한 도서영역 구성

영아를 위한 환경을 계획할 때 먼저 고려되어야 할 것은 영아들이 좋아할 수 있는 따뜻하고 친근한 환경을 마련해 주어 정서적으로 안정감을 갖도록 해 준다. 자연 채광이 잘 되고 편안한 매트나 낮은 쇼파, 놀이할 수 있는 인형 등을 마련해 주어 편안한 마음으로 책을 경험할 수 있게 해 준다. 또한 영아들은 책을 읽기보다는 먼저 만져 보고 싶어한다. 모든 경험을 온몸으로 실제로 느끼고 싶어하기 때문에 영아들이 입에 넣거나 만져도 찢기지 않는 책을 준비해 주는 것이 바람직하다. 특히 이 시기의 그림책은 자연스럽게 영아의 삶에 중요한 부분이 된다. 성인은 일상생활에서 모델링이 되어 그림책을 소중하게 다루어 책을 아끼는 모습을 보여 주어야 한다. 특히 18~24개월 영아들은 언어발달이 폭발적으로 일어나는 시기이므로 부모나 교사는 그림책 읽기를 통해 상징어나 지시어 등 다양한 언어를 사용하면서 영아와 상호작용을 하는 것이 좋다. 영아를 위한 도서 또는 언어영역에 그림책을 비치해 줄 때는 다음과 같은 점을 고려하는 것이 좋다(고문숙 외, 2007).

① 본문의 내용은 짧지만 분명하고, 아름다운 색상의 그림이 있는 책
② 짧고 단순한 리듬과 시가 있는 책
③ 친숙한 장면의 큰 그림이 있는 책
④ 친숙한 말을 많이 포함하고 있는 사물 이름 부르기, 철자와 수 이름 부르기를 격려하는 책
⑤ 곰인형과 같이 부드러움을 느끼게 하는 헝겊으로 만든 책, 비닐로 만든 책, 여러 도구나 동물의 모양을 본뜬 모양책, 소리나는 책, 물체가 튀어오르는 책 등 감각운동을 통하여 놀이처럼 그림 이야기를 만나게 하여 책에 관심을 갖게 하는 책

2) 유아를 위한 도서영역 구성

유아를 위한 도서 또는 언어영역의 구성은 기본적으로 햇빛이 잘 들고 시끄러운 영역과 떨어진 조용한 곳에 배치해 주는 것이 바람직하다. 책읽기에 아늑한 분위기를 위하여 편안한 의자나 유아용 소파, 푹신한 깔개 등을 제공하여 준다. 그림책은 책 전면이 보이도록 하고 서로 겹치지 않도록 배치하며, 다양하고 풍부한 문학적 경험이 이루어지도록 손인형, 융판용 동화 자료와 이야기 만들기 자료, 녹음기와 동화가 담긴 녹음테이프, 종이와 연필, 그림사전 등을 제공해 주도록 한다.

그리고 각 연령에 따라 도서영역을 다르게 구성해 주어야 한다. 3, 4세의 유아들은 호기심이 왕성하여 '왜'라는 질문을 많이 하며 이런 과정을 통하여 많은 지식과 세상의 정보를 습득해 나간다. 또한 이야기를 듣거나 읽고 난 후 재창조를 좋아하므로 교사는 유아들이 책과의 상호작용을 지속적으로 할 수 있도록 구성해 주어야 한다. 5세 유아들은 많은 과제를 성공적으로 수행할 수 있는 연령이기 때문에 협동놀이를 할 수 있는 도서영역과 환경을 다양하게 바꿀 수 있도록 융통성을 발휘해 구성해 두는 것이 좋다.

유아를 위한 도서 또는 언어영역에 그림책을 비치해 줄 때는 다음과 같은 점을 고려하는 것이 좋다(고문숙 외, 2007).

① 유아는 예측 가능하며 반복이 많은 도서를 좋아하여 반복되는 문장이 나올 때마다 반복과 리듬의 느낌을 즐긴다.
② 유아들은 자신과 유사하거나 관련이 있는 등장인물의 그림책을 좋아한다.
③ 등장인물들의 장난스럽고 익살맞은 행동을 무척 즐긴다.
④ 유아들은 플롯과 더 넓은 범위의 주제를 내포하는 도서를 읽을 준비가 되어 있다.

⑤ 유머 책도 유아가 좋아하는 좋은 도서 중 하나이다. 예를 들어, 아놀드 로벨(Arnold Lobel)의 「개구리와 두꺼비는 친구」라는 도서는 유머가 보다 풍자적이고 책 전반에 걸쳐 인간성이 빛나는 세상을 묘사하고 있다.

⑥ 이 시기 유아들은 모험 이야기를 좋아한다. 이 외에도 유아들의 문학에 대한 감수성을 길러 주기 위한 공간과 타영역과 관련된 문학적 환경을 고려하여 환경을 구성해 주는 것이 필요하다. 예를 들어 자연을 감상할 수 있는 실내 조경 환경이나 아름다운 정원을 가꾸고, 주변 산책로를 걸어 보며 눈으로 보고 가슴으로 느낄 수 있는 기회를 마련해 주는 것이 좋다.

3. 유아문학 교수방법 : 각각의 예시문 제시(5세 누리과정 내용 중 발췌)

유아들이 문학적 경험을 통하여 문학교육의 목표, 즉 유아의 문학적 감수성 키우기, 문학에 대한 태도 기르기, 문학적 경험의 감성과 이해 돕기, 문학 경험의 평가와 반영(내면화)를 돕기 위해 적절한 교수방법을 선택하여 활용하여야 한다. 교사는 유아문학교육의 목표를 달성하기 위하여 문학 작품 감상하기, 이해 및 표현하기 그리고 창작하기와 같은 활동을 계획하여 실행할 수 있다. 여기서 중요한 것은 이와 같은 영역들이 각 독립된 활동으로보다는 서로 연관되고 유기적인 관계 속에서 더욱 확장되어 실행하는 경우가 더 적절하다는 점이다. 즉, 감상하기 활동만을 계획하여 동화나 동시를 들려주고 나서 그에 대한 느낌을 감상하는 것으로 끝나는 것이 아니라 그 동화나 동시의 내용이 나타내고자 하는 것을 잘 이해하였는지 표현활동을 통해 알아볼 수도 있다. 더 나아가 유아들로 하여금 감상하고, 이해한 것을 바탕으로 새로운 것을 창작해 보는 활동을 시도해 보는 것도 가능하다.

1) 감상하기

유아문학 작품의 감상은 부모나 교사 또는 주변 사람들이 동화나 동시를 들려주거나 읽어 주는 과정을 통해, 그리고 동극이나 인형극을 보는 경험을 통해 감상할 수 있다. 다양한 문학 작품을 가슴으로 느끼고, 이해하고, 공감해 보는 감상 활동은 교육적 의미 측면에서 볼 때 유아들에게 매우 유익한 활동이다. 따라서 문학 감상 활동은 유아교육기관에서 많은 부분을 차지하고 있다. 유아들이 유아문학 작품을 감상하도록 교사는 다양한 방법과 매체를 활용한다. 예를 들면, 그림동화, 낱장동화, TV동화, 융판동화, 앞치마동화, 테이블동화, 퍼즐동화, 슬라이드동화, PPT동화, 그림자극 그리고 손인형, 손가락인형, 막대인형, 줄인형, 그림자 인형극 등 교사가 제작하여 전달할 수 있다.

2) 이해 · 표현하기

감상 활동에서 중요한 것은 단순히 교사가 들려주는 이야기를 일방적으로 유아가 듣는 것으로 끝나지 않게 유아 자신의 경험과 관련지어 보거나 느낌을 공유해 보는 과정들을 통해 유아가 직접 참여할 수 있는 기회를 제공해야 한다. 동화 · 동시를 감상한 후 토의나 이야기나누기, 그리기, 동작으로 표현하기, 동극, 극놀이로 표현하기 등 다양한 표현 수단으로 느낌을 표현해 볼 수 있으며, 같은 동화를 감상한 후 서로의 생각이나 느낌을 나누고 공유해 볼 수 있다.

동화 · 동시를 듣고 난 후 이해한 것을 표현하는 방법은 언어적으로 표현 할 수도 있고, 비언적인 방법으로 표현할 수 있으며 그 방법은 매우 다양하다.

① 동화를 읽고 난 후 역할극으로 표현해 보기
② 동시나 동화를 듣고 이해하고 느낀 것을 그림을 그리거나 글로 표현하기
③ 이야기의 인물을 인형으로 만들어서 극놀이하기
④ 동극이나 인형극 등을 보고 등장인물에 대해 느낀 점 말하기
⑤ 작가나 책에 대해 좋은 점과 싫은 점 말하기
⑥ 주제가 같은 두 권의 책을 비교해 보기
⑦ 이야기 중에서 가장 재미있는 장면 그리거나 사건 말하기

3) 창작하기

유아들의 창작은 성인들의 창작 활동과는 다른 종류의 것이지만 유아 자신들만의 느낌이나 생각을 그들만의 언어로 표현하는 것으로 매우 의미 있는 활동이다. 창작 활동을 교사가 스스로 어렵거나 힘들다고 생각하면 창작 활동을 계획하고 실행하기가 쉽지 않다. 따라서 처음부터 완전한 동화나 동시를 창조하는 것보다는 기존의 것을 변형하는 것에서부터 시작한다.

우선, 동시짓기를 할 때 기존의 동시를 변형하는 방법에는 다음과 같은 것들이 있다.

① 단순하며 반복적 어구가 있는 동시를 선택하여 여러 번 들려준다(동시 감상시간에 경험했던 것이면 유아들에게 익숙하므로 더욱 좋다).
② 동시 제목에 대하여 관련 그림을 보거나 자신의 경험을 떠 올린다.
③ 변경할 부분을 교사가 강조하여 읊어 주면 유아들이 바꾸어 본다.
④ 유아들이 말한 것을 교사가 운율을 넣어 들려준다(때에 따라서 유아의 동의를 얻어 문장을 줄이거나 일부분을 동시답게 바꿀 수 있다).
⑤ 전체가 완성이 될 때까지 반복해서 읊어 준다.
⑥ 동시가 완성이 되면 유아와 함께 읊어 본다.

다음으로 동화짓기를 할 때는 기존동화에 내용을 첨가하거나 결말을 바꾸어 보기도 하고, 뒷이야기만을 상상해서 꾸며 보기도 한다. 이야기의 인물을 선정해 그 인물에 대해 새로운 이야기를 만들어 보는 것도 좋다. 그림책을 만들 때에도 글 없는 그림책을 이용하여 글짓기를 하거나 그림이나 만화를 이용하여 이야기를 꾸며 보고, 말풍선에 대화를 써 넣을 수도 있다.

제8장

동화구연 및 그림책 활동

1. 동화구연 및 그림책 감상하기
2. 동화짓기 및 그림책 만들기
3. 동극활동

1. 동화구연 및 그림책 감상하기

1) 동화구연

(1) 동화구연의 정의

동화구연은 구체적인 자료를 도구로 사용하지 않는다는 것이 특징이다. 구연자가 음성, 몸짓, 표정 등을 통해 동화를 흥미 있고 재미있게 전달하는 방법으로 문자 언어로 쓰여 있는 이야기를 음성언어로 들려주는 것을 말한다. 이때 구연자는 목소리의 고저, 길고 짧음, 호흡처리 등에 변화를 주는 것이 중요하다. 구연자가 실제로 동화 속의 등장인물이 되어서 감정을 넣어 이야기함으로써 이야기를 더욱 재미있게 들려주는 것이 동화구연의 목적이라 할 수 있다.

(2) 동화구연의 가치

첫째, 듣고 말하는 능력을 길러 준다. 이야기를 잘 들어서 문장의 맥락을 이해하고 전체 이야기를 파악하게 되며 다른 사람들에게 그 의미를 잘 전달할 수 있도록 말하는 능력과 발표력을 돕는다.

둘째, 표준어 습득에 도움이 되며 정확한 발음을 하게 된다. 바른 말과 고운 말 그리고 표준어, 정확한 발음으로 된 동화구연을 접하게 되므로 바람직한 언어 습관을 가질 수 있다.

셋째, 문장표현력과 어휘력이 풍부해진다. 훌륭한 문학 작품의 동화를 들으면서 언어의 아름다움을 경험하여 문장력과 어휘력이 풍부해진다.

넷째, 기억력과 상상력을 길러 준다. 동화의 내용을 듣기 때문에 집중력과 기억력이 발달하고 삽화가 없으므로 이야기를 듣고 상상할 수 있다.

다섯째, 정서발달과 사회성 발달을 돕는다. 동화를 들으므로 정서적 공감대를 형성하고 순화시켜 주며, 인간관계와 도덕적 가치에 대해 배울 수 있다.

여섯째, 문학을 사랑하는 마음을 길러 준다. 동화는 문학성과 예술성을 갖춘 글이다. 유아는 동화를 들음으로써 문학을 감상하는 능력을 기르고 예술적 감동을 받으면서 문학을 좋아하게 되고 직접 읽고 싶어하게 되어 독서교육이 자연스럽게 이루어질 수 있다.

(3) 구연에 적절한 동화 선택 기준

구연을 위해서는 먼저 적절한 동화를 선택해야 한다.

첫째, 유아는 물론 교사의 흥미를 끌 수 있는 이야기가 좋다. 교사 자신의 흥미가 직접적으로 유아에게 전달되기 때문에 교사 자신이 그 이야기를 좋아하는 것은 매우 중요하다.

둘째, 유아들의 흥미와 연령, 능력에 맞는 이야기여야 한다. 유아들은 자신의 생활 경험과 관련이 있고 유아 자신의 발달 단계에 맞는 내용을 잘 이해하기 때문에 유아의 수준에 알맞은 이야기를 선택한다.

셋째, 대화와 동작이 풍부하게 표현된 이야기여야 한다. 유아들은 설명체로 된 이야기보다 대화체로 된 이야기를 더 빨리 이해하기 때문이다. 따라서 반복적이고 의성어와 의태어가 있으며 리듬감이 있는 내용이 좋다.

넷째, 등장인물의 수는 3~6명 정도로 인물의 특성을 잘 표현할 수 있는 이야기가 좋다.

다섯째, 동화의 길이는 유아의 집중력과 연령을 고려하여 너무 길지 않는 것으로 선택한다.

여섯째, 문장이 짧고 쉬우면서도 시작 · 전개 · 결말이 분명하고 유아들이 만족할 수 있는 결말이어야 한다. 유아들은 어휘력과 기억력이 아직 제한적이므로 유아가 쉽게 이해할 수 있고 이야기 속에 몰입할 수 있는 동화를 선택해야 한다.

일곱째, 교사 자신이 준비하기에 쉬운 것이어야 한다. 교사 자신의 취향과 능력에 잘 맞아야 한층 재미있고 창의적인 구연을 할 수 있기 때문에 교사의 준비가 용이한 이야기가 좋다.

여덟째, 등장인물은 유아들이 호감을 가질 수 있는 사람이나 동물, 장난감 등이 등장하는 친숙한 내용이 좋다.

(4) 구연동화로 개작하는 방법

동화를 구연하기 위해서는 먼저 동화를 구연에 알맞도록 고쳐야 하는데 이를 개작이라고 한다. 개작을 할 때는 다음 사항을 유의해야 한다.

첫째, 동화 원래의 줄거리를 훼손하지 않는 범위에서 긴 이야기를 듣기 지루하지 않을 만큼 짧게, 짧은 이야기는 조금 길게 동화의 길이를 조절하며 개작한다.

둘째, 읽는 동화를 듣는 동화로 하며 설명체(문어체)를 대화체(구어체)로 개작한다.

셋째, 간접화법을 직접화법으로 개작한다.

"그렇게 하면 안 된다고 아저씨께서 말씀하셨습니다."

→ "그렇게 하면 안돼요." 아저씨께서 말씀하셨어요.

넷째, 재미있게 개작한다. 반복, 점층법, 과장, 리듬 등을 이용한다.

"옛날에" → "옛날 옛날에"

"이게 웬일일까요?" → "어머나! 이게 웬일이까요?"

"공이 크게 부풀어 올랐어요." → "공이 점점 더 크게 크게 부풀어 올랐어요."

다섯째, 실감나게 개작한다. 표준어를 사용하는 것도 좋으나 때에 따라서는 리얼리즘을 잃어서는 안 된다. 특히 대화를 구사할 때 사투리와 그 특유의 억양을 적절히 사용하면 훨씬 재미있다.

여섯째, 감각적인 표현을 적절히 사용한다. 구연은 듣는 동화이므로 의성어 · 의태어, 감각적 표현(시각 · 촉각 · 공감각 등)을 잘 사용하여 개작한다.

일곱째, 유아와 친숙한 언어를 사용하고 유아가 이해할 수 있는 수준으로 개작한다.

여덟째, 비교육적인 내용은 교육적으로, 이야기의 끝이 슬픈 것이라면 해피엔딩으로 개작한다.

예시) 알을 품은 여우

원 작	개작 후
햇볕이 따뜻한 어느 여름날이었어요. 배가 몹시 고픈 여우 한 마리가 나무 밑에서 커다란 알을 발견하고는 "우와, 맛있겠는데! 그냥 꿀꺽 삼켜 볼까?" 여우는 곰곰이 생각했어요. "이왕에 먹을 거라면 알에서 깨어난 포동포동한 아기새를?" 여우는 히죽이 웃으며 군침을 삼켰어요.	햇볕이 따뜻한 어느 봄날이었어요. 배가 몹시 고픈 여우 한 마리가 큰 나무 밑에서 커다란 알을 발견했어요. '우와, 맛있겠는데! 그냥 꿀꺽 삼켜 버릴까.. 아니 잠깐! 그게 아니지.' 여우는 곰곰이 생각했어요. '이왕 먹을 거라면, 알에서 깨어난 포동포동한 아기새를 꿀꺽!' 여우는 히죽이 웃으며 군침을 삼켰어요.
그리고는 나무 아래에 둥우리를 만들어서 새처럼 알을 품기 시작했어요. 어느 새 캄캄한 밤이 되었어요. 족제비 한 마리가 코를 벌렁거리며 나타났어요. 족제비는 "어머, 저게 뭐야? 큰새가 알을 품고 잠이 들었잖아? 하하하, 마침 배가 고프던 차에 잘 됐다!" 하며 여우의 배 밑에 손을 넣어 알을 꺼냈어요. 족제비는 알을 깨어 먹으려다 그만 쿵 하고 넘어져 버렸어요.	그리고는 나무 아래 둥우리를 틀고 알을 품기 시작했어요. 그때 족제비 한 마리가 코를 벌름거리며 나타났어요. "오호라, 큰새가 알을 품고 있네. 마침 배가 고팠는데, 어디 하나 슬쩍해 볼까?" 족제비는 여우의 배 밑에 손을 넣어 알을 꺼냈어요. "우와!! 정말 맛있겠다!" "쿵!. 아이쿠, 아야야....." 족제비가 알을 먹으려다가 그만 넘어지고 말았어요.
그 소리에 깜짝 놀라 잠을 깬 여우가 "무슨 짓이야! 그건 내 알이란 말이야!" 하고 족제비에게 소리쳤어요.	그 소리에 깜짝 놀라 잠이 깬 여우는 족제비를 향해 소리쳤어요. "무슨 짓이냐! 그건 내 알이란 말이야!" "저리 안가, 저리 비켜!" 하며 발로 힘껏

원 작	개작 후
화가 난 여우는 족제비의 궁둥이를 힘껏 발로 걷어찼어요. "아야! 아이코! 도깨비 새다!" 족제비는 벌벌 떨면서 도망쳤어요. "뭐? 도깨비 새라고? 하하하, 세상에 그런 새가 어디 있어? 아무튼 아무도 내 알을 아무도 훔쳐가지 못하게 단단히 지켜야겠어." 여우는 비가 오나 바람이 부나 날마다 쉬지 않고 열심히 알을 품었어요.	걷어차 버렸어요. "아야야! 아이쿠! 도깨비 새다!!" 족제비는 깜짝 놀라 정신없이 도망쳤어요. "뭐? 도깨비 새라고? 하하하 세상에 그런 새가 어디 있어? 아무튼 아무도 내 알을 훔쳐 가지 못하게 단단히 지켜야겠어."여우는 비가 오나 바람이 부나 날마다 쉬지 않고 알을 품었어요.
"아이고~ 어서 빨리 알에서 깨어나야 잡아먹을 수 있을 텐데." 그러던 어느 날이었어요. 조금씩, 조금씩 알에 금이 가기 시작했어요. 여우는 기뻐서 알을 콕콕 쪼았어요. 알이 깨지더니 귀여운 아기새가 머리를 쏘옥 내밀었어요. 여우는 아기새를 잡아먹으려고 입을 크게 벌렸어요. 그런데 어떻게 된 일일까요? "삐익. 엄마! 나하고 놀아요, 네?" 여우는 아기새를 잡아먹지 못했어요. "얘가 왜 이래? 저리가! 난 네 엄마가 아니란 말이야." 난처해진 여우는 아기새를 놓아두고 숲속으로 도망가 버렸어요.	"아휴, 어서 빨리 알에서 깨어났으면 좋겠네. 그래야 잡아먹을 수 있을 텐데." 그러던 어느 날이였어요. 알에 조금씩, 조금씩 금이 가기 시작했어요. "그래! 어서 나와라, 옳지! 조금만 더. 히히히, 이젠 먹는 일만 남았네." 여우는 기뻐서 알을 콕콕 쪼았어요. "삐익, 삐익" 알이 깨지더니 너무나 작고 예쁜 아기새가 머리를 쏘옥 내밀었어요. "엄마! 나하고 놀아요." "아, 아니. 얘가 왜 이래, 저리가 난 네 엄마가 아니란 말이야." 아기새를 잡아 먹으려던 여우는 난처해져 여우는 아기새를 놓아두고 숲 속으로 도망갔어요.
가엾은 아기새의 울음소리가 숲 속까지 들려오고 있었어요. 여우는 이상하게 아기새가 걱정이 되었어요. 어쩔 줄 몰라 하던 여우는 결국 아기새를 찾아갔어요. "엄마! 엄마가 안 계신 동안 너무 무서웠어요." "난, 네 엄마가 아니라니깨! 아. 아빠지! 히히! 그래, 난 네 아빠야." "아빠? 아빠!" 아기새는 여우의 품에 안겼어요. 여우도 아기새를 꼭 안아 주었답니다.	"삐익, 삐익 엄마 어디가요? 무서워요. 엄마." '어떻게 하나, 어떻게 하지?' 여우는 이상하게 아기새가 걱정되었어요. 여우는 쩔쩔매다가 결국, 아기새가 있는 곳까지 돌아왔어요. "엄마, 엄마가 없는 동안 너무 무서웠어요." 아기새는 여우를 보자 반가워하며 여우 품에 안겼어요. 여우도 아기새를 꼭 안아 주었지요.

(5) 구연의 준비 단계

동화를 구연하기 위한 준비 단계는 다음과 같다.

첫째, 동화를 여러 번 읽는다. 그 과정에서 이야기를 몇 부분으로 나누어 메모 카드에 중요한 부분을 적고, 바뀌면 안 되는 구절은 그대로 적어 느낌을 최대한 살리면서 각 단락의 빠르기, 강조 문구, 캐릭터의 감정 표현 등을 표시해 둔다(A. Baker, & E. Greene, 1987). 띄어읽기는 의미 전달에 매우 중요하므로 유의한다. "영이가 울면서 / 떠나는 순이를 배웅했다."와 "영이가 / 울면서 떠나는 순이를 배웅했다."의 예제처럼 띄어읽기에 따라 의미가 달라지기 때문이다.

둘째, 동화 내용 전체를 외우려고 노력하기보다는 이야기 전체의 흐름을 완전히 숙지하여 교사 자신의 이야기로 만들어 나가야 한다. 외우는 데 치중하다 보면 구연을 할 때 외운 것을 잊어버려서 당황할 수도 있고 동화 그 자체의 맥이 끊어지는 경우가 있을 수 있기 때문이다.

셋째, 동화의 내용 · 배경 · 분위기를 정확히 파악한다. 우리 나라 옛날 이야기인지, 외국동화라면 시대 배경이 언제인지 등을 파악하여 그에 맞는 어투와 알맞은 언어를 구사해야 한다.

넷째, 교사 자신이 안정감을 갖고 자신에게 평소 구연동화에 적절치 못한 습관이 있다면 유의해야 한다. 예를 들면, 말이 막힐 때나 실수했을 때 혀를 내밀거나 손사래를 치는 등의 습관이 있다면 고치도록 한다.

다섯째, 거울 앞에서 앉은 모습이나 얼굴 표정, 손동작 등을 살펴보고, 구연을 녹음하여 들어 보면 자신의 단점과 장점을 파악하여 개선할 수 있다.

'세상에서 가장 아름다운 달걀'(구연준비의 예)

옛날 옛날~ 화사깃털 아가씨, 늘씬 다리 아가씨, 멋진 볏 아가씨가 살고 있었어요.
(→ 편안하고 다정한 목소리로)
화사깃털 아가씨, 늘씬 다리 아가씨, 멋진 볏 아가씨는 셋 중에서 자기가 가장 예쁘다며 늘 다투었어요.
(→ 편안한 목소리로)
화사깃털 아가씨는 깃털이 반짝반짝하고 화려한 아름다운 아가씨였어요.
(→ 편안하고 다정한 목소리로)
"나보다 화려한 깃털은 아마 없을 거야."
(→ 우아한 목소리로 잘난 채 하듯이)
늘씬 다리 아가씨는 길~고 쭉 곧은 다리를 가진 아가씨였고요.
(→ 편안하고 다정한 목소리로)
"내 다리 좀 보렴.~ 나처럼 길~고 곧은 다리는 없을 걸?"
(→ 도도하고 시크한 목소리로)
멋진 볏 아가씨는 빼어난 멋진 볏을 지닌 아가씨였지요.
(→ 편안하고 다정한 목소리로)
"닭이라면 무엇보다 볏이 아름다워야지! 내 우아한 볏을 좀 보렴."
(→ 당당한 목소리로)
셋은 누가 가장 예쁘고 멋진지는 결정할 수 없었어요.
(→ 편안하고 안타까운 목소리로)
그래서 셋 중에서 누가 가장 예쁜지 임금님한테 물어 보기로 했어요.
(→ 편안하고 다정한 목소리로)
임금님은 "가장 아름다운 달걀을 낳은 이가 진짜 아름다운 이로다. 나는 너희 셋 중에서 가장 아름다운 이를 공주로 삼겠노라."
(→ 낮고 굵으며 힘찬 목소리로)
먼저, 화사깃털 아가씨가 꼬꼬댁거리며 알 낳을 준비를 시작했어요.
(→ 편안하고 다정한 목소리로)
화사깃털 아가씨는 화사하고 예쁜 털이 젖지 않게 조심하면서 풀밭에 앉았어요.
(→ 편안하고 다정한 목소리로)
"난 보석 같은 알을 낳을 거야!"
(→ 우아한 목소리로)
모두들 놀라 말을 잃었어요. 지금까지 단 한 번도 보지 못한 달걀이었으니까요.

(→ 편안하고 놀란 목소리로)
"내알 좀 봐! 흠집하나 찌그러진 곳이 없어, 대리석처럼 반짝거리지 않니?"
(→ 우아한 목소리로)
"어때? 세상에서 이런 달걀은 처음 보지? 내가 공주가 될 거야!"
(→ 우아한 목소리로)
임금님이, "이보다 더 완벽할 순 없도다!"
(→ 낮고 굵으며 힘찬 목소리로)
늘씬 다리 아가씨가 꼬꼬댁거리며 알 낳을 준비를 하자, 모두들 늘씬 다리 아가씨를 조마조마하는 눈빛으로 보았어요. 아무도 이보다 더 완벽한 달걀을 낳을 수는 없을 테니까요.
(→ 편안하고 안타까운 목소리로)
"난 보석보다 더 특별한 알을 낳을 거야!"
(→ 도도한 목소리로)
조금 지나자 늘씬 다리 아가씨가 가뿐하게 일어났어요.
(→ 편안하고 다정한 목소리로)
임금님은 기쁜 마음으로 박수를 보냈어요.
(→ 편안하고 다정한 목소리로)
"내알 좀 봐! 타조도 부러워할 만큼 크고, 무거운 달걀이야!"
(→ 도도한 목소리로)
"어때? 세상에서 이런 달걀은 처음 보지? 내가 공주가 될 거야!"
(→ 도도한 목소리로)
임금님은 "이보다 더 클 수는 없도다!"
(→ 낮고 굵으며 힘찬 목소리로)
마지막으로 멋진 볏 아가씨가 알을 낳으려고 앉았어요. 이번에도 모두들 멋진 볏 아가씨를 조마조마하는 눈빛으로 보았어요. 아무도 이보다 더 완벽하고, 이보다 더 큰 달걀을 낳을 수는 없을 테니까요.
(→ 편안하고 안타까운 목소리로)
"흥! 세상에서 본 적 없는 알을 낳을 거야!, 나는 꼬꼬댁거리며 울지도 않아!"
(→ 당당한 목소리로)
멋진 볏 아가씨는 눈을 살포시 내려 보며, 우아하게 자리에 앉았어요.
(→ 편안하고 다정한 목소리로)
드디어 멋진 볏 아가씨가 일어났어요.
(→ 편안하고 다정한 목소리로)
눈앞에 네모 반듯한 달걀이 놓여 있었어요. 이건 백 년을 두고 이야깃거리가 될 만한 놀라운 일이었어요.

(→ 편안하고 놀란 목소리로)
"내알 좀 봐! 자로 잰듯 반듯하고, 다른 빛깔로 반짝이는 달걀이야!"
(→ 당당한 목소리로)
"어때? 세상에서 이런 달걀은 처음 보지? 내가 공주가 될 거야!"
(→ 당당한 목소리로)
임금님은 "이보다 더 환상적일 수는 없도다!"
(→ 낮고 굵으며 힘찬 목소리로)
가장 아름다운 달걀을 가려 내기란 정말 불가능한 일이었어요. 결국 임금님도 가려 내지 못했어요. 그래서 화사깃털 아가씨, 늘씬 다리 아가씨, 멋진 볏 아가씨 모두 사이좋게 공주가 되었어요. (→ 편안하고 다정한 목소리로)
공주가 된 후에도 셋은 아름답고 화려한 달걀을 낳으며 오래오래 행복하게 살았답니다.
(→ 편안하고 다정한 목소리로)

(6) 구연 방법과 유의점

① 구연 방법

㉠ **구연 장소 및 분위기** : 조용하고 안정감 있는 장소가 좋으며 이야기에 흠뻑 빠져들 수 있는 분위기가 좋다. 때로는 커튼을 드리워서 아늑하고 포근한 분위기를 조성해도 좋다.

㉡ **소요 시간** : 유아의 연령에 따라 조금씩 차이가 있겠지만, 10분~15분 정도의 시간이면 유아의 집중력과 발달 정도에 알맞다. 흔히 유아교육현장에서 교사는 유아들과 함께 모여 앉은 시간이면 손유희, 노래 등으로 집중시키는데 이 시간은 3분을 넘지 않는다. 특히 구연동화를 들려주는 시간 그 자체가 유아의 집중력이 높은 시간이므로 한 가지 정도의 손유희로 도입을 하고 바로 동화 들려주는 시간을 갖도록 한다.

㉢ 음성 및 표정, 태도

- 목소리를 지나치게 과장하지 않는다. 너무 동화적인 목소리에 치중하다 보면 과장되거나 음성에 힘이 많이 들어가게 되므로 자연스럽지 못하다. 오히려 음성을 더 자연스럽게 하고 차분하게 하려고 노력한다. 때로 크고 힘이 들어간 음성보다 차분하고 다정한 목소리가 더욱 잘 전달되고 집중하도록 만들 수 있다.
- 다양한 음성으로 표현한다. 구연하기 전의 준비 단계에서 교사는 충분히 동화 내용을 숙지하고 등장인물의 성격을 파악한 후 그에 맞는 목소리를 연출할 필요가 있다.
- 말의 빠르기를 조절한다. 동화를 시작하는 도입부에서는 의식적으로 천천히 진행하고 긴장감을 주는 부분이나 극적인 전개가 이루어지는 부분에서는 조금 빠르게 한다. 상황에 따라 휴지(休止, pause)를 두기도 하면서 빠르게와 느리게, 보통의 속도로 조절한다.
- 목소리의 강약과 장단 · 높낮이를 조절한다. 등장인물의 특성에 따라 강한 목소리나 낮고 작은 목소리 등을 사용한다. "커다란 괴물이 나타났어요."라는 문장에서는 '커다란'에 맞는 큰 목소리와 괴물이라는 느낌에 맞는 목소리를 사용한다. 특히 우리말이 갖는 장단에 유의한다. 눈[目]인지 눈[雪]인지 듣기만 해도 식별할 수 있게 소리의 장단을 잘 사용해야 한다.
- 효과음과 감탄사를 적시에 사용한다. '어머!', '우와!', '어쩌면 좋지?' 등을 적절히 사용한다. 그러나 너무 자주 사용하면 오히려 효과도 적어지고 이야기의 맥이 끊어질 수도 있다.
- 앉아서 들려주는 교사의 태도는 바르고 자연스러워야 한다. 무릎과 발을 가지런히 모으고 허리를 펴고 앉아 자세를 바르게 한다. 단, 너무 경직된 태도가 아니라 부드럽고 편안한 느낌을 주며 표정은 밝고 온화한 것이 좋다.

- 구연하는 도중 필요하다면 이야기를 1~2초 정도로 잠깐 멈추고 전체를 둘러보아도 좋다. "그 때 조그마한 아기 물고기가 조심조심 다가와 무엇인가를 열심히 들여다 보았어요."라는 내용이라면 정말 집중해서 무엇인가를 보려는 듯 교사는 유아들을 보는 것이다. 집중력이 최고조에 달하면 이야기에 더욱 몰입할 수 있게 한다.

② 유의 사항

㉠ **구연 도중 유아가 질문을 할 때** : 구연동화는 나름대로 특별한 흥미를 제공하므로 유아가 시끄럽게 하거나 질문을 하는 경우가 드물지만 만약 구연 도중 유아가 질문을 하거나 이야기에 개입할 때는 질문을 한 유아를 잠깐 바라보며 고개를 끄덕이거나 눈으로 응대를 해 준다면 유아 또한 이야기가 끝날 때까지 질문을 유보하거나 기다릴 것이다. "ㅇㅇ야, 조용히 해!"라고 말한다면 그 말로 인해 분위기가 흐려질 수 있다.

㉡ **구연동화에 필요한 보조물**(props) : 구연동화는 특별한 매체 없이 들려주는 동화이므로 보조물을 사용하지 않는 경우가 대부분이지만 꼭 사용하고 싶다면 한두 가지만 사용하는 것이 좋다. 많은 보조물을 사용하면 등장 순서를 혼동할 수도 있고, 구연자 자신이 제대로 활용하고 있지 못하다고 느끼게 되면 당황할 수도 있으므로 흥미, 긴장, 집중 등 이야기에 꼭 필요하다고 생각되는 한두 가지가 바람직하다. 구연동화는 구연자 자체가 배경이며 또 모든 것이기 때문이다.

㉢ **유아의 앉는 형태** : 이야기나누기의 형태를 유지하는 것이 좋다. 반원(semi-circle)은 구연자와 듣는 유아들이 공감대를 형성할 수 있는 가장 좋은 배열 형태이다.

㉣ **교사의 앉은 자세** : 유아용 의자에 바른 자세로 앉아 편안한 표정으로 유아들에게 하나하나 눈맞춤하며 그리고 전체적으로 살펴보며 이야기한

다. 허리 아래 부분은 움직이지 않아야(뛰어가는 장면에서도 표정과 손동작만으로) 안정감 있는 분위기를 연출할 수 있다.

③ 구연 후 평가

구연 후에는 반드시 구연자 자신에 대한 평가가 이루어져야 하는데 그 평가 항목은 다음과 같다(C. Spagnoli, 1989).

- 구연하기에 적절한 작품이었는가?
  구성, 등장 인물 등이 유아에게 적절하고 흥미로운 주제였는가?
- 구연하는 사람의 언어가 분명하였는가?
  구연자는 이야기 문체에 적합한 언어를 사용했는가?
  유아들에게 이미지를 떠올리게 했는가?
- 얼굴 표정과 제스처는 효과적으로 사용하였는가?
- 이야기와 관련없는 동작들을 하지는 않았는가?
  "에", "음", "그리고", "그래서……" 등을 불필요하게 많이 사용하지 않았는가?
- 목소리가 또렷하고, 빠르기가 적절했는가?
  목소리 크기, 억양, 고저, 장단, 리듬 등이 다양하게 사용되었는가?
- 극적 효과나 이미지를 강조하기 위해 잠시 일시 정지(휴지, pause)를 하기도 하였는가?
- 이야기에 도움이 되도록 효과음을 사용하였는가?
- 유아들을 배려하여 구연하였는가?
  유아들에게 반응하며 눈맞춤도 하였는가?
- 보조물 혹은 유아를 이야기에 참여하는 방법을 사용하였는가?
  이러한 것이 이야기를 보완했는가? 아니면 방해하였는가?

동화 들려주기(감상) 활동계획안 예시

활동명	공룡은 어디에 살고 있을까?	생활주제	동식물과 자연
활동유형	동화감상하기	대상연령	만 5세
활동형태	대 · 소집단	소요시간	20분
활동목표	· 바른 자세로 즐겁게 동화를 듣는다. · 공룡에 대해 탐구하는 태도를 갖는다.	3~5세 누리과정 관련요소	· 자연탐구 : 과학적 탐구하기, 생명체와 자연환경 알아보기 · 의사소통 : 동요, 동시, 동화 듣고 이해하기.
활동자료	그림동화 10장		

활동순서	활동내용
도입	**1. 동화의 제목을 보며 이야기를 예상해 본다.** – 동화제목이 무엇이니? – 공룡은 어디에 있을까?, 어디에 있을 것 같다고 생각하니?
전개	**2. 동화를 들려준다.** ① 공룡은 어디에 살고 있을까 ② 나는 주원이라고 해요. 우리 반 친구들과 함께 찍은 사진입니다. 나를 찾기는 무척 쉽답니다. 왜냐하면, 공룡이 그려진 옷을 입고 있기 때문이지요. 사람들은 공룡이 없다고 말하지만 난 공룡이 어딘가에 살고 있을 것만 같습니다. ③ 나는 공룡이 나오는 책들을 자주 보았습니다. 그래서 공룡이 어떻게 생겼는지 그림으로 그릴 수도 있답니다. 나는 친구들에게 공룡에 대해 많은 것을 이야기해 주었고, 나와 친한 친구의 생일에는 내가 그린 공룡 그림을 선물하기도 했습니다. ④ 나는 옛날에 공룡이 살았다는 섬을 소개한 책을 보았고 그 곳에 가 보고 싶어졌습니다. 주원 "아빠, 엄마. 나 공룡이 살았던 섬에 가 보고 싶어요."

아빠 "주원이가 공룡이 보고 싶은가 보구나. 그렇지만 지금은 그 곳에도 공룡은 없을 거야. 이제 살아있는 공룡은 어디에서도 볼 수가 없기 때문이지. 그 곳에는 다른 볼거리도 많이 있으니 여행을 가는 것도 좋겠구나."

⑤ 나는 엄마, 아빠와 함께 비행기를 타고 공룡이 살았던 섬으로 여행을 떠납니다. 비행기 안에서 나는 공룡이 살고 있다는 섬이 소개된 책을 다시 보며 상상을 합니다.
주원 "혹시 그 섬에서 진짜 공룡과 부딪히면 어떻게 해야 할까? 얼마나 큰 동물일까? 내가 너무 작아서 다 볼 수 없으면 어쩌지?"

⑥ 이윽고 공룡이 살고 있다는 작은 섬 옆에 있는 큰 섬에 비행기가 도착했습니다. 엄마, 아빠와는 여기 저기 구경할 곳을 찾아 관광을 하자고 말씀하셨어요.

⑦ 나는 엄마, 아빠와 섬 안의 이곳, 저곳을 구경했습니다. 하지만 섬 안을 구경하는 동안에도 빨리 공룡을 만나고 싶었고, 잠자리에 누워서도 공룡 생각만 했습니다.

⑧ 다음날 공룡이 살고 있을 것 같은 작은 섬으로 배를 타고 향했습니다.
그 곳에는 벌써 너무 많은 사람들이 와 있었습니다. 공룡이 나와서 춤을 추는 공룡쇼가 열린다고 합니다. 많은 사람들이 동그랗게 둘러 서 있었고 나는 키가 너무 작아서 볼 수가 없어 아빠가 무등을 태워 주셨습니다.
주원 "우와, 공룡이다. 아빠, 공룡이 진짜 있어요."
아빠 "주원아, 저건 진짜 공룡이 아니란다. 사람들이 만든 가짜 공룡이야."

⑨ 그렇지만 나는 진짜 공룡이 이 섬 어딘가에 있을 것만 같았습니다. 그래서 뒤로 돌아가 보기로 했답니다. 한 걸음 한 걸음씩 걸어가면서 주위를 돌아보았습니다. 아, 그런데 이게 무슨 소리일까요?
어디선가 무섭게 으르렁거리는 소리가 들려왔습니다. 갑자기 무서워졌습니다.
주원 "우와, 공룡이다!"
공룡을 본 것 같아 소리를 질렀는데 자세히 보니 바람에 흔들리는 풀이었습니다.

⑩ 결국 공룡을 만나지는 못하고 말았습니다.
섬을 떠나던 날 엄마는 나에게 이야기를 해 주셨습니다.
엄마 "이제 공룡은 어디에도 없단다. 공룡은 옛날에 살았던 동물이란다."
배를 타고 섬을 떠나오면서 나는 생각했어요.
주원 '어딘가에는 공룡이 살고 있을 거야. 내가 어른이 되면 꼭 찾아봐야지. 얼마나 큰 동물일까?'

마무리	3. 동화를 듣고 난 후, 동화 속 주인공의 감정과 행동에 대해 유아들과 이야기를 나눈다. - 주원이는 무엇을 좋아했니? - 주원이는 엄마, 아빠와 어디로 여행을 떠났니? - 주원이는 섬에서 누구를 마난고 싶었니? - 지금 공룡은 얻에도 살고 있지 않을까? - 만약 공룡을 만난다면 어떻게 하겠니? 4. 동화를 듣고 이야기 내용과 주인공의 감정을 이해하였는지 평가한다.

출처: 5세 누리과정 교수자료세트 교사용지도서, 아이코리아, 2012, p. 93~95.

2) 그림책 감상하기

그림책은 유아의 생애 최초로 만나게 되는 책이며 이 그림책은 부모에 의해 읽혀지는 경우가 대부분이다. 유아교육기관에 다니게 되면서 그림책은 유아교사들에 의해 읽혀지며 유아들은 그것을 감상하게 된다. 유아들은 이야기를 들으면서 청각적 즐거움을 느끼게 되고 이야기의 내용을 이해하게 된다. 부모나 교사가 유아에게 어떤 태도와 방법으로 읽어 주느냐가 유아들의 문학적 감상 능력에 영향을 미친다.

그림책을 읽어 줄 때 적합한 속도, 빠르기의 정도, 목소리의 강 · 약 등을 잘 활용하여 들려주면 유아는 보다 더 작품의 분위기를 잘 이해하며 문학적 감수성을 기르는데 도움이 된다. 또한 유아교사가 그림책을 읽어 줄 때 글을 모르는 유아들은 그림을 통해 이야기를 이해하게 된다. 유아교사는 유아들이 심리적 안정감을 느끼는 분위기 속에서 그림책의 이야기를 경험하도록 배려해야 한다.

(1) 그림책 읽어 주는 방법

① 목소리를 의도적으로 내기보다는 자연스러운 목소리로 천천히 똑똑한 발음으로 읽어 준다.

② 해설과 대화는 분명히 구분되게 읽어 준다. 즉 해설은 편안한 목소리로 읽어 주고 목소리를 듣기만 해도 등장인물의 성격이나 행동들은 유추해 낼 수 있게 적절한 성대묘사를 하면서 읽어 준다.

③ 이야기의 장면이 극적으로 바뀌거나 절정에 도달할 때는 목소리의 고 · 저와 빠르기 등을 조절하여 분위기를 충분히 느낄 수 있게 읽어 준다.

④ 그림책을 읽을 때 유아의 반응을 살피면서 그림을 충분히 볼 수 있도록 천천히 읽어 준다.

⑤ 그림책을 다 읽은 후에는 처음부터 그림만 천천히 보여주어 유아가 이야기 내용을 회상할 수 있게 한다.

⑥ 그림책을 이용하여 글씨를 가르치려는 목적으로 언어를 반복하여 읽는다든지 책의 글씨를 의도적으로 하나하나 집어 가며 읽지 않는다.

① 그림책을 읽어 주기 위한 준비

- 교사가 먼저 그림책 내용을 읽어 본 후 유아들이 이해하기 어려운 내용이 있는가를 살펴본다.
- 이야기 중간에 멈추어서 유아들과 함께 예측하거나 토의할 수 있는 내용이 있는지를 살펴본다.
- 이야기의 플롯과 배경, 등장인물, 분위기들을 생각하면서 이야기의 내용을 숙지한다.
- 이야기의 상황과 등장인물의 특성에 맞는 적절한 목소리와 표정을 연습해 본다.

- 가능한 소집단으로 준비하는 것이 좋으며, 대집단인 경우에는 실물 화상기 등을 이용해서 그림의 크기를 크게 해서 유아들에게 보여 준다.

② 그림책 읽어 주기

㉠ **도입단계** : 도입단계에서는 유아들이 그림책에 흥미를 갖도록 해 준다. 예를 들면, 그림책 내용과 어울리는 소품을 준비하거나 그림책과 관련된 예비적인 정보, 질문거리를 준비하여 유아들이 호기심을 가지고 그림책을 들을 수 있도록 준비한다. 책을 다 읽고 난 후 무엇을 할 것인지 미리 예고하는 방법도 있다. 예를 들어, "이야기를 다 듣고 나서 주인공에 대해서 또는 가장 재미있었던 부분을 이야기해 보도록 하자." 또는 "어떤 장면이 제일 재미있었는지를 그림으로 그려 보자."와 같은 사후활동에 대해서 미리 유아들에게 말할 수도 있다.

㉡ **전개단계** : 전개단계에서 교사는 그림책을 보여주고, 유아는 눈으로 그림을 보며 귀로 이야기를 듣는다. 이야기를 읽어 주는 동안 유아들과 눈을 맞춰 주의 집중시키고 유아들의 반응을 보면서 그림책을 읽어 준다. 이야기를 들려주는 중간에 주의가 산만할 경우에는 잠깐 호흡을 고르거나 손유희 또는 소리 없이 입모양만 흉내내 노래를 부르며 주위를 다시 환기시킨 후 이야기를 계속 읽어 준다.

㉢ **마무리단계** : 마무리단계에서는 그림책을 끝까지 다 읽어 준 다음 조용히 그림만 다시 보여 준다. 다 듣고 난 다음에 느낌에 대해 질문할 수도 있고 재미있었던 점에 대해서도 이야기한다. 그러나 지나치게 의도적이고 도덕적인 훈계는 하지 않는 것이 좋다.

주제와 관련된 적절한 그림책과 그림책을 읽어 준 후 추후활동으로 연결할 수 있는 그림책을 소개하면 다음과 같다.

1. 제목 : 토끼와 늑대와 호랑이와 담이와

내 용

토끼, 늑대, 호랑이 그리고 사람이라는 친구가 전혀 될 수 없을 것만 같은 대상들이 서로에 대한 사회적인 편견과 막연한 두려움을 없애고 이해와 믿음으로 친구가 되어 가는 과정을 알려 줄 수 있다.

그림책을 읽어 준 후 질문하기

* 그림만 한 번 보자.
* 토끼는 빗자루를 들고 누구를 기다렸을까?
* 엄마가 시장가시며 한 말씀은 무엇이었을까?
* 어떤 친구들을 만났을까?
* 혼자 있을 때 누가 오면 어떻게 해야 할까?
* 토끼와 늑대와 호랑이와 담이는 무엇을 보고 있을까?
* 똑! 똑! 똑! 누가 왔을까?
* 토끼와 늑대와 호랑이와 사람이 어떻게 친구가 되었을까?

확장활동

활동 1. 그림책 감상하기 (문장 카드 만들기)
활동 2. 마법빗자루 만들기
활동 3. 집을 그려 보세요.
활동 4. 친구 집을 지어요.(블록 활용)

출처: 채인선(2000), 「토끼와 늑대와 호랑이와 담이와」, 시공주니어.

2.	제목 : 한 입에 덥석	
내 용	친구들과 산책을 하다가 커다란 수박 하나를 발견하고 사이좋게 똑같이 나누어 먹는데 몸집이 작은 개미부터 먹기 시작하여 마지막으로 가장 큰 하마가 수박을 한입에 먹어 치우는 내용	

그림책을 읽어 준 후 질문하기

* 그림만 한 번 보자.
* 수박을 먹을 때 어떤 소리가 날까?
* 수박을 먹을 때 누가 먼저 먹었을까? 그 다음은?……
* '날씬 날씬 개미는 한입에 야금야금'을 다른 말로 어떻게 바꿀 수 있을까?
* 모두 공평하게 먹을 수 있는 방법은 무엇일까?

확장활동

활동 1. 그림책 감상하기(단어 가지 만들기): 언어활동
활동 2. 친구들과 사이좋게(수: 나누기놀이)
활동 3. 누가 먹었을까?(부분보고 전체파악)
활동 4. 수박을 먹어요 (신체–몸으로 표현해요)
활동 5. 어떤 소리가 날까요?(의성어 · 의태어)

출처: 키소 히데오(2002), 「한입에 덥석」, 한수연 역, 시공주니어.

3. 제목 : 일곱 마리 눈먼 생쥐

내 용	"참된 지혜는 전체를 보는 데서 나온다"는 교훈을 일곱 마리 눈먼 생쥐들이 자기가 본 것만으로 전체를 다 안다고 생각하는 모습을 통해 알 수 있다.	

그림책을 읽어 준 후 질문하기

* 그림만 한 번 보자.
* 눈먼 생쥐들이 연못가에서 이상한 것을 발견했는데 월요일날 빨간 생쥐가 가서 알아보고 무엇이라고 말했을까?
* 화요일, 수요일, 목요일, 금요일, 토요일에 가서 본 쥐는 무엇이라고 말했을까?
* 마지막 하얀 생쥐는 어떻게 이상한 물건을 말했을까?
* 생쥐 교훈은 무엇이었지?
* 만약에 내가 생쥐라면 코끼리를 어떻게 말해 볼까?

확장활동

활동 1. 그림책 감상하기
활동 2. 부분 보고 전체 맞추기 (조작활동)
활동 3. 만져 보기만 하고서 (과학활동)

출처: 에드영(1999), 「일곱 마리 눈먼 생쥐」, 최순희 역, 시공주니어.

4.	제목 : 깊은 밤 부엌에서	
내 용	이 책은 주인공 미키가 부엌으로의 상상 여행에서 경험하는 재미있는 이야기를 전달하는 책이다. 시간적 배경은 어린이를 무의식의 세계인 꿈의 세계로 데려가는 밤이고 밤은 곧 상상력을 자유자재로 펼칠 수 있는 시간인 동시에, 어른들의 간섭에서 해방되는 시간이며. 공간적 배경인 환한 부엌은 어린이의 욕망 중에서도 가장 중요한 부분을 차지하는 '먹을 것'에 대한 욕망이 해소되는 공간이다. 일찍이 다른 욕망을 배우지 못한 어린이에게는 먹고 싶은 욕망이야 말로 가장 강력하고 원초적인 욕망이다.	

그림책을 읽어 준 후 질문하기

* 그림책을 한 번 읽어 보자.
* 미키가 왜 잠을 자지 못했지?
* 빵 만드는 사람인지 어떻게 알 수 있을까?(모자, 앞치마, 옷 등)
* 빵을 만들 때 필요한 것은 무엇일까? (밀가루, 계량컵, 달걀, 우유, 설탕 등)

확장활동

활동 1. 그림책 감상하기(단어 가지 만들기)
활동 2. 요리사가 되어요(요리사 모자 만들기)
활동 3. 맛있는 간식 만들기

출처: 모리스 샌닥(1994), 「깊은 밤 부엌에서」, 강무홍 역, 시공주니어.

2. 동화짓기 및 그림책 만들기

1) 기존 동화 이용하기

- 내용 첨가하기
- 결말 바꾸어 보기
- 뒷이야기 꾸미기

2) 그림을 보고 짓기

- 글 없는 그림책을 이용하여 글짓기
- 몇 컷트의 그림(만화)을 이용하여 이야기 꾸미기
- 말풍선에 대화 써 넣기

3) 동화 창작하기

- 교사가 제공한 이야기의 실마리를 가지고 이야기하기(실마리의 예: 옛날에 어느 마을에 시계장수가 왔어요. 시계장수에게는 여러 가지 시계가 있었어요……)
- 동화의 용도를 계획하고 짓기(잠자는 아이에게 들려줄 동화, 아파서 누워만 계시는 할머니를 위한 동화……)
- 동화내용을 선택하여 짓기(웃기는 이야기, 슬픈 이야기, 무서운 이야기……)
- 음악이나 그림을 이용하여 동화짓기
- 주어진 제목에 대해 이야기 나누고 동화짓기

동화책 만들기 활동 계획안 예시

활동명	봄이 왔어요.	생활주제	봄 · 여름 · 가을 · 겨울
활동유형	동화책 만들기	대상연령	만 5세
활동형태	대 · 소집단	소요시간	20분
활동목표	· 봄이 되어 생기는 주변 생활의 변화를 안다. · 동화를 주의 깊게 듣는다. · 동화를 다양한 방법으로 재구성해 본다.	3–5세 누리과정 관련요소	· 자연탐구: 과학적 탐구하기– 생명체와 자연환경 알아보기 · 의사소통: 듣기–동요, 동시, 동화 듣고 이해하기 · 의사소통: 읽기–읽기에 흥미 가지기 · 의사소통: 쓰기–쓰기에 흥미 가지기
활동자료	동화 '봄이 왔어요(윤구병, 휴먼어린이, 2011)', 플래시동화, 텔레비전, 컴퓨터		
활동순서	활동내용		
도입	**1. 동화의 표지를 보며 내용을 상상해 본다.** – 어떤 그림이 있니? – 제목이 무엇이니? – 어떤 이야기가 들어 있을까?		
전개	**2. '봄이 왔어요.' 동화를 들려준다.** 〈봄이 왔어요.〉 '졸졸졸' 꽁꽁 얼었던 시냇물이 녹았어요. "아함, 잘 잤다." 개구리가 겨울잠에서 깨어났어요. 시냇가에는 버들강아지가 바람에 살랑거리고, 들판에는 아지랑이가 아른아른 피어올라요. '쩔렁쩔렁' 황소가 방울을 울리고, "이랴, 이랴! 농부 아저씨가 밭을 갈아요." 언니랑 나는 들에서 바구니 가득 나물을 캤어요. '지지배배' 제비들이 돌아왔어요. '꼬꼬댁 꼬꼬' 암탉이 노래를 하고, '삐악삐악' 노랑 병아리가 깨어났어요. 꽃밭에서는 벌들이 붕붕거리고, 나비들도 훨훨 날아다녀요. 햇볕이 참 따스해요. 나는 겨울옷을 벗고 봄옷을 입었어요. 몸이 가벼워졌어요. 봄에는 또 어떤 것이 보일까요?		

<table>
<tr><td></td><td>3. 동화의 내용을 회상하며 이야기한다.
- 동화를 들으니 어떤 느낌이 드니?
- 어떤 장면이 재미있니?
- 봄이 되어 어떻게 변했니?
- 버들강아지와 아지랑이는 어떤 모습이니?

4. 등장인물과 내용을 바꾸어 동화책을 만든다.
- 동화의 내용도 바꿀 수 있을까?
- 어떤 부분을 바꾸면 좋겠니?

5. 함께 만든 동화를 다시 한 번 들어 본다.

6. 언어 영역에서 동화를 다양하게 바꾸어 보도록 한다.
- 등장인물과 내용을 바꾸어서 동화책을 만드는 것은 어느 영역에서 할 수 있을까?
- 친구들이 다양하게 내용을 바꾸어 볼 수 있겠니?

7. 등장인물과 내용을 바꾼 동화를 만들어 보도록 한다.</td></tr>
<tr><td>마무리</td><td>8. 활동 평가

1) 동화를 주의 깊게 듣고, 봄이 되어 생기는 주변 생활의 변화를 이해하는지 평가한다.
가) 봄이 되어 생기는 주변 생활의 변화를 이해하는가?
나) 동화의 내용에 관심을 기울여 끝까지 주의 깊게 듣는가?

2) 동화를 다양한 방법으로 재구성할 수 있는지 평가한다.
가) 등장인물이나 내용을 바꾸어 동화를 재구성할 수 있는가?
나) 글과 그림을 이용하여 동화를 재구성하는가?

9. 확장 활동
다시 지은 동화를 책으로 묶은 후 언어 영역에 비치하여 서로의 생각을 읽어 볼 수 있도록 한다.</td></tr>
</table>

3. 동극활동

유아교육기관에서 가장 흔하게 하는 표현하기 활동은 동화를 듣고 난 후 하는 역할극이나 동극이다. 이 동극을 하는데는 특별한 소품이나 무대장치 구성이 필요치 않다. 교실에 있는 블록이나 간단한 소품을 이용하기도 하고 유아가 직접 만들어서 사용할 수 있는 소품의 경우에는 작업 활동 시간에 만들어서 표현한다. 동극을 계획하기 위해서는 적절한 동화를 선택해야 한다. 내용이 간결하고 단순하지만 이야기 내용이 흥미롭고 등장인물이 가능한 한 많은 것이 좋다. 문장은 반복되거나 반복적인 문장으로 점진적인 구성이 좋다.

1) 동극활동 방법

① 동화를 들려준 후 동화내용을 회상하며 등장인물을 정리한다.
② 등장인물의 특성과 대사를 확인한다.
③ 동극을 하는데 필요한 배경이나 소품을 교실에서 대체할 수 있는 것과 유아들이 직접 만들어 사용할 수 있는 것들을 분류한다.
④ 유아들이 직접 만들어야 하는 소품들은 작업 활동 시간이나 자유선택활동 시간을 이용하여 제작하도록 계획한다.
⑤ 동극 준비가 다 되었는지 확인한다.
⑥ 배경이나 소품 준비가 다 되었으면 등장인물을 선정하고, 각각의 대사를 유아들과 다 함께 반복하여 본다.

⑦ 동화의 줄거리는 교사가 해설자가 되어 읽어 주고, 유아들은 대사만을 하도록 한다.

⑧ 동극은 배경 및 소품 준비를 위해 동화를 듣고 난 다음 날 진행이 될 수도 있다.

2) 동극할 때 유아 각자가 유의해야 할 사항

① 즐거운 마음으로 참여하기
② 목소리 크기는 적절하게 내기
③ 등장인물의 표정과 몸 동작을 적절하게 표현해 보기
④ 등장인물의 말과 행동을 그대로 따라하기보다는 창의적으로 표현해 보기
⑤ 소품 소중히 다루기
⑥ 다른 사람들의 이야기에 귀 기울여 듣기
⑦ 자신감 있게 활동하고 다른 사람의 행동을 수용하고 격려해 주기

동극활동 계획안 예시

활동명	백설공주는 요리사	생활주제	건강과 안전
활동유형	동극	대상연령	만 5세
활동형태	대 · 소집단	소요시간	20분
활동목표	몸에 좋은 음식이 무엇인지 알고 좋은 음식을 골라 먹는 습관을 갖는다. · 친구들과 협동하여 즐겁게 동극으로 표현한다.	3–5세 누리과정 관련요소	· 신체운동 · 건강 : 건강하게 생활하기– 바른 식생활하기 · 예술경험 : 예술적으로 표현하기– 극놀이로 표현하기
활동자료	동화 '백설공주는 요리사'(박영란, 아람, 2009), 동극에 필요한 소품		

<table>
<tr><th>활동순서</th><th>활동내용</th></tr>
<tr><td>도입</td><td>1) '백설공주는 요리사' 동영상을 시청한다.
- 어떤 내용일 것 같니?
- 동영상을 시청할 때 어떻게 하면 좋을까?
2) 사건의 순서와 동화 속 등장인물의 대사를 회상해 본다.
- 어떤 일들이 어떤 순서로 일어났니?
- 등장인물(백설공주)은 어떤 음식이 좋다고 말을 하였니?
- 등장인물(심술궂게 생긴 할머니)은 어떻게 행동을 하였니?
- 등장인물(백설공주, 할머니, 일곱 난쟁이)의 기분은 어땠을까?</td></tr>
<tr><td>전개</td><td>3) 동극에 필요한 소품과 무대를 정한다.
- 동극을 하려면 어떤 소품이 필요할까?
- 무대는 어디로 할까?
- 등장인물이 기다리는 곳과 나가는 곳, 관객자리는 어디로 할까?
- 누가 무대와 소품을 준비해 줄래?

4) 역할을 함께 정한다.
- 동극을 하려면 어떤 역할이 필요할까?
- 백설공주, 할머니, 일곱 난재이의 역할을 누가 해 볼래?

5) 공연 시 지켜야 할 약속을 정한다.
- 역할을 맡은 친구들은 어떻게 해야 할까?
- 관객들은 어떻게 해야 할까?

6) 동극을 한다.

7) 맡았던 역할을 소개한다.</td></tr>
<tr><td>마무리</td><td>8) 평가를 한다.
- 어떤 부분이 재미있었니?
- 역할을 맡은 친구들의 말과 행동은 어땠니?
- 관객들의 태도는 어땠니?
- 동극을 더 재미있게 하려면 어떻게 하면 좋을까?</td></tr>
</table>

백설공주는 요리사

새 왕비의 미움을 받던 백설공주는 숲 속으로 도망왔어요.

백설공주: (난쟁이들의 집을 발견하고는) 나도 여기서 함께 살고 싶어요.
난쟁이들: 걱정 말아요, 우리 함께 살아요.

달리기 시합에서 져서 시무룩한 난쟁이들을 위해 백설공주는 채소와 생선으로 요리를 만들었어요. 그때 심술궂게 생긴 할머니가 똑똑 문을 두드렸어요.

할머니:(큰 소리로) 과자, 사탕, 케이크, 초콜릿, 캐러멜, 치킨 사세요!
난쟁이 1: 군것질하고 싶은데 난 과자.
난쟁이 2: 난 사탕.
난쟁이 3: 난 초콜릿.

백설공주가 깜짝 놀라 말했어요.

백설공주: (손을 저으며)안돼요, 아무거나 먹으면 건강을 해쳐요. 뚱뚱해진다구요.

할머니는 입을 삐죽거리며 가버렸어요.
다음 날 백설공주는 채소와 생선으로 맛있는 음식을 만들었어요.
달리기 시합에 또 져서 화가 난 난쟁이들이 뛰어와서 음식은 안 먹고 투정부리듯 말했어요.

난쟁이 1: 군것질하고 싶은데.
난쟁이 2: 군것질하고 싶은데.
난쟁이 3: 군것질하고 싶은데.

그때 심술궂은 할머니가 똑똑 문을 두드리며 말했어요.

할머니: (큰 소리로)감자튀김, 피자, 음료수, 라면, 핫도그, 햄버거 사세요!

난쟁이 1: 난 감자튀김.

난쟁이 2: 난 피자.
난쟁이 3: 난 음료수.
난쟁이 4: 난 라면.
난쟁이 5: 난 핫도그.
난쟁이 6: 난 햄버거.
백설공주: (손을 크게 저으며)안돼요, 아무거나 먹으면 건강을 해쳐요.
난쟁이 4: 배고파. 먹고 싶은데.
난쟁이 5: 배고파. 먹고 싶은데.
난쟁이 6: 배고파. 먹고 싶은데.

할머니는 또 투덜거리며 사라졌어요.

난쟁이들: 공주님은 우리가 좋아하는 것만 못 먹게 해. 왜 그러세요?
백설공주: 신선한 채소와 생선으로 만든 우리 몸에 좋은 음식이에요. 맛있게 먹어요.

난쟁이들은 음식을 함께 먹으며 얼굴에 웃음이 피었어요.

난쟁이들: 맛있다, 맛있어. 이렇게 맛있는 줄 몰랐어.

며칠 후 달리기 시합에 또다시 참여했던 난쟁이들은 1등을 해서 신이 났어요.

난쟁이들: 건강에 좋은 음식을 먹어서 이겼나 봐.
난쟁이 5: 맞아. 채소와 생선을 먹어서 몸이 건강해졌나 봐.
난쟁이 6: 맞아. 깨끗이 손씻고 식탁에 앉아서 몸에 좋은 음식을 골고루 먹자.
난쟁이들: 꿀꺽, 꿀꺽, 우리는 건강해지는 좋은 음식을 먹어요.

맛있고 몸에 좋은 음식을 먹어요. 시금치, 콩나물, 버섯, 생선 냠냠냠냠.

며칠 후 심술궂은 할머니가 똑똑 문을 두드리며 말했어요.

할머니: (큰 소리로)감자튀김, 피자, 음료수, 라면, 핫도그, 햄버거 사세요!

난쟁이들은 할머니를 향해 모두 크게 외쳤어요.

난쟁이들: (손을 저으며)안 사요. 우리는 몸에 나쁜 음식은 먹지 않아요. 맛있고 몸에 좋은 음식만 먹어요.

할머니: 뭐, 뭐, 뭐라구?

심술궂은 할머니는 쏜살같이 도망쳤어요. 난쟁이들은 백설공주가 만들어 주는 몸에 좋고 맛있는 음식을 먹으며 모두모두 행복하게 잘 살았답니다.

출처: 동화 「백설공주는 요리사」(박영란 글, 천숙연 그림, 아람, 2009)

제9장

동 시 활 동

1. 동시 감상하기

동시는 동심을 바탕으로 유아의 생각이나 느낌을 가장 적절하고 함축적으로 표현한 문학 작품 중의 하나이다. 동시는 언어나 소리의 아름다움을 느끼게 해 주며 유아의 감정과 생각을 잘 표현하여 심미감을 주는 문학으로 높이 평가되고 있다. 유아들은 동시를 들음으로써 순수한 즐거움을 경험하게 되는데 이러한 경험은 유아들의 정서적 · 지적 · 심미적인 자원으로 그들의 성장과 발달에 원동력이 될 수 있다. 따라서 유아에게 좋은 동시를 소개해 주는 일은 매우 중요하다. 교사는 유아에게 들려주기 위한 동시선정을 잘 해야 하는데 먼저 유아가 좋아하고 흥미 있어야 하며 교육적으로 의미 있는 것이어야 한다. 유아에게 좋은 동시란 유아가 흥미를 느낄 수 있고, 음악성과 리듬감, 자연스런 운율이 있어야 하고, 동적 주제를 갖추어 친숙하고 재미있어야 한다. 또한 지적 · 정서적으로 유아들의 발달 단계에 맞는 것을 선정하여 들려주어야 한다. 유아들이 좋아하는 동시를 살펴보면 다음과 같다.

〈내용면〉

- 유아의 경험과 관련된 동시(동물, 휴일 등)
- 유머와 넌센스가 포함된 동시

〈형식면〉

- 정형시
- 동화시

- 적절한 길이의 동시
- 동시대의 동시
- 시적 요소가 들어 있는 동시(운율, 이미지 등)

1) 동시를 들려주기 위한 준비

(1) 동시의 선정 기준

유아들에게 동시를 소개해 줄 때 가장 중요한 것은 유아가 좋아하면서도 적절한 순간에 알맞은 동시를 준비하는 것이다. 교사가 동시를 선정한 후 다음의 10가지 기준을 고려하여 바람직하게 선정되었는지 평가한다면 도움이 될 것이다.

① 동시가 감각적 영상, 즉 시각 · 후각 · 촉각을 만족시키도록 구성되어 있나?
② 동시가 비유적이며, 구어와 문어가 적절하게 포함하고 있는가?
③ 동시가 적절하고 흥미 있으며, 반복적인 특성을 가지고 있는가?
④ 동시가 리듬이 있는 형태로 자연스럽게 흘러가는가?
⑤ 동시에 포함되어 있는 언어와 어휘를 유아가 이해하기에 적절한가?
⑥ 동시에 나타난 단어들이 시의 뜻을 의미하는데 적절한가?
⑦ 동시가 유아의 정서를 적절하게 표현해 주는가?
⑧ 동시가 유아의 시로 전개해 볼 수 있게 하는 측면이 있는가?

(2) 동시 들려주기 전의 준비

① 동시의 내용을 완전하게 숙지한다. 동시가 무엇을 말하고자 하는지 좀 더 잘 이해하기 위해서 교사는 시인의 눈으로 동시를 보도록 한다.
② 동시에 나타난 단어의 발음을 연구한다.

③ 동시에 나타난 구두점을 주의해서 본다. 어디에서 쉬고 어디에서 억양을 높이고 낮추어야 할지를 정한다.

④ 유아에게 동시를 읽어 줄 때 흥미를 불러일으키기 위한 방법으로 동시판을 제작하여 사용하는 것이 좋다.

⑤ 다양한 형태의 동시를 위한 추후 활동을 계획한다. 동시의 종류나 내용에 따라 추후 또는 확장 활동으로 표현 · 창작 활동이 가능한지 계획한다.

2) 동시판 제작하기

① 유아들에게 잘 보일 수 있는 4절 크기의 하드보드지를 준비한다.

② 동시제목을 맨 위 중간에 써 넣는다.

③ 오른쪽 옆에 동시의 지은이를 쓴다.

④ 유아들이 잘 알아볼 수 있는 크기의 글자체를 이용하여 동시 내용을 적어 넣는다.

⑤ 동시에 어울리는 그림은 너무 조잡하거나 작지 않게 밑그림을 그리는 것도 좋다.

⑥ 색깔을 사용할 때에는 눈에 잘 띄는 선명한 색을 사용한다.

〈동시판 "아침의 알리는 소리들"〉

3) 동시 소개 방법

유아에게 동시를 소개하는 방법은 동시를 들려주고 난 다음 다함께 낭송하는 방법이 가장 일반적인 방법이다.

(1) 동시를 교사가 읽어 주기

① 유아의 인원에 맞는 적당한 크기의 동시판을 준비한다.
② 교사는 편안한 속도로 동시를 또박또박 크게 읽어 준다.
③ 동시의 내용에 따라 목소리의 높낮이와 크기를 변화시키면서 읽는다.
④ 유아가 동시를 친근하게 느끼고 편안함을 갖도록 여러 번 읽어 준다.
⑤ 교사가 동일한 방법으로 반복하여 읽어 주면 싫증을 낼 수 있으므로 여러 가지 방법으로 유아들과 함께 읊어 본다.
- 동시를 읊어 보려고 해. 어떤 방법으로 읊어 볼까?
- 어떤 방법으로 동시를 읊어 본 것이 재미있었니?
- 다른 말로 바꿔 동시를 읊었을 때 느낌이 어땠니?
- 또 다른 방법으로 동시를 읊어 볼까?

⑥ 유아들과 함께 동시말을 재구성해 가면서 말잇기 놀이를 해 본다.
- 이번에는 동시내용을 바꿔서 말잇기 놀이를 해 보자. 한 소절씩 친구들이 동시내용을 바꿔서 읊어 본 후에 '그런게 친구야'라는 부분이 오면, 모두 함께 큰 소리로 '그런게 친구야'라고 읊어 보는 거란다.
- 어느 친구가 먼저 동시말을 바꿔서 읊어 볼까?

(방법 1)
– 교사가 동시를 들려줄 때, 유아가 기억하는 부분을 교사와 함께 말하면서 자유롭게 읊어

보기(이때 교사는 유아들이 떠오르는 문장이나 낱말을 잘 읊어 볼 수 있는 부분에선 천천히 또는 큰 소리로 강조를 하면서 읊어 주도록 한다.)

(방법 2)
- 교사가 앞 소절을 읊으면 유아들이 그 다음에 오는 말을 연결하며 읊어 보기

(방법 3)
- 교사가 동시내용을 읊어 주면 유아들은 표정을 짓거나 행동으로 표현하면서 읊어 보기

(방법 4)
- 동시에 표현된 낱말을 부분적으로 바꿔 읊어 보기
  예) '친구' 대신에 친구의 이름을 직접 넣거나, '(재미)있고' 부분을 다른 말로 바꿔서 읊어 보기

(2) 동시를 함께 읽어 본 후 활동

동시 내용을 바꿔 가면서 말잇기 놀이를 해 본다. 한 소절씩 동시내용을 바꿔서 읊어 본 후에 동일하게 반복되는 문장은 다함께 읊어 본다.

(3) 동시 활동 후 평가

① 친구의 의미를 알게 되었는지 평가한다.
② 동시를 감상하며 자신의 생각과 느낌을 적절하게 표현하는지 평가한다.
③ 동시 활동에 즐거운 마음으로 참여하는지 평가한다.

(4) 확장 활동

① '친구가 있어서' 또는 '친구와 함께 라면', '난 네가 좋아'라는 말을 넣어서 동시짓기를 해 본다.

② 내가 친구에게 화가 났을 때, 친구가 나 때문에 화가 났을 때, 화를 푸는 방법에 대해 서로 소개해 본다.

③ 유아와 함께 교실 내에 화 푸는 장소를 만들어서 감정을 순화시킬 수 있도록 한다.

2. 동시짓기

유아들에게 처음부터 동시를 완전하게 창작한다는 것은 매우 어려운 일이다. 따라서 처음에는 창조하는 것보다는 기존의 것을 변형하는 것에서부터 시작한다. 비가 오는 것을 감상하고 느낀 다음 동시 지을 때를 예로 들어 보자. 먼저, 기존의 동시 중에서 비와 관련된 시를 감상한 다음 표현을 다르게 바꾸어 보는 방법으로 시작하고, 점차 유아들에게 비가 오는 소리를 내보게 하거나 느낌을 모아서 동시의 형태로 나열해 보는 것으로 점차 단계를 높여가는 것이 좋다(이대균 외, 2006).

1) 기존 동시를 변형하기

- 단어나 짧은 문장 바꾸어 보기
- 원래 동시의 형식에 따라서 행과 연 첨가하기
- 제목을 바꾸되 원래 동시의 형식 따라서 창작하기

〈기존의 동시 변형하는 방법〉

① 단순하며 반복적 어구가 있는 동시를 선택하여 여러 번 들려준다(동시 감상시간

에 경험했던 것이면 유아들에게 익숙하므로 더욱 좋다).

② 동시 제목에 대하여 관련 그림을 보거나 자신의 경험을 떠 올린다.

③ 변경할 부분을 교사가 강조하여 읊어 주면 유아들이 바꾸어 본다.

④ 유아들이 말한 것에 교사가 운율을 넣어 들려준다(때에 따라서 유아의 동의를 얻어 문장을 줄이거나 일부분을 동시답게 바꿀 수 있다).

⑤ 전체가 완성될 때까지 반복해서 읊어 준다.

⑥ 동시가 완성되면 유아와 함께 읊어 본다.

2) 동시 창작하기

① 자연의 모습을 관찰하고 느낌 이야기하기

② 사물의 움직임을 언어로 표현하기

③ 음악을 듣고 그 느낌을 언어로 표현하기

④ 주어진 제목에 대해 이야기 나누고 동시짓기

동시감상 및 동시짓기 활동 계획안 예시

활동명	그런게 친구야	생활주제	유치원과 친구
활동유형	동시 감상하기	대상연령	만 5세
활동형태	대 · 소집단	소요시간	20분
활동목표	· 동시에 표현된 친구의 의미를 이해한다. · 친구에 대한 생각과 느낌을 적절히 표현한다. · 동시를 감상하는 즐거움을 느껴 본다.	3~5세 누리과정 관련요소	· 사회관계 : 나와 다른 사람의 감정 알고 조절하기- 나의 감정 조절하기 · 의사소통 : 말하기-느낌, 생각, 경험 말하기
활동자료	동시 '그런게 친구야' 플래시, 문장카드		

활동순서	활동내용
도입	1) '그런게 친구야'라는 문장카드를 제시해 주고, 그 말의 의미에 대해 생각해 본다. – (문장카드를 제시하면서) 카드에 어떤 글이 적혀 있니? – '그런게 친구야'라는 말을 들으면 어떤 생각이 드니? – 어떤게 친구일까? – 친구는 언제나 사이가 좋을까? 왜 그렇게 생각했니?
전개	2) 동시를 감상하고, 자유롭게 이야기 나눈다. – '그런게 친구야'라는 동시가 있단다. 동시 속에 담긴 친구 이야기를 생각하면서 감상해 보자. **그런게 친구야** 허미애 친구 때문에 재미있고 친구 때문에 심심하고 그런게 친구야. 친구 때문에 깔깔웃고

<table>
<tr>
<td>마무리</td>
<td>
친구 때문에 잉잉울고
그런게 친구야.

친구니까 싸우고
친구니까 용서하고
그래서 친구야.

그런게 친구야.

- 동시를 듣고 나니 어떤 느낌이 드니?
- 동시에서는 친구를 어떻게 표현했니?
- 친구 때문에 재미있었던(심심했었던) 적이 있었니?
- 친구 때문에 속상해서 잉잉 울어 본 적도 있었니?
- 왜 친구 때문에 잉잉 울거나 깔깔 웃게 될까?
- 너희들은 친구랑 싸운 적이 있니?

- 왜 싸웠니?
- 싸우고 난 다음에는 어떻게 했니?

〈동시짓기〉
- 이 동시의 뒷부분을 더 지어 볼까?
- 친구니까_하고 친구니까 ___하고 친구를 생각하며, 동시를 처음부터 끝까지 함께 읊어 볼까?

3) 유아들과 함께 여러 가지 방법으로 동시를 읊어 본다.
- 동시를 읊어 보려고 해. 어떤 방법으로 읊어 볼까?
- 어떤 방법으로 동시를 읊어 본 것이 재미있었니?
- 다른 말로 바꿔가면서 동시를 읊었을 때 느낌이 어땠니?
- 또 다른 방법으로 동시를 읊어 볼까?

4) 유아들과 함께 동그랗게 앉아서 동시말을 재구성해 가면서 말잇기 놀이를 해 본다.

- 이번에는 동시내용을 바꿔 가면서 말잇기 놀이를 해 보자. 한 소절씩 동시내용을 바꿔서 읊어 본 후에 '그런게 친구야'라는 부분이 오면, 모두 함께 큰 소리로 '그런게 친구야'라고
</td>
</tr>
</table>

읊어 보는 거란다.
- 어느 친구가 먼저 동시말을 바꿔서 읊어 볼까?

활동평가

1) 친구의 의미를 알게 되었는지 평가한다.
2) 동시를 감상하며 자신의 생각과 느낌을 적절하게 표현하는지 평가한다.
3) 동시 활동에 즐거운 마음으로 참여하는지 평가한다.

※ 확장활동

1) '친구가 있어서', 또는 '친구와 함께 라면', '난 네가 좋아'라는 말을 넣어서 동시짓기를 해 본다.
2) 내가 친구에게 화가 났을 때, 친구가 나 때문에 화가 났을 때, 화를 푸는 방법에 대해 서로 소개해 본다.
3) 유아와 함께 교실 내에 화푸는 장소를 만들어서 감정을 순화시킬 수 있도록 한다.

제10장

유아문학의 전달매체 및 활용방법

1. 낱장식 그림동화
2. 융판동화
3. 자석동화
4. 앞치마동화
5. TV동화
6. 블록동화
7. 큐브동화
8. 원판동화
9. 달력동화
10. PPT동화
11. 퍼즐동화
12. 두루마리동화
13. 막대인형극
14. 줄인형극
15. 그림자인형극
16. 테이블인형극
17. 손 · 손가락인형극

1. 낱장식 그림동화

낱장식 그림동화는 유아교육기관에서 가장 널리 사용되고 있는 교수매체 중의 하나이다. 낱장식 그림동화는 이야기를 상상하는데 적절한 징검다리 역할을 해 줄 수 있는 장면들이 각 그림의 이야기들과 상호 연결되어 있어 특징적인 사건의 진행을 볼 수 있게 하는 것이 바람직하다. 낱장식 그림동화는 그림책으로 들려주기 어려운 대집단의 유아들을 위해 그림을 확대하여 제작하는 것이다. 낱장식 그림동화는 등장인물이 많은 동화도 제작하거나 제시하는데 별 어려움이 없이 사용할 수 있다는 특징을 지니고 있다.

1) 제작 방법

① 낱장식 그림동화에 적당한 이야기가 선정되면 어떤 장면, 어떤 크기로 그리고 몇 장으로 그릴 것인지 정한다.

② 그림동화의 크기는 소집단이면 8절지, 대집단이면 4절지가 적당하며, 동화의 장수는 10~15장이 적당하다.

③ 그림동화를 세웠을 때 구부러지지 않도록 하드보드지에 배경 그림을 그려 넣는다.

④ 색칠을 할 것인지, 다른 소재(부직포나 색지 등)를 사용할 것인지를 정한다. 색칠을 할 경우 선을 단순화하여 그리는 것이 선명하게 보이지만 지나칠 경우 예술적인 면이 감소될 수 있으므로 조심한다.

⑤ 입체적 표현을 위해 하늘, 수평선 등 필요한 부분에 칼집을 내거나 할핀 · 낚싯줄 등을 사용하여 등장인물을 움직이게 할 수 있다. 또한 여러 가지 재료(눈알, 스팡클, 반짝이, 단추 등)를 활용할 수도 있다.

낚싯줄 이용

뒤에서 막대를 밀어 튀어나오기 (새)

칼집 이용

비닐에 꾸며 덧씌우기

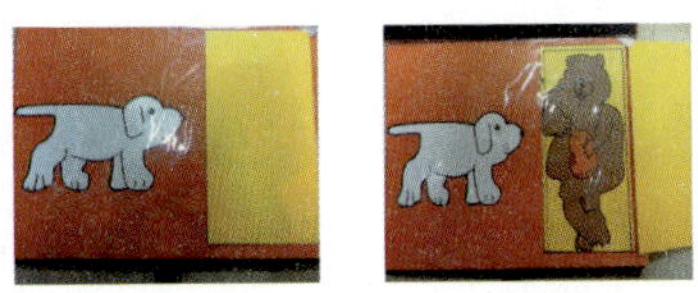
문을 만들어 열기

옆에서 덧그림 덮기

⑥ 채색과 꾸미기가 끝나면 일련번호를 쓰고, 첫 장에는 제목을 쓰고 맨 끝장에는 "끝"자로 끝낸다.

⑦ 앞에 나오는 그림의 설명을 맨 뒷장 위쪽에 교사가 잘 볼 수 있는 위치에 써 붙인다. 그림의 설명은 너무 길지 않게 하며 그림책에 있는 내용을 그대로 옮기지 말고 동화의 내용을 고려하여 교사가 다시 각색하는 것이 바람직하다.

⑧ 동화의 보관을 위해 그림의 내용이나 질감 표현에 무리가 없는 경우 투명 시트지를 붙일 수 있지만 빛이 반사되어 유아들이 어려움을 겪지 않게 유의해야 한다.

⑨ 그림동화를 보관할 수 있는 헝겊주머니나 상자를 만들어 겉 표면에 제목을 기록하여 보관한다.

2) 제시 방법

① 동화가 순서대로 잘 정리되어 있는지 확인한다.
② 동화를 듣는 유아와 동화를 구연하려는 교사와 적당한 거리를 확보한다.
③ 그림동화를 들려주기 위해 교사는 유아와 같은 높이의 의자에 앉아서 무릎 위에 올려놓거나 유아들의 낮은 책상 위에 올려놓아 유아의 눈높이를 고려한다.
④ 그림동화를 시작하려고 할 때 동기부여를 위한 질문이나 이야기를 나눌 수 있다.
⑤ 그림동화 뒷면에 이야기의 내용이 쓰여 있긴 하지만 동화의 내용을 완전하게 파악하여 동화의 분위기와 사건의 진행이 흥미 있게 표현될 수 있도록 한다.
⑥ 그림동화를 들려줄 때 유아에게 자연스럽게 시선을 두어 유아의 반응을 살피도록 하고, 뒷면에 있는 이야기 내용에 시선이 고정되지 않게 유의한다.
⑦ 교사의 손이 동화의 많은 부분을 가리지 않도록 가장자리를 살짝 잡고, 그림이 흔들리지 않게 중간 부분을 잡아 고정시킨다.
⑧ 유아의 주의집중이 흩뜨러지지 않도록 가장 짧은 동선으로 그림동화를 한 장씩 넘겨 가며 차분하게 들려준다.
⑨ 교사는 분명하고 또렷한 음성으로 등장인물의 캐릭터나 상황에 알맞은 목소리의 높낮이와 크기, 속도 등을 다양하게 조절하면서 읽어 준다.
⑩ 이야기를 다 읽어 준 다음 처음부터 끝까지 그림만을 보여주면서 이야기 내용을 회상해 보도록 한다. 어떤 부분이 가장 재미있었고, 가장 기억에 남는 장면은 어떤 것이 있었는지 동화 내용에 대해 이야기를 나누어 보는 것도 좋다.

⑪ 이야기를 끝마칠 때 문학교육의 가장 기본은 즐거움이나 감동이라는 사실을 기억하여 교훈적인 이야기를 지나치게 강조하지 않는다.

⑫ 상황에 따라 사후 활동을 계획할 수도 있다.

3) 낱장식 그림동화의 예 <아기돼지 꿀꿀>

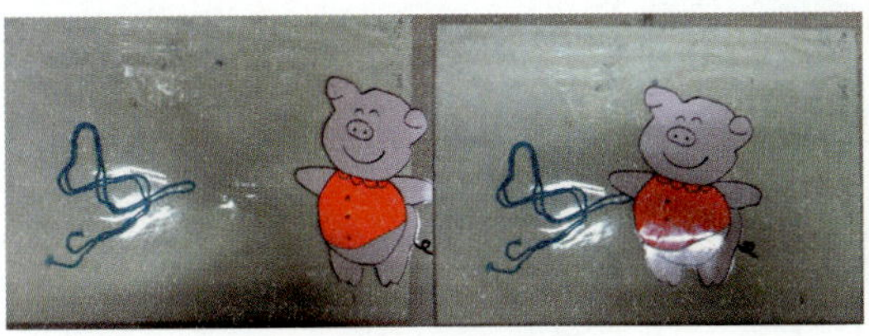 낚싯줄 당기기	아기돼지 한 마리 꿀 줄을 발견했어요. 무엇에 쓸까?
 할핀 움직이기	아기돼지 두 마리 꿀꿀 내꺼야! 내꺼야! 서로 잡아 당겨요
 낚싯줄 잡아당기기	아기돼지 세 마리 꿀꿀꿀 내꺼야! 내꺼야! 내꺼야! 서로 당겨 세모가 되었네.
 찍찍이 붙여서 뗐다 붙이기	아기 돼지 네 마리 꿀꿀꿀꿀 내꺼야! 내꺼야! 내꺼야! 내꺼야! 서로 당겨 네모가 되었네.

 줄 달아서 뒤쪽에서 앞으로 그림을 넘기기	아기돼지 다섯 마리 꿀꿀꿀꿀꿀 모두가 사이좋게 기차놀이 하자.
 할핀 움직이기	아기돼지 여섯 마리 꿀꿀꿀꿀꿀꿀 깡충깡충 뛰며 고무줄 놀이하자.
 할핀 움직이기	아기돼지 일곱 마리 꿀꿀꿀꿀꿀꿀꿀 줄넘기 한다. 넘어라, 넘어라, 줄을 넘어라.
 할핀 움직이기, 찍찍이 붙이기	아기돼지 여덟마리 꿀꿀꿀꿀꿀꿀꿀꿀 여보세요! 여보세요! 전화놀이 재미있다.
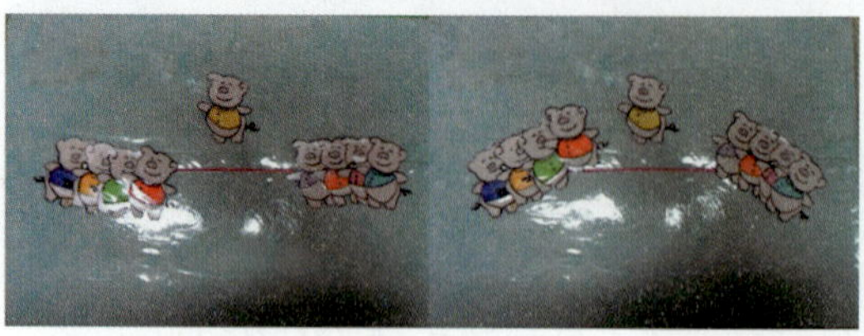 할핀 움직이기	아기돼지 아홉 마리 꿀꿀꿀꿀꿀꿀꿀꿀꿀 줄다리기를 하자. 여치기 영차! 영치기 영차! 누가 누가 이기나

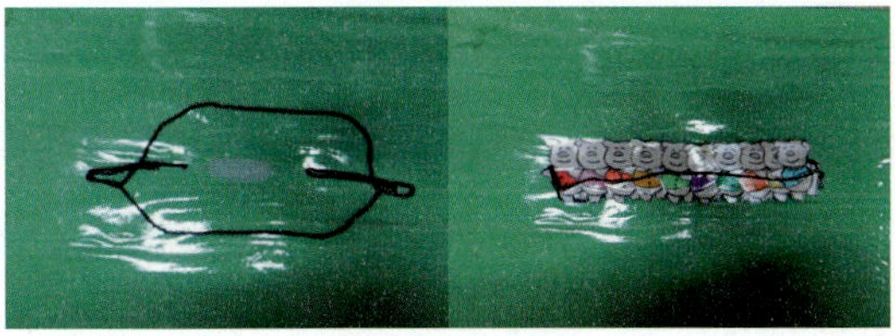 찍찍이 붙이기	아기돼지 열 마리 꿀꿀꿀꿀꿀꿀꿀꿀꿀꿀 기차가 또 생겼다. 칙칙폭, 칙칙폭폭! 출발이다! 아기돼지 많기도 하다. 꿀꿀꿀꿀꿀꿀꿀꿀꿀꿀..... 기차놀이 칙칙폭폭, 칙칙폭폭

2. 융판동화

융판동화는 동화의 줄거리에 따라 준비된 그림이나 사진, 부직포 인형 등의 자료를 융판 위에 붙이거나 떼거나 하면서 이야기를 진행하는 그림동화의 한 종류이다. 융판동화는 구성이 단순하고 등장인물의 수가 지나치게 많지 않은 것으로 선택하는 것이 좋다, '커다란 순무'나 '장갑나무', '누가 내 머리에 똥 쌌어'처럼 단순한 구성에 등장인물이 많지 않고 누적적인 것이 적합하다. 융판을 이용하면 동화의 줄거리와 흥미를 손상시키지 않으면서 효과적으로 내용을 전달할 수 있으며, 특히 동물이나 나무, 집 등의 내용이 포함된 이야기는 매우 효과적으로 전개시킬 수 있다. 또한 융판동화는 유아 스스로 하나의 스토리를 창작하도록 조성하여 유아의 창의성 계발을 가져오기도 하는데 융판은 동화 이외에도 유아교육현장에서 많이 활용되는 교수매체 중의 하나이다.

1) 제작 방법

융판을 이용하여 이야기를 한다는 것은 유아들이 알고 있는 이야기의 내용을 나누거나 그들 어휘에 새로운 말을 덧붙이는데 탁월한 방법으로 이용된다. 배경판 자체를 융판으로 만들어 사용할 수도 있다.

① 아주 두꺼운 큰 하드보드지에 아래와 같은 크기로 접힐 곳을 칼로 긋는다.
② 하드보드지를 삼각주 형태가 되도록 접고 접착용 융을 60cm×45cm 크기로 잘라 한쪽면 위에 스티커를 떼어 붙인다. 이 때 융의 여유를 주어 융판으로 사용할 면 뒤쪽으로 사면의 가장자리가 떨어지지 않도록 붙인다
③ 삼각주 밑면에 찍찍이를 붙여 주고 고정시킨다. 밑면의 찍찍이는 융판이 사용되지 않을 경우 붙여서 보관할 수도 있다.
④ 융판동화 자료의 등장인물이나 배경은 펠트 천으로 꾸미거나 하드보드지 또는 모조지에 그려 코팅을 한 후 그림조각 뒷면에 찍찍이를 붙여 탈부착이 가능하도록 만든다.
⑤ 융판동화로 만들기에 적합한 동화는 이야기가 누적되거나 이야기가 진행됨으로써 등장인물이 점차 늘어나거나 줄어드는 내용을 담고 있는 동화, 전체 내용에서 한 부분만이 계속 변화하는 동화, 등장인물이 차례로 등장하는 동화가 적당하다.

융판 만들기

배경판을 융판으로 만들어 제시한 동화(세면으로 연결)

2) 제시 방법

① 융판은 유아 모두가 볼 수 있는 위치에 두어야 한다. 그러나 융판과의 거리가 짧으면 유아들의 눈이 피로해지기 쉬우므로 적절한 거리를 유지한다.

② 자료 뒤에 순서를 적어 두고 제시 전에 순서대로 정리해 둔다. 연속적인 내용 전달을 위해서는 적절한 자료 제시가 요구된다.

③ 제시내용의 주제가 분명해야 한다. 너무 많은 종류의 자료 제시보다는 이야기의 주제에 맞는 자료를 간단하게 제시하여 유아의 이해범위를 고려한다.

④ 융판과의 조화를 고려한다. 융판과 제시한 자료와의 조화 또는 자료끼리의 조화를 위하여 색깔, 원근법 등에 유의한다.

⑤ 융판동화 시간이 끝난 다음에는 사용한 자료를 순서대로 정리하여 상자나 봉투 등에 제목과 이야기의 줄거리 등을 적은 다음 잘 보관한다.

3) 융판동화의 예

아기 참새의 모험	제목
	따뜻한 봄이 되자 엄마 참새는 아기 참새에게 나는 법을 가르쳤어요. "아가야, 둥지 끝에 서서 머리를 젖히고 날개를 퍼덕여 보렴." "어! 엄마, 정말 몸이 붕 뜨네요. 야! 신난다." 며칠 후 아기참새는 엄마참새가 잠깐 모이를 구하러 간 사이 살짝 둥지를 빠져 나왔어요.

	그리고는 멀리멀리 날아갔지요. "아, 날개가 아프네. 어디 쉴 곳이 없을까?" 아기참새는 도토리나무 꼭대기에 있는 새 둥지로 날아갔어요. "미안하지만 그 속에서 좀 쉬면 안 될까요?" 그러자 둥지 속의 까마귀가 얼굴을 내밀며 물었지요. "너 '까악 까악'하고 울 수 있니?" "아니요, 난 '짹짹'하고 우는 것 밖에 못해요." "그럼 안 돼 넌 우리 친구가 아니야."
	아기참새는 더 멀리 날아서 느티나무 위에 있는 둥지로 갔지요. "미안하지만 그 속에서 좀 쉬면 안 될까요?" 둥지 속의 하얀 깃털 비둘기가 물었어요. "너 '구구'하고 울 수 있니?" "아니요. 난 '짹짹'하고 우는 것 밖에 못해요." "그럼 안 돼 넌 우리 친구가 아니야."
	하는 수 없이 아기참새는 조금 더 날아갔어요. 참나무 몸통의 구멍 속을 들여다 보았지요. "미안하지만 여기서 좀 실 수 있을까요?" 구멍 속에서 부엉이가 졸다가 고개를 내밀었지요. "너 '호호'하고 울 수 있니?" "아니요. 난 '짹짹' 밖에 못해요." "그럼 안 돼 넌 우리 친구가 아니니까."

	아기참새는 조금 더 날아 갈대숲이 우거진 연못가로 갔지요. "아! 날개 아파, 여기서 좀 쉬다 가면 안 될까요?" "너 '꽉꽉'하고 울 수 있니?" 넓적한 부리의 오리가 물었어요. "아니요. 난 '짹짹' 밖에 못해요." "그럼 안 돼 넌 우리 친구가 아니야." 아기참새는 울상이 되었지요.
	그 때 어두워진 숲 속에서 새 한 마리가 날아오는 모습이 보였어요. 지친 아기참새는 힘없는 목소리로 물었지요. "전 '짹짹' 밖에 못하는데 우리 친구가 될 수 있나요?" 그러자 어둠 속에서 참새 한 마리가 펄쩍 뛰며 소리쳤어요. "아가야! 어디 갔었니? 얼마나 찾아다녔는데……" 바로 엄마참새였어요. 엄마참새는 지친 아기참새를 등에 업고 집으로 날아갔지요. "아이 따뜻해. 우리 엄마 등은 정말 따뜻해." 어느 덧 아기참새는 꿈나라로 갔대요.
끝	끝

3. 자석동화

자석동화는 자석의 특성을 이용하여 융판동화처럼 등장인물이나 배경을 펠트 천으로 꾸미거나 하드보드지, 색지, 부직포 등의 그림조각 뒷면에 자석을 붙여 탈부착이 가능하도록 만든 것이다. 자석판은 동화뿐 아니라 이야기나누기 자료로도 많이 사용되는 교수매체로서 동화의 제작이 간편하면서도 이야기를 들려주는 동안에 화면구성에 변화를 줄 수 있는 장점이 있다. 또한 유아들의 호기심을 끌 수 있으며 조작이 간편하여 유아들도 쉽게 조작할 수 있고 이야기를 재구성하는 데도 효과적이다.

자석동화는 융판동화의 기능에 움직일 수 있는 기능이 첨가되므로 등장인물이 차례로 등장하는 내용에 주인공이 달려 가거나, 새가 날아가는 등의 움직임을 표현하기에 적당하다. 예를 들면, 줄거리가 진행됨에 따라 등장인물이 점차 더 등장을 하는 '커다란 순무', 바퀴 부분이 바뀌는 '돌돌이와 바퀴', 주인공은 일정하면서 배경이 계속 바뀌는 '배고픈 애벌레', 등장인물이 순차적으로 등장하는 '아씨방 일곱동무' 등이 있다.

1) 제작 방법

① 자석동화의 제작방법은 융판동화와 동일하다. 자료의 뒷면에 융판의 찍찍이 대신 S극과 N극을 잘 확인하여 자석을 붙인다.

② 자석판은 상품화된 기존의 자석칠판을 사용해도 좋다. 그러나 칠판화면이

커서 다루기가 어렵거나 그림조작과 조화되지 않을 때에는 칠판을 제작하여 사용하는 것이 좋다.

③ 자석판 제작은 함석판이나 양철통을 활용할 수 있는데, 4절 정도의 함석판에 동화 배경색의 시트지를 붙여서 제작하여 사용한다.

④ 자석판의 크기는 가로 60~90cm, 세로 45~60cm 정도가 적당하나, 동화자료의 크기와 한번에 붙여지는 그림조각의 개수를 고려하여 결정한다.

⑤ 자석판을 천이나 시트지로 감쌀 때 모서리나 접착부분의 처리가 깔끔하게 마무리되도록 주의한다.

⑥ 그림자료는 부직포나 융 등으로 만들 수도 있으나 그림의 상세한 묘사나 채색을 하는데 한계가 있으므로 종이에 그림을 그리고 색을 칠한 뒤 코팅을 하는 것도 좋다.

2) 제시 방법

① 자석동화의 제시 방법도 융판동화와 같다. 그러나 자료를 제시할 때 융판보다 더 동적으로 표현할 수 있으며 겹쳐진 부분을 표현할 수 있다는 장점을 가지고 있다.

② 자석은 자료의 무게를 견딜 수 있을 만큼 강해야 하며 조정자석으로 자료를 움직이고자 할 때는 자료자석보다 조정자석의 힘이 더 강력해야 잘 움직인다.

③ 자료의 순서대로 자료 뒷면에 번호를 적어 두어 교사가 구연을 하면서도 쉽게 그림조각을 붙일 수 있도록 한다.

④ 자료를 제시할 때 서로 다른 극으로 되어 있어 잘 붙을 수 있는지 확인한다.

⑤ 자료가 서로 붙지 않도록 하기 위해 자료 사이사이에 종이를 끼워 두는 것이 자료 제시할 때 용이하다.

⑥ 낮은 테이블을 세워 놓고 활동을 할 때는 삼각형 형태로 만들거나 뒷면에

받침을 만들어 세울 수 있도록 하며 교사가 무릎에 올려놓고 활동을 할 때에는 그림 조각 자료를 담을 수 있는 공간을 두는 것이 편리하다.

⑦ 동화를 들려줄 때에는 유아들을 자석판 길이의 2~3배 정도 거리를 두고 반원 형태로 앉히는 것이 좋다.

⑧ 동화를 들려주고 난 후 자료들은 동화대본과 함께 제작해 놓은 상자나 봉투에 제목과 동화 종류를 써 넣어 다음에 사용할 수 있도록 잘 보관한다.

3) 자석동화의 예

커다란 무

4. 앞치마동화

앞치마동화는 융판 대신에 펠트지나 부직포로 만든 앞치마를 입고 융판 자료를 앞치마에 붙이면서 들려주는 동화이다. 이 때 사용되는 앞치마는 단순히 앞치마라기보다는 동화의 기본 배경 및 필요한 배경을 나타내 줄 수 있는 특징이 있다. 앞치마동화는 융판동화와 공통점을 가지면서도 그에 비해 장소에 구애받지 않고 들려줄 수 있고 무엇보다 유아들이 높은 흥미를 보이는 장점이 있다. 앞치마동화는 배경이 많지 않은 이야기가 적합하다.

1) 제작 방법

(1) 앞치마 제작 방법

① 앞치마는 부직포로 제작하고, 목, 허리끈은 헝겊으로 만들어 찍찍이로 붙일 수 있게 한다.

② 앞치마 색은 이야기의 주된 배경이 되는 색깔을 사용한다. 예를 들어, 이야기의 배경이 산속이면 초록이나 연두색, 하늘이면 하늘색, 땅이면 갈색, 바다면 파란색 등으로 사용할 수 있다. 때에 따라서는 배경의 위, 아래나 왼쪽, 오른쪽을 이등분하여 다른 색을 사용해도 무방하다.

③ 앞치마의 옆면이나 뒷면에 주머니를 만들어 자료를 보관한다.

④ 등장인물은 배경색깔과 구분되는 색으로 만들고, 경우에 따라서 등장인물을 입체적으로 만들면 더욱 실감난다.

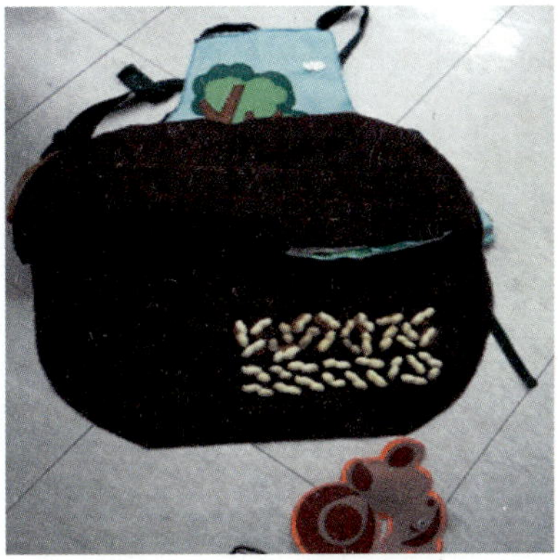

배경을 두 곳으로 하여 겹쳐서 준비한 경우 (땅위와 땅 속)

숲 속이 배경인 초록색 앞치마

(2) 앞치마동화 자료 제작 방법

① 앞치마 위에 동화에 활용할 이야기의 배경을 만든다.
② 동화에 등장할 등장인물을 부직포에 본뜬다.
③ 부직포에 동화에 필요한 등장인물, 사물 등을 그린다.

④ 그대로 오린 후 부직포 그림 뒤에 찍찍이를 붙인다.
⑤ 입체적으로 만들려면 안에 솜을 넣고 꿰매고, 붙여야 할 부분은 실로 꿰매어 붙여 준다.
⑥ 앞치마의 옆부분이나 뒷부분에 주머니를 만들어 등장인물을 보관한다.
⑦ 등장인물 뒷면에 순서를 적어 놓는다.
⑧ 적당한 크기의 상자나 봉투를 만들어 겉면에 제목을 써넣고 동화 내용과 함께 보관하여 다음에 사용하는데 편리하도록 한다.

2) 제시 방법

① 앞치마 동화를 들려줄 때 교사의 의상은 흰색이나 단색이 좋다.
② 자료를 붙였다 떼었다 할 때 외에는 손이 배경을 가리지 않도록 주의한다.
③ 다음 자료를 붙이고 뗄 때 분주하여 유아의 주의를 흩뜨리지 않도록 자료를 순서대로 정리하여 둔다. 앞치마에 이미 만들어 둔 주머니에 넣거나 보이지 않는 면의 바탕에 붙여 놓았다가 순서대로 사용하는 방법도 있다.
④ 동화를 들려주기 전에 교사가 서서 들려줄 것인지, 의자에 앉아서 들려줄 것인지 또는 무릎을 땅에 대고 들려줄 것인지를 정한다. 무릎을 땅에 대고 들려주는 것이 유아들의 눈높이에 가장 잘 맞아 편안하게 동화를 들을 수 있다.
⑤ 교사가 들려주는 방법에 따라 유아의 눈높이를 고려하여 자료를 붙이는 위치를 다르게 해야 한다. 교사가 서서 들려줄 때에는 앞치마의 중간이나 아래쪽에, 의자에 앉아서 들려줄 때에는 주로 위쪽에, 무릎을 땅에 대고 들려줄 때에는 앞치마의 위쪽이나 중간부분에 붙이도록 해야 한다.
⑥ 동화를 들려주고 난 후 자료를 보관함에 잘 보관해 둔다.

3) 앞치마동화의 예

다람쥐와 땅콩	제목
	맑게 개인 날이었어요. 다람쥐는 꽃을 보며 좋아했어요. “어머 노란 꽃이 많이 피었네. 고소한 땅콩이 많이 열리겠지.” 그러나 다람쥐는 땅콩 꽃이 질 무렵 몸살이 났지 뭐예요. “아이구, 땅콩은 어떻게 되었을까?” 누워 있어도 걱정이 되었지요.
	다람쥐는 병이 낫자 땅콩 밭으로 달려갔어요. “이게 어떻게 된 일이지? 땅콩이 다 어디로 갔을까?” 열려 있어야 할 땅콩이 하나도 없지 뭐예요. “누가 땅콩을 다 따 갔구나! 누가 그랬을까?”
	그날 밤 다람쥐는 나무 뒤에 숨어 지켜보았어요. 바스락……바스락…… 갑자기 울퉁불퉁 흙이 솟아오르더니 무엇이 쑥 나타났어요. “두더지 아저씨! 내 땅콩 내놔요!” “그게 무슨 말입니까?” “시치미 떼지 말아요. 땅콩이 다 없어졌어요.” “하하하, 다람쥐님! 이리 와 보셔요. 내가 보여 드릴 게 있어요. 땅콩이 주렁주렁 매달려 있다구요.”

	두더지는 다람쥐를 데리고 땅굴 속으로 들어갔어요. “아니? 땅콩은 땅 속에 주렁주렁 열리나요?” “네 . 그렇답니다. 꽃은 땅위에 피지만 열매는 꽃이 진 뒤 땅 속으로 들어와 커진답니다.” “어머, 그렇군요. 미안해요. 두더지님! 난 그런 줄도 모르고 두더지님이 땅콩을 다 따 간 줄 알았어요.” “괜찮습니다. 다람쥐님과 땅콩을 나누어 먹어도 될까요?” “그럼요.” 다람쥐와 두더지는 서로 좋은 친구가 되었대요.
끝	끝

5. TV동화

TV동화는 TV틀을 이용하여 그림을 보여주면서 동화를 전달하는 방법으로 TV 화면에서 이야기가 나오는 느낌을 줄 수 있는 동화이다. 동화를 효과적으로 전달하기 위하여 유아들이 친숙하고 좋아하는 TV를 이야기 전달 장면에 도입한 것이다. 이야기의 배경이나 사건이 연속되어 나타나거나 사건이 발생한 장면이나 배경이 중요시되는 동화는 TV동화로 만들어 전달하는 것이 효과적이다.

TV동화에는 TV 틀에 낱장 그림을 모두 넣어 두고 위나 옆으로 그림을 빼내면서 이야기를 들려주는 낱장 TV동화와 그림을 연결하여 그려서 TV화면 양쪽에 막대 또는 PVC 파이프를 고정하여 이것을 돌려 종이를 감으면서 동화를 들려주는 두루마리식 TV동화가 있다. 낱장 TV동화는 낱장 그림을 TV 틀에 넣은 것 이외에는 다른 점이 없으므로 그림이 연결되는 TV동화의 특징을 살리려면 두루마리식 TV동화로 만드는 것이 좋다.

낱장식 그림으로 제시하여 한 장씩 뽑아 내는 형태〈강아지 똥〉

두루마리 그림으로 제시한 형태 〈무지개 물고기〉

1) 제작 방법

(1) TV동화 틀 제작 방법

① TV동화의 화면은 유아의 수에 따라 화면 크기가 달라져야 하지만 27cm×36cm 정도의 크기는 되어야 한다.
② 하드보드지나 나무판 등에 TV동화극 틀의 전개도를 그려 자른다.
③ TV동화극 틀 상자의 윗부분에 원기둥 막대가 들어갈 수 있는 구멍을 낸다. 구멍의 크기는 막대 지름보다 0.2cm 정도 더 넓게 뚫어야 동화가 잘 감긴다. 상자 안쪽 밑부분에는 막대를 고정시킬 수 있도록 막대가 들어갈 구멍을 낸 육면체 조각을 덧붙인다.
④ 자른 하드보드지의 가장자리나 모서리는 말끔하게 헝겊테이프 등을 붙여 잘 마무리한다.
⑤ PVC막대나 나무막대 두 개를 준비하고 막대를 고정할 약 1cm 정도의 받침대를 만든다.

(2) TV동화의 그림 자료 제작 방법

① 두루마리 TV동화를 만들기 위해서는 잘 말릴 수 있는 적당한 두께와 질긴 화선지 종류의 종이나 광목천을 사용하면 좋고, 낱장식일 경우는 하드보드지나 마닐라지 또는 머메이드지 모두 사용 가능하다.
② 낱장의 그림은 그림내용이 화면보다 사방으로 2~3cm 정도의 크기는 더 있어야 하며 두루마리 그림도 아래, 위로 2~3cm 정도는 더 있어야 한다.
③ 동화의 줄거리가 잘 이어지도록 하면서 몇 장의 길이로 할 것인지 결정한다.
④ 낱장으로 만들 경우와 두루마리 TV동화를 종이로 만들 경우에는 그림동화와 같은 방법으로 하면 된다.

⑤ 광목천으로 만들 경우에는 그림 너비로 길게 자른 다음, 장면의 크기로 나누고 각 장의 그림을 그려 넣은 다음, 크레용으로 색칠한 후 신문지를 덮고 미지근한 다리미로 살살 다림질한다.

⑥ 그림이 다 완성되면 뒷장 윗부분에 동화내용을 써 넣거나 얇은 종이에 써 붙인다.

⑦ 동화의 시작은 제목으로 시작하고 이야기가 끝나면 "끝"자를 보여주어 이야기가 끝났다는 것을 명확하게 보여 준다.

⑧ 그림 시작과 끝부분에는 화면 크기만 한 여분을 남겨 두었다가 원기둥 막대에 붙인다.

⑨ TV동화 틀의 뒤쪽에서 볼 때 시작 부분이 교사의 오른쪽에 위치하고 끝부분은 왼쪽을 향하도록 한다.

낱장식 TV동화 틀

내용을 적은 동화 뒷면

2) 제시 방법

① 모든 유아와 TV화면과의 적당한 거리 유지, 적당한 높이를 고려한 후 교사의 무릎 위나 책상 위에 올려놓고 보여 준다.

② 낱장식 그림은 모두 화면 안에 넣은 다음 이야기의 진행에 따라 앞 그림을 차례대로 뽑아 내면 된다. 두루마리 그림은 양옆의 원기둥에 테이프로 그림

끝 부분을 고정시켜서 한쪽에서 반대쪽으로 종이가 감겨지면서 그림이 나오고 장면과 장면이 연결되도록 한다.

③ 동화를 들려줄 때 교사는 오른손은 시계 방향으로 막대를 돌리면서 왼손은 시계 방향으로 풀어 주면서 자연스럽게 화면을 바꿀 수 있다.

④ 교사가 동화를 보여줄 때 그림 뒤쪽에 적혀 있는 내용에만 의존하면 교사의 얼굴이 화면 뒤에 가려질 염려가 있으므로 반드시 교사는 동화내용을 완전히 이해한 후 유아들과 시선을 마주하면서 진행해 가야 한다.

⑤ 막대를 돌려 그림이 정 중앙에 오면 정지하고 동화를 들려준다. 그러나 등장인물의 동적인 움직임을 강조할 경우에는 자료를 돌리면서 들려줄 수도 있다.

⑥ 동화를 다 듣고 난 후 그림을 한 번 더 보여주고 싶을 경우에는 유아들이 보는 앞에서 거꾸로 감지 말고, 유아를 보며 동화와 관련된 이야기를 나누면서 신속하게 그림이 보이지 않게 감은 다음 다시 보여 준다.

6. 블록동화

블록동화는 정육면체나 직육면체 모양의 블록 4개 정도 만들어 블록 각각의 면에 그려진 그림이 모여 하나의 장면이 되도록 하여 들려주는 동화를 말한다. 블록의 움직임에 따라 각각의 블록이 가진 장면이 합쳐져서 나타나는 하나의 새로운 장면은 유아들을 신비로운 세계에 몰입시키기에 충분한 동화이다. 그러나 내용을 완전히 숙지한 후 블록을 바꾸는 순서를 잘 기억해야 하는 동화이기 때문에 교사의 많은 노력이 요구된다.

1) 제작 방법(블록4개 6장면, 2개씩 돌리는 블록동화)

① 이야기 내용이 간단하고 그림구성이 단순하여 블록이 움직일 때 변화가 쉽게 나타나는 동화를 선택한다. 그 중 이야기의 중심이 되는 6장의 장면을 선정한다.

② 우드락이나 하드보드지로 가로와 세로의 길이가 50cm~60cm 정도 되는 정육면체나 직육면체의 상자 8개를 만든다.

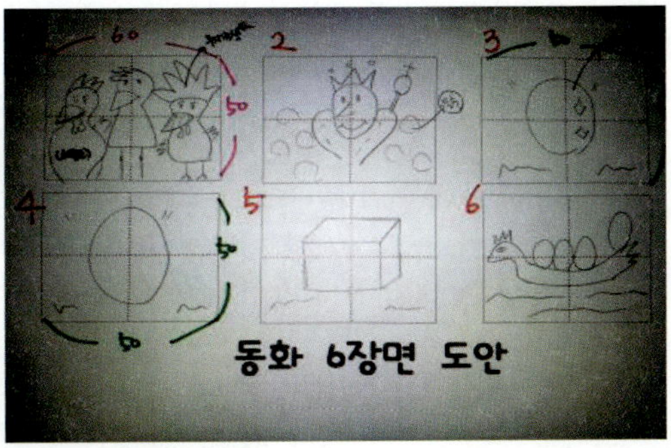

③ 선택한 동화 장면 6면을 같은 크기의 도화지를 준비하여 선정된 동화장면의 밑그림을 그린다. 이 때 뒷장에 경계선을 그어 놓으면 그림을 자르기에 편리하다.

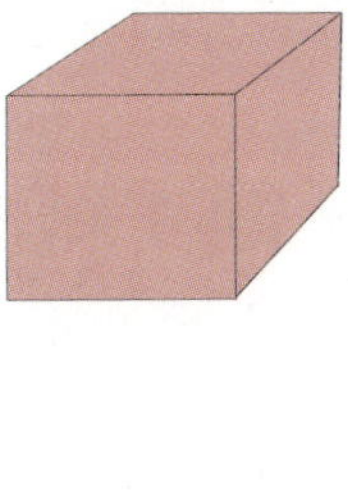

④ 완성된 밑그림에 눈에 잘 띄고 표현이 잘 되도록 물감으로 색칠하는데 붓의 방향을 일정하게 하여 깔끔하게 색칠한다.

⑤ 동화의 내용에 따라 화려함을 표현하기 위해 스팽글을 이용하거나 빛나는 것을 표현하기 위해 거울 전지를 사용할 수 있다.

⑥ 그림이 마르면 뒷장에 그어 놓은 경계선을 따라 자른 후 조각을 블록에 붙인다.

⑦ 그림을 붙일 때에는 다음 장면과 블록을 돌리는 방향을 고려하여 차례로 붙이면 된다.

⑧ 그림이 떨어지지 않도록 불투명 테이프로 테두리를 마감처리해 준 다음, 흰색 전기 테이프로 다시 한 번 깔끔하게 마무리해 준다.

2) 제시 방법

① 블록동화를 들려줄 때 교사는 블록 움직이는 연습을 충분하게 함으로써 동화의 흐름이 끊어지지 않고 자연스럽게 진행되도록 노력해야 한다.

② 그림의 순서가 바뀌지 않게 표시해 두거나 제시하기 전에 다시 한 번 확인해 둔다.

③ 블록동화를 들려줄 때에 유아의 눈높이에 맞는 위치에 놓고 들려주기 전에 블록을 천으로 덮어 유아들에게 보이지 않게 한다.

④ 장면이 고정된 상태에서 동화를 들려주고 끝나면 블록을 다시 움직인다.
⑤ 유아들과 시선을 맞추며 이야기를 들려준다.

3) 블록동화의 예

세상에서 가장 아름다운 달걀	제목
	옛날 옛날~ 화사깃털 아가씨, 늘씬 다리 아가씨, 멋진 볏 아가씨가 살고 있었어요. 화사깃털 아가씨, 늘씬 다리 아가씨, 멋진 볏 아가씨는 셋 중에서 자기가 가장 예쁘다며 늘 다투었어요. 화사깃털 아가씨는 깃털이 반짝반짝 하고 화려한 아름다운 아가씨였어요. "나보다 화려한 깃털은 아마 없을 거야." 늘씬 다리 아가씨는 길~고 쭉 곧은 다리를 가진 아가씨였고요. "내 다리 좀 보렴.~ 나처럼 길~고 곧은 다리는 없을 걸?" 멋진 볏 아가씨는 빼어난 멋진 볏을 지닌 아가씨였지요. "닭이라면 무엇보다 볏이 아름다워야지! 내 우아한 볏을 좀 보렴." 셋은 누가 가장 예쁘고 멋진지는 결정할 수 없었어요. 그래서 셋 중에서 누가 가장 예쁜지 임금님한테 물어 보기로 했어요.
	임금님은 "가장 아름다운 달걀을 낳은 이가 진짜 아름다운 이로다. 나는 너희 셋 중에서 가장 아름다운 이를 공주로 삼겠노라." 먼저, 화사깃털 아가씨가 꼬꼬댁거리며 알 낳을 준비를 시작했어요. 화사깃털 아가씨는 화사하고 예쁜 털이 젖지 않게 조심하면서 풀밭에 앉았어요. "난 보석 같은 알을 낳을 거야!"

	모두들 놀라 말을 잃었어요. 지금까지 단 한 번도 보지 못한 달걀이었으니까요. 눈처럼 하얗고, 흠집 하나 찌그러진 곳 없이, 대리석처럼 반짝거리는 달걀이 이었어요. “내알 좀 봐! 흠집하나 찌그러진 곳이 없어, 대리석처럼 반짝거리지 않니?” “어때? 세상에서 이런 달걀은 처음보지? 내가 공주가 될 거야!” 임금님이, “이보다 더 완벽할 순 없도다!” 하고 소리쳤어요. 늘씬 다리 아가씨가 꼬꼬댁거리며 알 낳을 준비를 하자, 모두들 늘씬 다리 아가씨를 조마조마하는 눈빛으로 보았어요. 아무도 이보다 더 완벽한 달걀을 낳을 수는 없을 테니까요. “난 보석보다 더 특별한 알을 낳을 거야!”
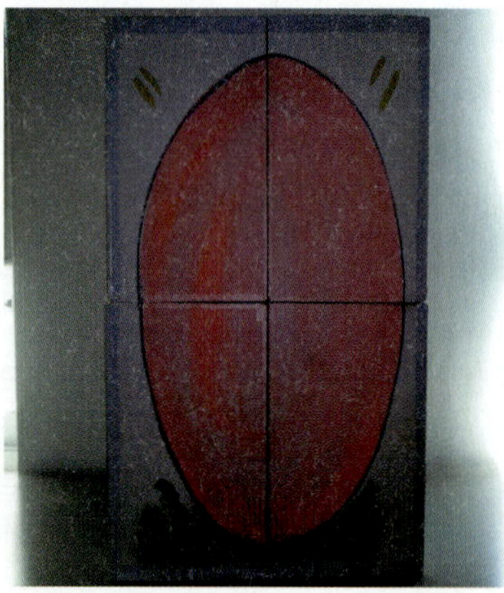	조금 지나자 늘씬 다리 아가씨가 가뿐하게 일어났어요. 임금님은 기쁜 마음으로 박수를 보냈어요. 임금님 앞에는 타조도 부러워할 만큼 크고 무거운 달걀이 놓여 있었어요. “내알 좀 봐! 타조도 부러워할 만큼 크고, 무거운 달걀이야!” “어때? 세상에서 이런 달걀은 처음보지? 내가 공주가 될 거야!” 임금님은 “이보다 더 클 수는 없도다!” 하고 소리쳤어요. 마지막으로 멋진 볏 아가씨가 알을 낳으려고 앉았어요. 이번에도 모두들 멋진 볏 아가씨를 조마조마하는 눈빛으로 보았어요. 아무도 이보다 더 완벽하고, 이보다 더 큰 달걀을 낳을 수는 없을 테니까요. “흥! 세상에서 본 적 없는 알을 낳을 거야!, 나는 꼬꼬댁거리며 울지도 않아!” 멋진 볏 아가씨는 눈을 살포시 내려 보며, 우아하게 자리에 앉았어요.

	드디어 멋진 볏 아가씨가 일어났어요. 눈앞에 네모 반듯한 달걀이 놓여 있었어요. 이건 백년을 두고 이야깃거리가 될 만한 놀라운 일이었어요. "내알 좀 봐! 자로 잰듯 반듯하고, 다른 빛깔로 반짝이는 달걀이야!" "어때? 세상에서 이런 달걀은 처음 보지? 내가 공주가 될 거야!" 임금님은 "이보다 더 환상적일 수는 없도다!" 하고 소리쳤어요.
	가장 아름다운 달걀을 가려 내기란 정말 불가능한 일이었어요. 결국 임금님도 가려 내지 못했어요. 그래서 화사깃털 아가씨, 늘씬 다리 아가씨, 멋진 볏 아가씨 모두 사이좋게 공주가 되었어요. 공주가 된 후에도 셋은 아름답고 화려한 달걀을 낳으며 오래오래 행복하게 살았답니다.
끝	끝

7. 큐브동화

1) 제작 방법

큐브동화는 제작 방법이나 제시 방법이 블록동화와 같다. 다만 큐브동화는 블록동화처럼 육면체들이 다 떨어져 있지 않고 특정 면이 붙어 있어 큐브의 그림 맞추는 것처럼 그림을 맞추어 가며 이야기를 들려주는 것이 다르다.

2) 제시 방법

① 유아들의 눈높이를 고려하여 적당한 높이의 책상을 준비하고 반원형으로 앉힌다.
② 책상 위에 큐브동화를 올려놓는다.
③ 동화의 내용에 따라 장면을 제시하며 들려준다.

3) 큐브동화의 예

	여우가 오리를 낳았어요.
	몹시 배고픈 여우가 먹이를 찾아서 강가의 수풀을 어슬렁거리다가 커다란 오리알 하나를 찾았어요. 여우는 얼른 오리알을 집어 들어 입으로 가져가다가 '이 오리 알을 그냥 먹어? 아니지. 조금만 참았다가 통통하게 살찐 오리를 먹는 게 낫겠지?' 여우는 오리알을 품어서 먹음직스런 오리로 만든 다음에 잡아먹기로 마음먹었어요.
	여우는 풀밭에 열심히 구덩이를 팠어요. 구덩이에다가 바싹 마른 풀을 수북이 채우고 그 풀 더미 위에 오리알을 조심조심 내려놓고 살며시 엎드렸어요. 여우는 자신이 생각해 낸 방법이 아주 마음에 들었어요. 이렇게 하면 오리알을 따뜻하게 품을 수도 있고 또 깨뜨릴 염려도 없을 테니까요. (여우 얼굴 붙이며)그런데 이 자세는 벌을 서는 것처럼 너무나 힘이 들었어요. 얼마 지나지 않아 다리가 저리고 아프기 시작했어요. 여우는 도저히 참을 수가 없었지요.

 	이번에는 길고 질긴 나무껍질로 오리알을 꽁꽁 감쌌어요. “음 됐어. 이제 좀 마음이 놓이는군.” (여우 그림을 떼어 내며) 그런데 먹잇감인 토끼를 쫓아 마구 달리다가 그만 나무껍질이 풀어지는 게 아니겠어요? 언덕 아래로 오리 알이 데구루루루..... “에잇! 짜증 나! 그냥 콱 먹어 버릴래.”
	약이 오른 여우는 오리알을 입에 쏙 집어 넣었어요. 그 순간, 좋은 생각이 또 반짝 떠올랐어요. “그래 바로 이거야. 입으로 오리알을 품으면 되겠구나. 난 정말 똑똑해. 하하하” 그런데 또 문제가 생겼어요. 그렇게 온종일 오리알을 물고 있다 보니, 더 이상 다른 먹잇감을 사냥할 수가 없었어요. 겨우 나무 열매와 산딸기로 굶주린 배를 채워야만 했지요. “이런 맛없는 식물이나 뜯어 먹어야 하나? 나 참 어이가 없군. 맛있는 오리알을 입에 넣고도 먹지 못하다니..... 정말 슬픈 일이야!”
	여우는 혀끝으로 오리알을 요리조리 굴리면서 배고픔을 달래 보았어요. 혀끝을 도르르 말아 오리알을 톡 쳐서 굴려 올리고, 다시 촉촉 쳐서 굴려 보내고.....한참 놀이에 빠진 여우는 배고픔마저 잊었어요.

	그러던 어느 날이었어요. 안에서 톡. 톡. 톡! 이상한 소리가 들려왔어요. 여우는 화들짝 놀라 얼른 오리알을 뱉어 냈어요. 오리알에 가느다란 금이 짝짝 가 있지 뭐에요? 조금 있으니까 껍질을 콕콕 깨면서 아기오리가 바깥으로 나오는 거예요. 드디어 여우의 꿈이 이루어졌어요. 여우는 너무도 기뻐 아무 말도 할 수 없었어요. 그런데 이게 어찌된 일이죠? 갓 태어난 아기오리가 여우 코앞으로 아장아장 걸어오더니 “엄마! 엄마!” 이렇게 말하는 거예요. 여우는 정말 어처구니가 없었어요. “난, 니 엄마가 아니야. 그러니깐 나는 가만 있자. 난 남자거든. 그러니깐 난 아빠인거지!” “아빠! 아빠!” 아기오리는 좋아라 폴짝폴짝 뛰었어요. “아빠! 나 배고파요.” 아기오리가 말했어요. “나도 무척 배가 고프단다.”
	(한 손으로 오리를 가린다) 여우는 아기오리를 번쩍 들어 올려 입 속에 넣었어요. 그러자 아기오리가 여우의 혓바닥을 콕콕 쪼아 댔어요. (여우의 입을 벌리며) 여우는 너무 따가워서 입을 딱 벌렸지요. “아빠, 아빠! 내가 껍질 속에 있을 때 말이에요. 아빠가 이 혀로 날 굴리면서 재워 주셨죠? 얼마나 행복했는지 몰라요.” (여우의 입을 닫고 가린 손을 치우며) 여우 입 속에서 나오며 아기오리가 다시 칭얼거렸어요. “아빠, 나 많이 배고파요!”

<table>
<tr><td></td><td>여우는 한숨을 푹 쉬고는 아기오리에게 산딸기를 먹여 주었지요. 배불리 먹을 아기오리는 여우 발치에 포근히 머리를 묻었어요. 그리고 잠에 겨운 목소리로 속삭였어요.
"아빠, 고마워요. 사랑해요."
어느 새 잠든 아기오리를 바라보며 여우는 깊게 한숨을 쉬었어요. "쳇, 난 이제 고기는 질렸어. 나무열매도 이렇게 맛있는데 뭐." 그 후로 여우는 날마다 아기오리를 보살폈어요. 다정한 아빠처럼 말이에요.
"아, 기다리던 먹이는 없어지고, 아들만 하나 생겼어. 이게 도대체 행복해진거야? 불행해진거야?"</td></tr>
<tr><td>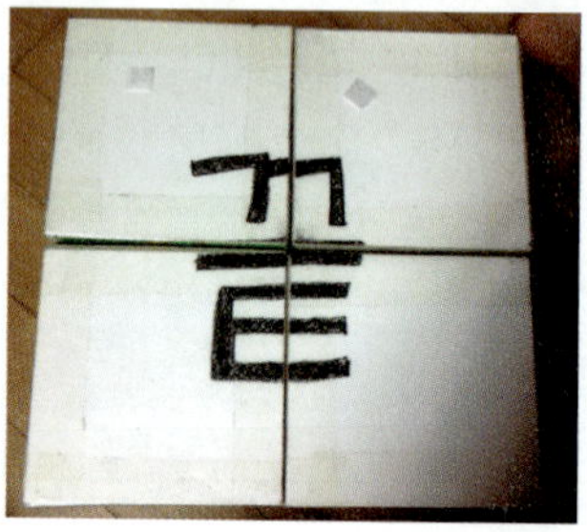
</td><td>끝</td></tr>
</table>

8. 원판동화

원판동화는 유아들이 매우 흥미를 보이는 것으로 새로운 경험을 줄 수 있는 동화이다. 동화 속 주인공의 행동이 반복적으로 되풀이되는 내용으로 적당하다. 예를 들면, '난 잠만 잤는걸', '나는 친구가 많아요', '누가 내 머리에 똥 쌌어?'와 같은 주인공이 반복적으로 어떤 사물을 찾아가거나 반복적으로 장소를 이동하는 동화가 적당하다.

1) 제작 방법

① 하드보드지를 지름 50cm로 하여 원을 2장 만든다.
② ①의 한 장을 부채꼴로 5등분하고 각각의 동화 그림을 그린다.
③ ①의 한 장은 겉표지로 만든다. 겉표지 중 5분의 1을 부채꼴로 하여 한 부분을 오려 낸다.
④ ①과 ②의 두 개의 판 가운데를 할핀으로 고정시켜 돌리면 돌아가게 만든다.
⑤ ①의 원판에는 주인공을 그려 주인공이 이동할 때마다 뒤쪽 원판을 움직인다.
⑥ 원판 뒷면에는 동화의 내용을 간략하게 적어 들려줄 때 참고한다.
⑦ 집단의 크기에 따라 원판의 크기를 조절할 수 있다.

난 잠만 잤는걸

2) 제시 방법

① 원판의 움직임으로 유아의 집중력이 흩뜨러지지 않도록 교사의 무릎이나 책상 위에 고정시킨 후 동화를 들려준다.

② 원판을 돌릴 때 교사는 그림이 가리는 일이 없도록 주의한다.
③ 원판을 돌려 그림이 완전하게 나오면 정지한 후 그 장면의 이야기를 들려준 후 다음 장으로 넘어간다.
④ 동화의 내용을 원판 뒤에 적어 두긴 했지만 동화 내용을 완전하게 숙지하여 유아들의 반응을 살펴가며 들려주는 것이 좋다.

3) 원판동화의 예

난 잠만 잤는걸	제목
	어느 숲 속에 심술꾸러기 곰이 살았어요. 곰은 자주 동물들을 귀찮게 했어요. 겨울이 되어 많은 동물들이 겨울잠을 자러 갔어요. 곰도 겨울잠을 잤어요. 따뜻한 봄이 왔어요. "아함 잘 잤다."
	그런데 누가 벽에다 흉을 가득 써 놓았어요. "곰은 오줌싸개. 곰은 엉덩이에 뿔났다." "응? 내가 오줌싸개라고?" "씩씩 누군지 잡히기만 해봐라." 곰은 흉을 본 동물을 찾아 나섰어요.

	"쾅쾅쾅. 개구리 너 나와." "누구야." "네가 벽에다 나를 오줌싸개라고 써 놓았지?" "아냐, 난 겨울동안 잠만 잤는걸." 개구리가 펄쩍 뛰었어요.
	"그럼 누가 내 흉을 봤지?" "맞아, 고슴도치일거야, 내가 막대기로 쿡쿡 찌른 적이 있거든." 곰은 고슴도치를 찾아갔어요. "네가 벽에다 내 욕을 썼지?" "아함 무슨 말이니? 난 겨울 동안 여기서 잠만 잤는걸." 고슴도치가 하품을 하면서 말했어요. "그럼 누가 내 흉을 봤지?"
	"맞아. 뱀일거야, 내가 꼬리를 묶어 버린 적이 있거든." 곰은 뱀을 찾아갔어요. "뱀아! 네가 벽에다 내 욕을 썼지?" "아함 졸려. 난 겨울 동안 여기서 잠만 잤는걸." 뱀이 고개를 절레절레 흔들며 말했어요.
	그 때 연못에서 남생이가 기어 나왔어요. "맞아. 남생이일거야. 내가 거꾸로 뒤집어 놓은 적이 있거든." 곰은 남생이에게 달려갔어요. "네가 벽에다 내 욕을 썼지?" "아냐, 난 금방 일어났어." 남생이가 느릿느릿 말했어요.

	“그럼 누가 내 흉을 봤지?” “맞아, 다람쥐일거야. 내가 도토리를 빼앗은 적이 있거든.” 곰은 씩씩거리며 다람쥐를 찾아갔어요. “탁 탁 탁 다람쥐 너 나와!” “네가 벽에다 내 욕을 썼지?” “아냐, 난 겨울 동안 여기서 잠만 잤는걸.” 다람쥐가 고개를 가로저었어요.
	“어어 그럼 누구지? 그래 여우일지도 몰라. 내가 엉덩이를 때린 적이 있거든.” 곰은 여우에게 달려갔어요. “여우! 있으면 나와!” “누구니?” “네가 벽에다 내 욕을 썼지?” 그러자 여우가 슬금슬금 뒷걸음질쳤어요. “곰은 오줌싸개. 곰은 잠꾸러기. 곰 엉덩이에 뿔났대요!” “씩씩. 너 잡히기만 해 봐! 아이쿠!” 곰은 미끄러져서 엉덩방아를 찧었어요. 곰 엉덩이에 커다란 혹이 났어요. “깔깔깔. 곰 엉덩이에 진짜 뿔났다!” 곰은 얼굴이 새빨개졌대요.
끝	끝

9. 달력동화

달력동화는 동화를 선정한 후 그림동화나 TV동화와 같이 그림을 그리거나 또는 복사하여 사용할 수 있다. 동화는 가능한 짧은 것이 좋으며 달력은 탁상용(스프링)을 재활용한다.

1) 제작 방법(책상용 달력을 이용하는 방법)

① 책상용 달력에 기존의 그림이 가려지도록 색지를 붙인다.
② 동화책을 사진으로 찍어 만들 경우에는 사진을 끼울 수 있는 칼집을 낸 후 사진을 끼운다.
③ 책상용 달력에 그림을 그려서 만들 경우에는 배경이 될 색지를 붙인 후 적당한 크기의 흰 종이에 밑그림을 그려 색칠한다. 배경이나 등장인물 등을 입체적으로 만들어도 좋다.
④ 달력의 뒷면에 동화 내용을 써서 붙인다.

2) 제시 방법

달력이 작아서 그림의 크기도 작으므로 들려줄 때는 소집단 또는 개별적으로 사용하는 것이 바람직하다.

3) 달력동화의 예

탁상용 달력을 이용한 동화(칼라복사)

스케치북에 직접 그림을 그리고 하드보드지로 삼각뿔을 만들어 붙인 동화

10. PPT동화

PPT동화란 컴퓨터와 인터넷을 활용하여 동화를 제작하거나 기존의 출판된 작품을 스캔하는 방법 등으로 작품을 제작하여 컴퓨터로 프로젝트 빔 화면을 통해 보여주는 동화이다.

1) 제작 방법

① 동화책을 카메라로 한 장씩 찍는다.

② 동화책의 주인공과 여러 인물들을 포토샵으로 따온다.

③ 파워포인트에 동화책을 찍은 사진들을 불러와 크기에 맞춘다.

④ 주인공과 인물들을 똑같은 위치에 적절한 크기로 놓고, 애니메이션 효과를 준다.

⑤ 동화의 내용을 녹음한다.

2) 제시 방법

땅꼬마 뻐드렁니가 뭐 어때.	**제목**
	옛날 어느 시골에 점순이라는 여자애가 살았어요. 점순이의 키는 강아지만 했지요. 초등학교 일학년 중에서 가장 작았어요. 그래도 부끄러워하지 않았죠. 할머니가 말씀하셨거든요. "내 똥강아지 점순아, 씩씩하게 걸어라, 그러면 세상 사람들이 너를 우러러볼 거유."

	"야, 지가 할무니 말대로 씩씩하게 걸을 께유!"
	점순이의 이는 대문짝 만한 뻐드렁니였어요. 그 위에 길고, 길다랗게 동전도 쌓을 수 있을 정도였죠. 그래도 부끄러워하지 않았어요. 할머니가 말씀하셨거든요. "세상을 환하게 밝히는 해처럼 환하게 웃어라, 그러면 세상 사람들도 너를 따라 웃을 것이유."
	"야, 할무니 이렇게 해처럼유?"

	점순이의 목소리는 보아뱀에게 잡힌 황소개구리처럼 괴상했어요. 그래도 부끄러워하지 않았어요. 할머니가 말씀하셨거든요. "점순아, '개굴개굴' 개구리처럼 목청껏 노래혀, 그러면 세상 사람들이 무척 즐거워할 거유."
	그래서 점순이는 목청껏 노래했죠. "엄마 손을 만지면 기분이 좋아져요! 아빠 발을 만지면 기분이 좋아져요!"
	점순이는 하는 일마다 실수투성이였어요. 그래도 부끄러워하지 않았어요. 할머니가 말씀하셨거든요. "점순아, 실수해도 괜찮여. 너 자신을 믿으랑께, 그라믄 세상 사람들도 너를 믿을 것이여."

	"그래유? 할무니? 설거지하다 그릇을 '어머나!'하고 깨뜨려도, 물이 담긴 컵을 실수로 콸콸콸 쏟아도, 괜찮단 말이쥬?" "고럼, 고럼 괜찮여, 괜찮여. 그릇이 깨지고, 물이 쏟아진 행동이 안타까운 것이지. 너가 안타까운 것은 아니란다." 그래서 점순이는 자신을 믿었어요.
	낙엽이 하나, 두 개씩 떨어지는 어느 날, 점순이네 집은 다른 마을로 이사를 가게 되었어요. "친구들아 잘 있어. 너희랑 헤어지니까 너무 슬퍼서 눈물이 다 난다야."
	점순이는 정든 친구들과 헤어져 새로운 학교에 갔어요.

	첫째 날, 체육시간이었어요. “이야! 키가 강아지처럼 작은 땅꼬마! 점순이다!” 광수가 점순이를 놀렸어요. 경기가 시작되자, 점순이는 공을 잡아 광수의 다리 사이로 잽싸게 달려 점수를 얻었어요.
	아이들은 깜짝 놀랐어요. “와, 작아서 그런지 굉장히 빠른데!?” 광수는 너무나 창피했어요. “아유, 화나! 저 땅꼬마가 뭐가 굉장하다는 거야?‘
	둘째 날, 광수는 점순이에게 “이가 웃기게 튀어나온 뻐드렁니래요!”라며 놀렸어요. “내가 이 동전으로 무엇을 하는지 잘 보랑께!” 점순이는 동전을 꺼내, 앞니에 탑을 쌓고는 환하게 웃었어요. 아이들은 손뼉을 치며 즐거워했어요.

	"점순이의 뻐드렁니는 정말 근사하다!" 광수는 너무나 창피했어요. '쳇. 뭐가 근사하다는 거야? 내일은 무엇을 놀리지……아하!'
	셋째 날, 광수는 말했어요. "네 목소리는 꼭 병든 오리 같아. 꺼억꺼억!" 그러자 점순이는 "꽥꽥!" 목청껏 노래를 불렀어요. "아이! 깜짝아!!" 광수는 깜짝 놀라 벌러덩 넘어졌고, 무릎을 부딪쳐 양호실에 가야 했어요. 아이들은 배꼽이 빠져라 웃었어요.
	넷째 날, 광수는 점순이에게 "야, 네 종이 눈은 꾸깃꾸깃한 종이뭉치같이 엉터리 같아!"라고 놀렸어요

	하지만 점순이가 종이를 펼치자 세상에서 가장 아름다운 눈꽃이 활짝 피어났답니다. "이야!! 정말 예쁜 눈꽃이다!" 아이들이 환호성을 올렸어요, 광수까지도요.
	다섯째 날, 광수는 점순이에게 "이거 너 뻐드렁니에 쌓을 동전이야. 선물로 줄게."하며 수줍게 웃었어요.
	그날 밤 점순이는 종이와 연필을 꺼내 할머니에게 편지를 썼어요. [사랑하는 할무니, 할무니 말씀이 모두 옳았어유! 지는 학교 친구들이랑 잘 지내고 있고, 무지 행복해유! 사랑해유 할무니!] -사랑스러운 손녀 점순이 올림-

끝	끝

11. 퍼즐동화

퍼즐동화는 이야기에 등장하는 주요한 부분을 퍼즐로 만들어서 어떤 물체가 조금씩 줄어드는 장면을 잘 표현하고 싶을 때 사용할 수 있다. 「사과가 쿵!」 이야기는 퍼즐동화로 제작해도 잘 어울린다. 이야기의 배경인 사과를 퍼즐로 만들어서 여러 동물들이 등장하는 사과를 갉아먹을 때마다 사과의 퍼즐을 하나씩 떼어내면 사과가 점점 줄어드는 모습으로 잘 표현할 수 있다.

1) 제작 방법

① 퍼즐동화에 적절한 동화를 선정한 후 퍼즐로 만들 배경을 선택하고 계획한다.
② 배경을 세우기 위해 하드보드지 뒷면에 삼각대를 세우거나 ㄴ 형태로 양쪽 측면까지 만들어 세워도 좋다.

③ 퍼즐판으로 만들 배경을 하드보드지에 그린 후 색지나 부직포로 꾸민다. 그리고 퍼즐조각을 색지 또는 부직포로 만들어 퍼즐조각을 낸다. 밑그림판에는 찍찍이 보들이를 붙이고 퍼즐조각에는 까실이를 붙인다.

④ 헝겊 또는 부직포나 적당한 두께의 종이에 배경의 크기에 적당한 등장인물 인형을 그려서 만든다.

⑤ 인형이 완성되면 뒷면에 까실이를 붙여서 완성한다.

⑥ 인형의 크기는 실제 크기를 고려하여 균형이 되도록 한다.

⑦ 인형뒷면에 순서를 적어 두고 인형을 넣어 둘 수 있도록 판뒷면에 주머니를 만들어 활용한다.

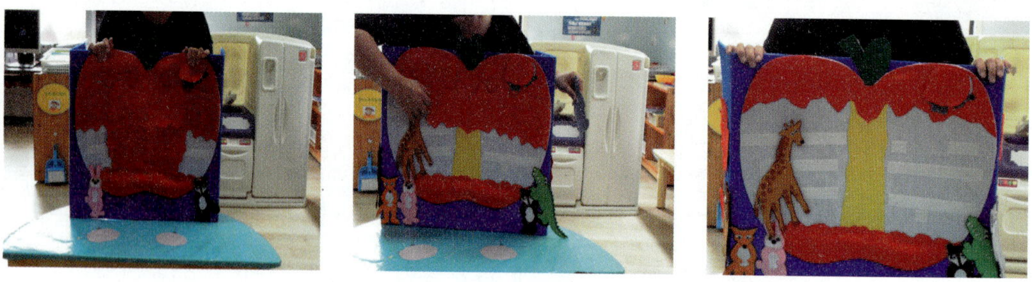

사과가 쿵

2) 제시 방법

① 동화판이 움직이지 않도록 삼각대로 만들어 제시한다.

② 동화의 내용에 따라 퍼즐조각을 떼어 가며 동화를 들려준다.

③ 동화의 내용을 동화판 뒤에 적어 두긴 했지만 동화 내용을 완전하게 숙지하여 유아들의 반응을 살피며 들려주는 것이 좋다.

3) 퍼즐동화의 예

사과가 쿵	제목
	어느 날 사과가 하늘에서 '쿵'하고 떨어졌어요. 너무 큰 소리에 애벌레는 깜짝 놀랐어요. "무슨 소리지? 하늘에 천둥이 치나!" 하고 움직이려고 했으나 커다란 사과 눌러서 움직일 수가 없었어요. "어어 이상하다. 누가 나를 누르고 있는 거야?" 나의 튼튼한 이로 구멍을 내 주어야지!" 하며 커다란 사과에 구멍을 내기 시작했어요. 그런데 이것은 바위덩어리도 이상한 그 무엇도 아닌 맛있는 사과였어요. 애벌레는 구멍을 파면서 사과를 사각사각 갉아먹었어요.
	그런데 다람쥐, 토끼, 돼지가 그 앞을 지나가게 되었어요. "야 너 거기서 뭐해?" 토끼가 물었어요. "아니야. 이건 사과란다. 얼마나 맛있다구. 너두 한 번 먹어봐!" 그 소리를 들은 다람쥐와 돼지는 "정말! 정말이야! 그렇게 맛있어?" "그렇다니까 한번 먹어봐." "맛있다! 정말 맛있어. 이런 사과는 처음 먹어봐." 다람쥐와 돼지는 한 마디씩 했어요.

	그 앞을 지나던 여우가 물었어요. "너희들 거기서 뭐하는 거야?" "응 배가 불러서 쉬고 있어. 너도 먹어 볼래?" "아삭 아삭." 여우는 사과를 맛있게 먹었어요.
	사자와 곰이 친구들을 찾아다니다 친구들을 보았어요. "너희들 여기 있었구나. 얼마나 찾았다고." "그래 얼마나 찾으러 다녔는지 다리도 아프고 배도 고파?" "그런데 너희들 여기서 뭐하고 있니?" "응 커다란 사과를 먹고 배가 불러서 쉬고 있었어. 너희들도 먹어봐!" 그러자 사자와 곰도 사과를 먹었어요. "우적 우적."
	사자와 곰의 발자국을 보고 따라왔던 코끼리가 코를 킁킁거리며 사과 앞에 섰어요. "안녕? 너희들 여기 다 모여 있었구나. 그런데 이 냄새는 무슨 냄새야? 무척 달콤한 걸." "응 커다란 사과인데 하늘에서 떨어졌대. 너도 먹어봐." 사자가 말했어요. 코끼리도 긴 코로 사과를 뚝뚝 베어 가며 맛있게 먹었어요. "우와 무척 맛있다. 세상에서 가장 맛있는 사과야" 하며 배부르게 먹었어요. 그래서 모두들 배부르게 먹었어요.

	그런데 갑자기 비가 내리기 시작했어요. 동물들은 모두 걱정하기 시작했어요. 비를 피할 곳이 없었기 때문이지요. 그 때 여우가 말했어요. "괜찮아. 커다란 사과가 우산이 되잖아. 우리 모두 그 속으로 들어가자." 동물들은 모두 커다란 사과가 만들어 준 우산으로 들어갔답니다.
	끝

12. 두루마리동화

두루마리동화는 제작이 간편하고 내용이 짧으며 간략한 것이 좋다. 매체를 감았다 폈다 하는 것으로 유아들에게 색다른 느낌을 줄 수 있다. 동화뿐 아니라 동시를 들려줄 때 더욱 효과적일 수 있다.

1) 제작 방법

① 두루마리동화(동시)로 적당한 내용을 선정하고 이야기에 등장하는 주요한 부분을 그림으로 그리거나 부직포로 만든다.
② 등장하는 그림들이 모두 들어갈 정도의 길이와 폭으로 부직포를 길게 잘라 등장하는 그림을 내용에 따라 적당하게 띄워서 글루건이나 본드로 붙인다.
③ 양쪽 끝에 기다란 나무젓가락을 테이프나 찍찍이로 붙인다.
④ 완성된 자료를 그림이 겉으로 나오도록 두루마리처럼 돌돌 말아 둔다.

2) 제시 방법

① 교사와 적당한 거리를 두고 유아들을 반원형으로 앉힌다.
② 교사는 두루마리를 손에 들고 동화의 내용에 따라 두루마리를 펼치며 이야기를 들려준다.
③ 제시할 때 교사의 얼굴이 가려지지 않도록 가슴부분에 두고 들려준다.
④ 그림장면의 이야기를 들려줄 때에는 멈추고 다음 장면으로 이동할 때 돌린다.
⑤ 마지막 장면을 들려줄 때는 모든 그림이 다 보이도록 한다.

3) 두루마리동화의 예

전래동요 〈기차〉

13. 막대인형극

막대인형극은 동화의 등장인물이나 필요한 배경들을 인형으로 그리거나 만들어 그림 뒷면 또는 인형 사이에 막대를 붙이고, 막대로 인형을 조절하면서 동화를 들려주는 방법이다. 동화자료의 제작방법이 간편하고 손쉽다는 점 이외에 활용방법도 간단하다는 장점이 있다. 특히 유아가 동화를 듣는 수동적인 입장에서 직접 인형을 들고 활동을 해 보는 적극적 입장으로 바뀔 수 있다는 것이 가장 큰 특징이다. 다른 인형동화와 비교해 볼 때 막대를 잡고 있기만 해도 되므로 활동방법이 쉬워 수줍어하는 유아나 어린 유아의 경우 활동에 대한 공포감 없이 활동을 해 볼 수 있다.

막대인형으로 표현하는 동화는 등장인물이 5~6명 정도 있는 것이 좋으며, 대사가 많은 인형부터 대사가 적거나 대사가 없는 인형까지 대사의 양에 차이를 두어 만들면 언어능력이 다양한 유아들을 활동에 참여시킬 수 있다.

1) 제작 방법

① 막대동화에 적절한 동화를 선정한 후 인형극에 필요한 주요 배경을 선택하고 계획한다.

② 배경을 세우기 위해 하드보드지 뒷면에 삼각대를 세우거나 ㄴ 형태로 양쪽 측면까지 만들어 세워도 좋다.

③ 이야기의 주요 배경을 하드보드지에 밑그림을 그린 후 색지나 부직포로 꾸민다. 배경색은 막대인형을 돋보이게 하는 것이 좋다.

④ 헝겊 또는 부직포나 적당한 두께의 종이에 배경의 크기에 적당한 등장인물 인형을 두 장씩 그린다.

⑤ 종이로 만드는 경우는 색칠한 후에 두 장을 맞붙이고 사이에 적당한 길이의 막대를 붙인다. 헝겊이나 부직포로 만들 경우에는 두 장을 맞붙여 바늘로 꿰맨 다음 사이에 솜을 적당히 넣어 꿰매고 밑부분에 막대를 끼운다.

⑥ 인형의 크기는 15~20cm가 적당하다. 막대는 보통 나무젓가락이나 아크릴 판을 사용하며, 손잡이 막대는 인형의 1.5배 정도는 되어야 한다.

⑦ 손이나 팔을 움직일 수 있도록 만드는 경우 손목이나 팔꿈치의 관절부위를 겹쳐 할핀으로 고정하고 막대를 연결한다.

인형의 뒷면이나 한쪽 구석에 번호를 적어 인형의 개수를 확인할 수 있게 하며 보관은 상자나 봉투를 이용한다. 동화 내용을 적을 때 등장인물에 따라 색을 달리 기록하여 인형과 함께 보관한다.

2) 제시 방법

① 인형을 순서대로 정리한다.

② 배경을 설치할 테이블을 준비하고 설치한다.

③ 교사가 들려주는 경우 배경판의 왼쪽과 오른쪽으로 막대인형을 등장시키며 구연해 준다.

④ 유아들과 함께 활동을 하는 경우 낮은 책상에 둘러앉아 유아들에게 인형을 하나씩 나누어 갖도록 한다. 이때 유아의 의견을 고려하여 배분을 하는 것이 좋다.

⑤ 동화 대본을 유아들이 읽기 좋도록 등장인물에 따라 색을 달리하여 적어 놓는다.

⑥ 유아들이 순서대로 대사를 말하게 하며 대사를 말하는 경우 인형의 막대로 가볍게 책상을 치도록 하여 지금 누가 말하고 있는지 다른 유아도 알도록 한다.

⑦ 유아들이 글을 읽는 것이 어려운 경우 교사가 사인을 주고 대사를 작은 소리로 읽어 주어 따라 하도록 한다. 활동에 익숙해지면 교사 없이 유아들끼리 활동이 가능하다.

⑧ 대사는 인형을 조종하면서 직접할 수도 있고 녹음을 하여 사용할 수도 있다.

3) 막대인형극의 예

막대를 나무젓가락으로 만든 경우

막대를 아크릴판으로 만든 경우(투명 아크릴판이 거의 보이지 않음)

14. 줄인형극

마리오네트(Marionettes)라고 부르며, 위에서 철사나 줄로 조종하는 인형이다. 인형극 중 가장 발달된 형태인 만큼 만들기와 조작이 어렵다. 보통 줄이 꼬이는 경우가 많아 유아들이 사용할 경우 좌절감을 느낄 수 있으므로 복잡한 줄인형보다는 한 줄 혹은 두 줄 인형으로 간단하게 만들어 사용할 수 있다. 이때 다리 밑에는 자석, 점토 등을 이용해서 무게를 준다.

1) 제작 방법

① 이야기의 주요배경을 하드보드지나 우드락에 밑그림을 그려 색지나 부직포를 사용하여 꾸민다.

② 줄인형극을 위한 배경판은 막대인형극과 동일한 방법으로 제작한다.
③ 등장인물을 선정하고 대상 인형의 얼굴과 몸을 그린 후 부직포를 두 겹으로 겹친 뒤에 그린 종이를 대고 오린다.
④ 두 겹의 부직포를 바느질로 꿰맨 다음 안에 솜으로 적당하게 채워 볼륨감을 준다.
⑤ 인형의 팔다리는 잘 움직여야 하기 때문에 안에 아무것도 넣지 말고, 부직포로 만들었을 경우에는 관절 부분에 할핀으로 고정시킨다.
⑥ 인형의 손과 발은 움직이는데 편리하도록 솜을 넣거나 나무로 만들어 연결시킨다.
⑦ 인형 얼굴에 눈, 코, 입 등을 꾸민다.
⑧ 인형에 매달아야 하는 줄은 낚싯줄이나 실, 철사 등을 사용할 수 있는데, 줄의 길이는 팔과 다리가 위로 들려지지 않을 정도로 충분히 길게 한다.

2) 제시 방법

① 줄인형극을 보여줄 때 보통은 인형을 조종하는 것을 보여주지 않기 위하여 막을 사용하여 가리지만 교사가 유아의 반응을 보며 이야기를 들려주어야 하기 때문에 조작하는 것이 보여져도 괜찮다.
② 줄은 인형의 머리, 팔, 다리 등에 매달고 막대 가운데에 머리와 연결하여 균형을 잡아 막대를 좌, 우로 움직이면서 인형을 조작한다.
③ 낚싯줄을 이용했을 경우 엉키기 쉬우므로 잘 정리하여 준비한다.
④ 대사는 인형을 조종하면서 직접 말할 수도 있고, 음향을 사용하여 녹음할 수도 있다.

혹부리 영감님

3) 줄인형극의 예

빨간 모자 이야기	제목
	옛날 어느 마을에 아주 예쁜 소녀가 살고 있었어요. 소녀의 생일이 되자 소녀의 할머니가 생일선물로 정성들여 만든 빨간 모자를 선물로 주었어요. "우와, 할머니 모자가 정말 예뻐요. 감사합니다!"

	소녀는 항상 할머니가 준 빨간 모자를 쓰고 다녔어요. 그러던 어느 날, 할머니가 감기에 걸리셔서 아프시게 되었어요. 빨간 모자는 할머니를 기쁘게 해드리려고 할머니를 뵈러 가게 되었어요. 빨간 모자는 할머니께 가는 길에서 무시무시한 늑대를 만나게 되었어요. "어머나 깜짝이야!!!!" 늑대가 빨간 모자에게 말을 걸었어요. "빨간 모자야 안녕? 어디를 가는 중이니?" "할머니 병문안을 가는 길이에요. 그런데 왜 그렇게 침을 흘리세요?" "음? 아니 너의 바구니 안에 있는 케이크가 맛있어 보여서." 빨간 모자는 늑대를 뒤로 하고 재빨리 걷기 시작했어요. 늑대는 살금살금 빨간 모자의 뒤를 쫓기 시작했어요.
	그 때 토끼가 찬 돌멩이가 날아가 늑대의 입 속으로 들어갔어요. 토끼는 빨간 모자에게 항상 당근을 얻어 먹었기 때문에 도와 준 것이었어요. 빨간 모자는 아무것도 모르고 앞으로 걸어갔어요. "아이고 아파! 두고 봐 꼭 잡아먹고 말테다!"
	빨간 모자가 걸어가고 있는데 뒤를 쫓아가는 늑대를 본 나무꾼이 길옆의 커다란 나무를 베어서 늑대에게 쓰러트렸어요. "악!!!!!!!!!!" 나무에 맞은 늑대가 아파 소리를 질렀어요. 그리고는 다시 빨간 모자의 뒤를 쫓아 갔어요.

	빨간 모자는 할머니 드릴 꽃을 꺾고 있었어요. 늑대는 꽃 꺾는 것에 열중한 빨간 모자를 잡아먹으려고 다가가다가 꿀벌 한 마리를 밟고 말았어요. 화가 난 꿀벌떼들은 늑대를 향해 달려들기 시작했어요. 세 번이나 실패한 늑대는 빨간 모자보다 먼저 할머니 집에 가서 기다리기로 했답니다.
	"똑똑똑 할머니 저 왔어요." 할머니는 늑대를 빨간 모자로 착각하고 문을 열어 주었어요. 할머니는 늑대에게 한 입에 잡아먹히고 말았어요.
	몇 분이 지난 후, 빨간 모자가 할머니 집에 도착했어요. 빨간 모자는 침대에 누워 있는 할머니를 향해 다가갔어요. 아뿔싸! 그러나 침대에 누워 있는 것은 할머니가 아니라 늑대였어요! "옳지 조금만 더 다가와라!" 늑대는 빨간 모자가 다가오기를 기다렸어요. "꿀꺽!" 늑대는 빨간 모자까지 잡아먹고 말았답니다.

	배가 부른 늑대는 침대에서 곤히 잠을 잤어요. "드르렁 드르렁 쿨쿨" 늑대가 코고는 소리가 커서 집 밖 까지 들리게 되었어요. 이 때 마침 집 앞을 지나가던 사냥꾼이 이 소리를 듣고 이상하게 생각했어요. 그래서 사냥꾼은 할머니의 집에 들어가게 되었어요. 사냥꾼은 침대에서 자고 있는 늑대를 발견하게 되었어요. 사냥꾼은 깜짝 놀랐어요. 그런데 그 때 어디에선가 소리가 났어요. "살려 주세요! 살려 주세요! 제발 살려 주세요. 그것은 분명히 빨간 모자의 목소리였어요.
	사냥꾼은 늑대의 배를 갈라 빨간 모자와 할머니를 구했어요. 그리고 빨간 모자와 사냥꾼은 늑대의 배에 돌멩이를 가득 넣었어요. "흥 어디 당해봐라. 늑대야."
	잠에서 깬 늑대는 배가 무거워 잘 걷지를 못했어요. "하암. 배가 왜 이렇게 부른 거지? 아휴 목말라 물이나 마셔야겠다." 늑대는 물을 마시려고 우물가에 갔어요. 배에 돌이 가득 들어 몸이 무거운 늑대는 우물가에 빠지고 말았어요. 늑대가 물에 빠져 죽자, 할머니와 사냥꾼과 빨간 모자는 파티를 열었어요. 그리고 빨간 모자는 엄마의 품으로 조심히 놀아갔답니다.

끝	끝

15. 그림자인형극

그림자인형은 평면적인 인형으로 인형극 틀에 스크린(흰색천이나 얇은 종이) 뒤에서 빛을 비추어 움직이면서 진행하는 형태다. 다른 어떤 매체보다 신비감을 줄 수 있어 감정적인 호소력을 가지고 있는 것이 특징이다. 또한 그림자를 이용해 동화를 듣게 되므로 상상력을 발전시킬 수 있다. 인형을 반투명 스크린 뒤에서 조작하면 오버헤드 프로젝터(OHP : Overhead Projector)를 이용해 화면에 투영할 수도 있고 전구나 랜턴 등으로 간편하게 사용할 수도 있다.

1) 제작 방법

① 직사각형 그림자극 틀의 크기를 정한 다음 약 3cm 두께의 나무를 준비한다.
② 나무틀이 완성되면 광목천이나 한지를 팽팽하게 고정시켜 스크린을 만든다.
③ 나무틀 뒤 윗부분에 전구를 매단다.

④ 동화를 선정한 다음 몇 장면으로 할 것인지 정한 후 필요한 등장인물을 빛이 투과하지 않는 두꺼운 종이에 밑그림을 그려서 오린다. 인형을 제작할 때 제일 쉽고 간단한 것은 낡은 그림책이나 광고물에 나와 있는 인물(전신으로 찍히고 옆으로 향한 자세의 것이 적당)을 오려 내어 막대를 다는 것이다.

⑤ 인형에 눈, 코, 입, 옷의 주름이나 무늬 등의 모양을 나타내고자 하는 곳을 칼로 도려 낸다.

⑥ 오려 낸 곳에 다양한 색깔의 셀로판지를 풀로 붙인다.

⑦ 움직여서 인형의 동작을 나타내고자 할 때는 움직이고자 하는 부분을 따로 그려서 오린 후 할핀을 사용하여 다시 붙인다.

⑧ 인형 몸통의 뒷면에는 2cm 정도 넓이의 아크릴 막대를 붙여 손잡이를 만들고 손잡이는 충분하게 길어 손이 그림자가 되어 나타나지 않도록 한다.

⑨ 움직임을 나타내기 위해 할핀으로 고정시킨 부분은 낚싯줄을 달아 손으로 조정할 수 있게 한다.

2) 제시 방법

① 제시할 자료를 이야기 내용 순서대로 정리하여 상자 안에 정리해 둔다.

② 그림자극 틀 뒤쪽에서 빛을 비출 준비를 한다. 빛의 거리와 스크린과의 거리에 따라 그림자의 크기가 달라지므로 적당한 거리를 유지한다.

③ 뒤쪽에서 환등기나 손전등을 이용해 빛을 비추면 스크린에 그림자가 생긴다. 이때 빛의 위치가 지나치게 높으면 그림자의 모양에 변화가 있게 되므로 주의를 요한다.

④ 이야기 중 대화를 하거나 움직임으로 동작을 나타내야 할 경우에는 인형에 붙어 있는 막대와 낚싯줄을 조정한다. 인형 조정이 미숙하여 이야기가 중단되지 않도록 한다.

⑤ 말과 인형의 동작이 일치하도록 하면서 구연한다.

⑥ 구연과 인형 조정을 동시에 하기 어려우면 이야기 내용을 녹음하여 들려주어도 좋다.

3) 그림자인형극의 예

인형극 틀을 이용한 그림자인형극

인형극틀

인형극 그림자료

색셀로판지를 붙인 그림자인형극

16. 테이블인형극

테이블인형극은 테이블 위가 인형극의 무대가 되는 형태이다. 즉, 테이블에 동화의 배경 그림을 만들어 세우고 등장인물을 테이블 위에 등장시켜 움직여 가면서 동화를 들려주는 방법이다. 연극을 하는 것처럼 책상을 무대로 이야기가 펼쳐지는 동화의 활용방법이다.

1) 제작 방법

① 동화의 내용에서 인형으로 제작할 등장인물을 정한다.
② 캔트지나 마닐라지에 그림을 그리고 채색을 한 후 코팅하여 인형을 만든다. 부직포로 인형을 만들어 사용할 수도 있다. 제목과 끝도 만든다.
③ 인형을 요구르트통이나 캔, 우유팩 등에 붙이는 방법이 가장 많이 활용되는 형태이다.
④ 종이 찰흙으로 인형을 만들 수 있다. 채색과 니스칠을 하는 제작과정이 어렵고 시간이 많이 소요된다.
⑤ 인형은 실물의 크기를 고려하여 인형간의 크기를 조정한다.
⑥ 스티로폼을 바닥으로 하여 등장인물이나 필요한 그림을 그려 코팅해서 스티로폼에 끼우는 방법으로 만들 수도 있다.
⑦ 배경그림은 그림동화나 입체동화로 그려 뒷면에 세운다. 유아들의 그림을 배경으로 사용하여도 좋으며 배경그림이 없이 인형만을 움직여서 활동할 수도 있다.

⑧ 테이블의 크기는 등장하는 인형의 수, 인형 역할의 중요한 정도를 고려하여 결정한다. 보통 가로 60~90cm, 세로 45~60cm 정도 되도록 한다.

2) 제시 방법

① 테이블은 유아들의 눈높이보다 낮아야 잘 볼 수 있으므로 낮은 책상을 선택한다.
② 유아들은 반원형으로 적당한 거리를 두고 앉힌다.
③ 테이블에 인형을 세워 놓고 이야기가 전개됨에 따라 인형을 움직여 가면서 동화를 들려준다.
④ 인형의 뒷면에 순서를 적어 둔다. 들려줄 때 용이하도록 동화의 내용도 간략하게 적어 두면 편리하다.
⑤ 다 들려준 후 인형만을 등장시켜 동화의 내용을 회상해 보도록 한다.
⑥ 소집단으로 활동할 경우는 인형을 유아들이 움직이도록 하여도 좋다.
⑦ 언어 영역이나 역할 영역에 비치하여 유아들이 자연스럽게 다루어 볼 수 있도록 한다.

3) 테이블인형극의 예

실제 크기를 고려하여 제작한 테이블동화

융판자료를 빈 깡통에 붙여 테이블동화로 사용(깡통에 자석을 붙여 사용하기도 함)

17. 손 · 손가락인형극

손 또는 손가락인형은 장갑 모양의 형태로 인형의 머리와 두 손을 조종자의 세 손가락에 끼워 조종한다. 막대인형보다 움직임이 자유로우며, 유아들에게 친숙하고 가장 많이 사용되고 있다. 손인형은 동화를 들려줄 때 사용할 수 있으나 주의집중용으로도 많이 사용한다.

1) 제작 방법

(1) 양말인형

사람의 얼굴, 동물, 기어가는 파충류, 각종 동물 등 다양한 인형 제작이 가능하다. 필요한 재료는 짧은 양말, 긴 양말, 융(felt), 가위, 실, 바늘, 뜨개질, 단추, 천조각 등이다. 양말의 앞부분을 자르고 마분지 조각을 입 안의 위, 아래에 붙여서 인형을 만든다. 양말의 발가락 부분을 어떻게 자르느냐에 따라서 입의 모양을 다양하게 결정할 수 있고, 단추나 천, 털실 등으로 다양하게 꾸며 입체감을 갖도록 한다.

(2) 손을 움직이게 만드는 인형

손 전체가 들어갈 수 있도록 만든 인형으로 물건을 잡거나 보다 큰 움직임을 나타낼 때 효과적이다. 이때 인형의 팔 길이가 너무 길면 손가락으로 연기하기 힘들기 때문에 적당해야 하고 손가락으로 표현 가능한 길이어야 한다.

(3) 봉지인형

종이로 된 봉지나 종이봉투, 라면 봉지 등을 이용해서 다양하게 만들 수 있다.

(4) 손가락인형

손가락인형을 만들기 위한 준비물로는 마분지, 고무줄, 탁구공, 필름통, 요구르트병, 본드, 색연필 혹은 사인펜, 융, 천조각, 기타 인형으로 꾸밀 자료, 가위 등이다. 손가락인형의 종류에는 손가락 위에 끼우는 것, 손가락이 인형의 다리,

귀, 뿔 등의 역할을 하는 것, 손가락에 직접 인형을 그려 활용하는 것, 인형 뒤에 고무줄을 끼워 사용하는 것, 장갑에 작은 인형을 달아 활용하는 방법 등 다양하다.

2) 제시 방법

① 손 · 손가락인형을 이용하여 동화를 들려줄 때는 따로 인형극 틀을 사용하기보다는 교사가 직접 간단하게 손을 움직이면서 조정한다.
② 장갑을 손에 끼고 동화나 동시의 내용에 따라 등장인물을 붙였다 뗐다 하며 들려준다. 등장인물은 쟁반이나 바구니에 순서대로 놓아 사용한다.
③ 등장인물의 내용을 이야기할 때 손가락을 구부리거나 흔드는 등 움직여 준다.
④ 동화나 동시 내용은 미리 숙지하여 들려줄 때 공백이 생기지 않도록 주의한다.
⑤ 손인형은 주의 집중용으로 많이 사용하는데 이 때에는 인형극 틀은 없어도 된다. 등장인물이 둘일 경우 양손에 하나씩 끼고 서로 대화하듯 들려준다.
⑥ 손인형 이용 시 등장인물이 둘 이상일 경우에는 교사가 혼자서 들려주는데 어려움이 있으므로 두 개가 적당하다.

3) 손 · 손가락인형극의 예

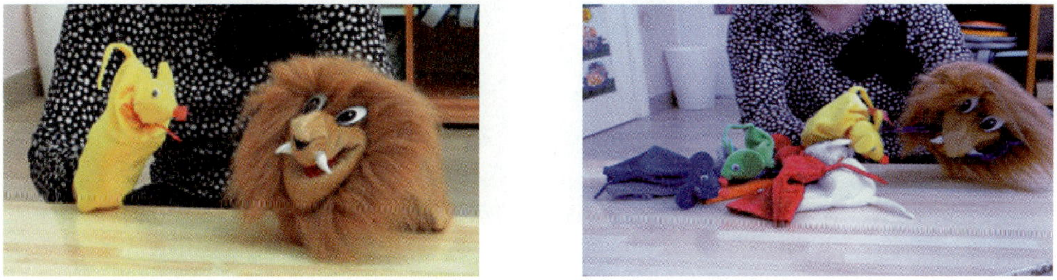

손을 움직이게 하는 인형: 사자의 줄다리기

손가락인형

양말인형: 브레멘음악대

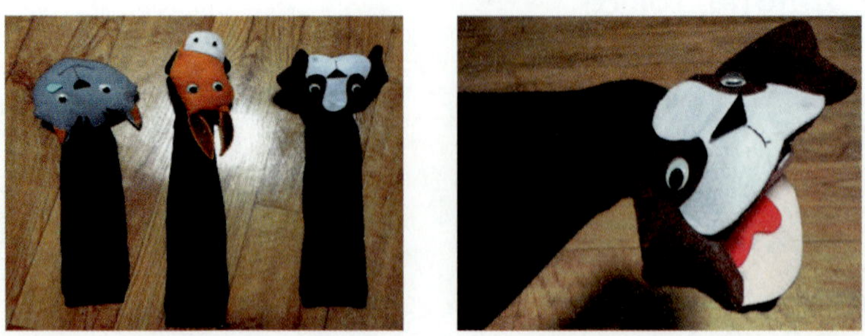

양말인형

손 전체에 끼우는 인형

참고 문헌

강문희, 이혜상(1997). **아동문학교육**. 서울: 학지사.

강성화, 김경회(2003). **유아문학교육**. 서울: 동문사.

강인언, 김영숙(1992). **유아문학교육**. 파주: 양서원.

고문숙, 임영심(1999). **유아를 위한 문학교육**. 파주: 정민사.

교육과학기술부, 보건복지부, 육아정책연구소(2013). **3-5세 연령별 누리과정 지원을 위한 시·도(교육)청 강사요원 중앙연수 자료집**. 육아정책연구소.

공인숙, 김영주, 최나야, 한유진(2009). **아동문학**. 파주: 양서원.

김세희(2001). 유아의 그림책 비디오 시청에 관한 연구. **유아교육연구**. 21(4), 239-259.

김세희(2000). **유아교사와 부모를 위한 유아문학교육**. 파주: 양서원.

김세희, 박남숙(2004). **유아문학의 전달매체**. 파주: 양서원.

김세희, 현은자(1995). **어린이 세계와 그림 이야기 책**. 서울: 서원.

김소양 외 2인(2001). **그림 이야기책을 통한 유아문학 활동**. 파주: 양서원.

김수연(2006). 영유아 부모와 교사의 그림책과 Toy Book(토이북)에 대한 인식 및 활용, 중앙대학교 대학원. 석사학위 청구논문.

김애옥(1998). **인형극의 이론과 실제**. 파주: 양서원.

김욱동(1996). 문학이란 무엇인가?. 서울: 문예출판사.

김은심, 박성혜, 정미정(2004). **동화구연의 이론과 실제.** 서울: 창지사.

김애옥(1998). **인형극의 이론과 실제.** 파주: 양서원.

김애옥, 고재희, 이분려(2000). **유아 문학의 전달매체 및 교수 방법.** 파주: 양서원.

김정진(2008). **아동문학의 이해.** 서울: 새미.

김현희, 박상희(2008). **유아문학교육: 이론과 실제.** 서울: 학지사.

노명희, 신은희(2004). **공연을 위한 인형 제작과 시나리오.** 파주: 정민사.

노운서, 노명희(2010). **유아문학교육의 이론과 실제.** 서울: 창지사.

박선희, 김경중(1999). **유아문학.** 한국방송대학교 출판부.

박선희, 이송은(2003). **유아를 위한 문학 활동.** 파주: 정민사.

박소연(2001). 그림책 비디오 연구. 이화여자대학교 대학원 석사학위 청구논문.

서정숙, 김정원(2008). **유아문학교육 프로그램.** 서울: 창지사.

서정숙, 남규(2005). **그림책으로 하는 유아 문학 교육.** 서울: 창지사.

석용원(1995). **유아 동화의 구연교육.** 서울: 학연사.

신헌재외(2007). **아동문학의 이해.** 서울: 박이정.

신헌재 편역(1998). **아동문학 교육론.** 서울: 범우사.

심성경 외 5인(2006). **유아문학의 이론과 실제.** 서울: 학지사.

안효정(2000). 유아를 위한 정보그림책의 현황 분석, 이화여자대학교 대학원. 석사학위 청구논문.

안경식(1994). **소파 방정환의 아동 교육 운동과 사상.** 서울: 학지사.

엄기원(1997). **동화 구연 교실.** 서울: 지경사.

옥수정(2004). 동시 지도에 대한 유아교사의 인식 및 교수 방법에 관한 연구 조사, 인제대학교 교육 대학원 석사학위 청구논문.

유승연(1991). 유치원의 유아 문학 활동 현황에 관한 연구, 이화여자대학교 교육대학원. 석사학위 청구논문.

유창근(2006). **차세대 문학의 이해.** 서울: 태영출판사.

윤삼현(2005). **아동문학 창작론.** 광주: 도서출판 시와 사람.

이경우 외 4인(1997). **유아에게 적절한 그림책.** 파주: 양서원.

이경우(1998). **유아과학교육의 문학적 접근.** 서울: 창지사.

이경우(2001). **총체적 언어: 문학적 접근을 중심으로(개정판).** 서울: 창지사.

이규원(2002). **동화구연의 이론과 심제.** 서울: 동화사랑.

이기숙, 김영실, 현은자(1993). **유아의 문자언어 교육을 위한 통합석 집근법에 관한 연구.** 서울: 창지사.

이대균, 백경순, 송정원, 이현정(2006). **유아문학교육**. 경기: 공동체.
이민경(2004). **효율적인 방법으로 그림책 읽어주기**. 파주: 양서원.
이상금, 장영희(2003). **유아문학론**. 경기: 교문사.
이상현(1987). **아동문학강의**. 서울: 일지사.
이성은(2003). **아동문학교육**. 파주: 교육과학사.
이송은, 이선영(2005). **유아문학교육의 이론과 실제**. 서울: 창지사.
이영자(2002). **교사용 1, 2세 영아발달평가 도구**. 서울: 다음세대.
이은경(2007). **유아문학교육**. 파주: 21세기사.
이은경(2000). **동화구연의 이론과 실제**. 서울: 창지사.
이현섭외 3인 역.(2000). **웹 구성 활동을 통한 아동문학 교육**. 파주: 양서원.
이춘희(2002). **유아문학교육**(창의성 향상을 위한 이론과 실제). 서울: 동문사.
임원재(2002). **아동문학교육론**. 서울: 신원문화사.
장혜순(1997). **아동문학론**. 서울: 창지사.
장혜순(2008). **유아문학교육의 이론과 실제**. 서울: 파란마음.
조경자, 이현숙, 이문정, 곽아정(2013). **어린이 문학교육**. 서울: 학지사.
조원혜(2003). 문학교육 활성화 방안 연구. 아주대학교 교육대학원 석사학위 청구논문.
조순옥외(2002). **유아사회교육**. 창지사.
채종옥, 이경화, 김소양(2006). **아동문학**. 경기: 공동체.
최운식, 김기창(1988). **전래동화 교육론**. 서울: 집문당.
한국어린이 문학교육 연구회(1999). **환상 그림책으로의 여행**. 서울: 다음세대.
현은자, 김세희(2005). **그림책의 이해**. 서울: 사계절.
Pulaski, M. A. S.(1984). 이기숙, 주영희 공역. **어린이를 위한 피아제 이해**. 서울: 창지사.

Andersen, H. C.(1998). **The complete Fairy Tales**. NTC: Contemporary Publishing.
Arbuthnot, M. H. & Sutherland, Z.(1972). **Children and Books**(4th ed.). Glenview, Ill.: Scott, Foresman.
Arbuthnot, M. H. & Sutherland, Z.(1991). **Children and Books**(8th ed.). N.Y.: Harper Collins publisher.
Benson, M, S. (1990). **Narration in pretend play and storytelling: Analysis of two model of event representation.** The Pennsylvania State University.
Bromly, K. D.(1996). **Webbing with Literature: Creating Story Maps with Children's Book**, Boston: Allyn and Bacon.

Bettlheim, B.(1976). **The Uses of Enchantment: The meaning and Importance of Fair Tales.** New York: Knof.

Bunyan, J.(1998). **The Pilgrim's Progress (Oxford World's Classics).** In N. H. Keeble(Ed.). Londom: Oxford University Press.

Burke, E. M.(1990). **Literature for the young Child.** Needham Heights(2nd ed.). Ma: Allyn & Bacon.

Cohen, L. E.(1997). How I Developed My Kindergarten Book Backpack Program. **Young Children**, 52(2).

Combs, M.(1987). Modeling the Reading Process with Enlarged Test. **The Reading Teacher**, 47(3), 14-17.

Cullinan, B. E. & Galda, L.(1994). **Literature and The Child. Fort Worth.** TX: Harcourt Brace College.

Cullinan, B. E.(1989). **Literature and the child.** N.Y.: Harcourt Brace & Jovanovich.

Defoe. D.(2001). **Robinson Cruose-Signature Classics.** In J.J Grandville. (Ed.). Trident Press International.

Dewey, J.(1956). **The children and Curriculum and Society**. Chicago Press.

Guning, T. G.(2000). **Creating Literacy Instruction for All Children.** Boston: Allyn & Bacon.

Goodman, Y. M.(1986). **Children Coming to know Literacy**. In W. H. Teale & Sulzby (Eds.). Emergent Literacy: Writing and Reading, NJ: Ablex.

Grimm. J.(1901). **Brothers Grimm Fairy Tales.** Illustrated by Rackham. A. Oulet.

HeaKyung Hong(1996). Effects of Mathematics Learning Through Child's Literature on Math Achievement and Dispositional Outcomes. **Early Childhood Research Quarterly**. 11, 477-494.

Hickman, J.(1981). A New Perspective on Response to Literature: Research in an Elementary School Setting. **Research in the Teaching of English**, 15, pp. 343-354.

Lukens, R, J.(1998). **A critical handbook of children's literature.** Addison-Wesley Educational Publishers Inc.

Peterson, R. & Eeds, M.(1990). **Ground conversation: Literature groups in action.** NY: Scsolastic.

Purves, A. C. & Monson, D. L.(1984). **Experiencing children's literature.** Glenview, IL:

Scott, Foresman.

Raines, S & Isbell, R.(1994). **Stories:Children's literature in early education.** Albany, NY: Delmar Pub. Inc.

Reese, D, A., & Harris, V. J.(1997). "Look at this nest!" The Beauty and Power of Using Informational Books with Young Children. **Early Child Development and Care**, 127-128, 217-231.

Russell, D. L.(1991). Literature for Children. Longman. N.Y. & London.

Stewig, J. W. (1995). Looking at picture books. Wisconsin: Highsmith Press.

Sutherland, Z. & Arbuthnot, M. H.(1991). **Children and Books(8th ed)**. NY: Delmar Pub. Inc.

Zeece(2003). The Personal Value of Literature: Finding Books Children Love. **Early Children Education Journal**, Vol. 31. No. 2. Winter 2003.

Williamson, P. M.(1981). Literature goals and activities for young children. **The Journal of the national association for education of young children**, pp. 24-30.

저자소개

✍ 정현숙

- 건국대학교 사범대학 교육학과(유아교육전공) 교육학 박사
- 이화여자대학교 사범대학 교육학과(유아교육전공) 문학 석사
- 청주사범대학(현 서원대학교) 유아교육과 졸업
- 현, 상지영서대학교 유아교육과 교수

〈저서〉

「유아교육실습」, 「유아교육실습지도 지침서」, 「유아교육사상사」

유아문학교육

초판발행 2014년 2월 15일
재판발행 2015년 2월 25일

Chong
2015. 2.

저 자 정 현 숙
발행인 김 현 태
발행처 태영출판사

주 소 (152-705) 서울 구로구 구로동 104-10 동남오피스텔 201호
전 화 02 · 839-3757, 839-3752
팩 스 02 · 837-3754
등 록 2005년 5월 30일 제12-421호
http://www.taeyeongbook.co.kr
E-mail tys2005@hanmail.net
ISBN 978-89-6302-117-1 93370
정 가 18,000원

NAVER 태영출판사

* 잘못 만들어진 책은 교환해 드립니다.